名师名校名校长

凝聚名师共识
回应名师关怀
打造名师品牌
培育名师群体

　　　　　郎明远题

追寻数学教育的内在力量

ZHUIXUN SHUXUE JIAOYU DE
NEIZAI LILIANG

张青云 ◎ 著

东北师范大学出版社

长春

图书在版编目（CIP）数据

追寻数学教育的内在力量 / 张青云著. — 长春：
东北师范大学出版社，2022.7
ISBN 978-7-5681-9203-3

Ⅰ.①追… Ⅱ.①张… Ⅲ.①中学数学课—课堂教学
—教学研究—初中 Ⅳ.①G633.602

中国版本图书馆CIP数据核字（2022）第130194号

□责任编辑：石　斌　　　　　□封面设计：言之凿
□责任校对：刘彦妮　张小娅　□责任印制：许　冰

东北师范大学出版社出版发行
长春净月经济开发区金宝街 118 号（邮政编码：130117）
电话：0431-84568023
网址：http://www.nenup.com
北京言之凿文化发展有限公司设计部制版
北京政采印刷服务有限公司印装
北京市中关村科技园区通州园金桥科技产业基地环科中路 17 号（邮编：101102）
2022年7月第1版　2022年12月第1次印刷
幅面尺寸：170mm×240mm　印张：20.75　字数：387千

定价：58.00元

我是上个世纪八十年代的一名中师生，至今已在一线教育岗位上工作了36年，其间教过一年小学语文、三年初中物理，之后，一直从事初中数学教学工作。刚开始在乡镇中学工作，不会教，也没有人告诉你要怎么教，一切靠自己摸索和钻研。中师生知识积累先天不足，虚弱得有时连一道稍难一点的数学题都搞不定。但我是一个幸运的人，一路上遇到很多好老师的指导。1992年8月，我参加了县城初中学校教师选调考核，以一节《一元一次不等式组的解法》现场教学展示，赢得了参考教师总分第一的成绩，幸运进入老家县城最好的初中任教，从此，与一些教学经验丰富、业务水平精湛的同事一起工作，耳濡目染，慢慢地，我也开始有了一些教研意识，后来，因为网络的普及，结识了更多的同行者、思想者，通过与他们的交流，我逐渐有了较为明确的专业发展方向。

进入新世纪以来，我国基础教育第八次课改拉开序幕。伴随着改革的步伐，我也因此有了比较丰富的从教经历。执教的教材，从九年义务教育三年制初级中学教科书人教版开始，先后经历了义务教育教科书人教版试用修订版，义务教育课程标准实验教科书北师大版、华东师大版，最后又回到义务教育教科书人教版；在教学环境方面，从排排坐的秧田式，到撤掉讲台的U形式、合作交流的小组式；在教学方式方面，从小黑板＋粉笔到幻灯片投影辅助，到PPT课件，到导学案，再到先学后教的自学翻转、微课短视频的自学指引、智慧教室平台精准在线反馈等，形式花样借助于现代技术不断翻新，但学生的负担越来越重，老师们的工作越来越忙，师生们的成就感越来越低，对数学的兴趣和热爱并没有显著地提高。

什么是好的数学教学？今天的数学教师应当保持一个怎样的定力？随着

对当下课堂教学普遍存在"三表"（即表面、表层、表演）教学的反思，国内很多学者开始关注深度学习，随着研究的深入，伴随着核心素养体系构建和义务教育课程标准修订，坚持素养导向、开展深度学习，成为众多国内教育学者、一线教师们普遍认同的教育共识。

作为一个数学教师，我一方面顺应时代的洪流，努力地实践、尝试，另一方面，又在实践中观察与反思，以批判性思维审视，凝聚、提炼自己的思考。随着自己对深度学习的理解和感悟，我越来越清晰地认识到我们的数学教育要回归本质，要回到思维教学的原点，为此，我和团队的伙伴们一起，申报相关课题，以深度学习理论为指导，从概念教学、原理教学入手，研究初中数学教学的改进路径，寻找一线课堂实施的可行方案。几年下来，我们也因此有了许多感悟。

一线数学老师的研究，就应该扎根于自己的教育教学实践，思考探索解决当下教育教学过程中具体问题的办法和策略。在我的教育教学过程当中，我所关注的主题就是数学解题、课堂教学、中考研究、能力培养等，陆续也发表了一些文章。本书以此为基础，遴选以前所刊发的部分文章，契合于深度学习的主题，编辑成书。

章建跃博士曾撰文指出：只有全面、清楚地认识到数学学科独特的育人功能，从数学教育的内在规律出发，充分发挥数学的内在力量，才能使数学在培养人才中发挥独特作用。本书出版正值我国《义务教育课程方案和课程标准（2022年版）》颁发执行的日子，相信在未来的日子里，探索数学教育的内在规律，发挥数学的内在力量，将成为我们数学人的共同愿景和永恒追求。

在努力前行的路上，我遇到了许多良师益友和生命中的重要他人，他们给了我很多鼓励、指导和关怀。我要特别感谢人民教育出版社课程教材研究所、中国教育学会中学数学专业委员会理事长章建跃博士，广东省教育研究院吴有昌教授、黄志红博士，广东教育学会中学数学专业委员会徐勇理事长，东莞中学王健校长、东莞中学松山湖学校黎德文校长、李鸿副校长、汪朝阳副校长，东莞市未来学校校长助理刘翥远老师，曾担任东莞市教育局继续教育发展中心主任的陆兴友老师，以及教育局教研室初中数学教研员谭宏杰老师等。我还要感谢所有曾经刊发过我文章的期刊杂志社的各位编辑，以及一路陪伴我成长的学校同事们、历届省市工作室的各位伙伴们！

我还要感谢我的家人，在东莞市香市第一小学任教的吴剑英女士，是她一直以来的支持让我取得一些成绩。

最后感谢广东省教育厅及东莞市教育局的名师工作室管理机制为本书出版所提供的资金支持。

书中谬误肯定不少，敬请读者批评指正。如有赐教，请发邮件至86893555@qq.com，感激之至。

张春云

2022 年 5 月于东莞松山湖

第一章　深度学习研究

第二章　数学概念教学

第三章　数学原理教学

第四章　中考问题研究

第五章　解题研究

第六章　教育杂感

深度学习研究

第一节　深度学习的历史发展

当前，我们正处在人类历史的关键转折点，面对新技术时代的挑战。为了满足 21 世纪社会对劳动力的需求，我们需要重新思考学校的功能并培养适应 21 世纪社会发展的学生未来生产生活所需要的技能。在此背景下，世界各国不约而同地开始了新的学习理论建构和实践的研究。

近十年来，国际上最先进的教学理论其实不是国内流行的"翻转课堂"等技术性策略，而是源于人工智能和脑科学的深度学习理论。深度学习注重让学生沉浸于知识的情境和学习的情境中，强调批判性思维，注重实现知识的内在价值。理解深度学习理论对深化我国的教学改革具有重要的意义。

搜索相关文献，不难发现，深度学习研究主要涉及两个领域：计算机领域，教育学领域。

一、计算机领域的深度学习

计算机领域，深度学习的研究主要是指计算机科学、人工神经网络和人工智能的研究。

20 世纪八九十年代，人们提出了一系列机器学习模型，应用广泛的有支持向量机（Support Vector Machine，SVM）和逻辑回归（Logistic Regression，LR），这两种模型分别可以看作包含一个隐藏层和没有隐藏层的浅层模型。计算机面对较为复杂的问题解决训练时，可以利用反向传播算法计算梯度，再用梯度下降方法在参数空间中寻找最优解。浅层模型往往具有凸代价函数，理论分析相对简单，训练方法也容易掌握，有很多成功的应用。随着人工智能的发展，计算机和智能网络如何基于算法革新，模拟人脑抽象认知和思维，准确且高清晰地处理声音、图像传播甚至更为复杂的数据处理和问题解决等问题，在 21 世纪成为人工智能领域的关键问题。

加拿大多伦多大学计算机系辛顿教授（Hinton）被称为"神经网络之父""深度学习鼻祖"，30 年多来，他一直从事机器学习模型、神经网络与人工智能等问题的相关研究，并在机器学习模型特别是突破浅层学习模型，实现计算机抽象认知方面取得了突破性的进展。2006 年，他在世界权威期刊美国 *Science* 即《科学》杂志上发表了《利用神经网络刻画数据维度》（*Reducing the dimensionality of data with neural networks*）一文，探讨了应用人工神经网络刻画数据的学习模型，首先提出了深度学习（Deep Learning）的概念和计算机深度学习模型，掀起了深度学习在人工智能领域的新高潮。

这篇文章的两个主要观点是：第一，多隐藏层的人工神经网络具有优异的特征学习能力，学习到的特征对数据有更本质的刻画，从而有利于数据的可视化或分类。第二，深度神经网络可以通过"逐层初始化"（Layer – wise Pre – training）来有效克服训练和优解的难度，无监督的逐层初始化方法有助于突破浅层学习模型。辛顿基于深度置信网络（DBN）提出非监督逐层训练算法，为解决深层结构相关的优化难题带来了希望，随后提出多层自动编码器深层结构。2012 年，辛顿又带领学生基于目前最大的图像数据库 Image Net，在分类问题上取得了惊人的结果，将计算机处理图像数据问题排名前五的错误率由 26% 大幅降低至 15%，大大提高了人工智能图像数据处理的准确性和清晰度，这是之前计算机仅仅依赖数学模型的表层学习和单层学习根本无法达到的水平。2013 年，他加入谷歌并带领一个 AI 团队，将神经网络带入研究与应用的热潮，将"深度学习"从边缘课题变成了谷歌等互联网巨头仰赖的核心技术，并将反向传播算法应用到神经网络与深度学习中。

在人工智能领域，深度学习其实是一种算法思维，其核心是对人脑思维深层次学习的模拟，通过模拟人脑的深层次抽象认知过程，实现计算机对数据的复杂运算和优化。深度学习采用的模型是深层神经网络（Deep Neural Networks，DNN）模型，即包含多个隐藏层（Hidden Layer，也称隐含层）的神经网络（Neural Networks，NN）。深度学习利用模型中的隐藏层，通过特征组合的方式，逐层将原始输入转化为浅层特征、中层特征、高层特征直至最终的任务目标。深度学习可以完成需要高度抽象的人工智能任务，如语音识别、图像识别和检索、自然语言理解等。深层模型是包含多个隐藏层的人工神经网络，多层非线性结构使其具备强大的特征表达能力和对复杂任务的建模能力。训练深层模型长期以来都是一个难题，近年来以层次化、逐层初始化为代表的一系列方法的提出，为训练深层模型带来了希望，并在多个应用领域获得了成功。

人工智能学者们认为，计算机和智能网络的这一深层的自动编码与解码过程是一个从数据刻画、抽象认知到优选方案的深度学习的过程。由于人脑具有深度结构，认知过程是一个复杂的脑活动过程，因而计算机和人工智能网络模拟从符号接受、符号解码、意义建立到优化方案的学习过程也是有结构的；同时，认知过程是逐层进行、逐步抽象的，人工智能不是纯粹依赖于数学模型的产物，而是对人脑、人脑神经网络及抽象认知和思维过程进行模拟的产物。

应该说，到目前为止，深度学习是计算机和智能网络最接近人脑的智能学习方法。近几年来，深度学习进一步尝试直接解决抽象认知的难题，并取得了突破性的进展，如阿尔法围棋（AlphaGo）就是一款围棋人工智能程序，其主要工作原理就是深度学习。2013 年 4 月，《麻省理工学院技术评论》（*MIT Technology Review*）杂志将深度学习列为 2013 年十大突破性技术之首。深度学习不仅学术意义巨大，而且实用性很强，工业界也对其开始了大规模投入。谷歌、微软、IBM、百度等拥有大数据的高科技公司相继投入大量资源进行深度学习技术研究，在语音、图像、自然语言、在线广告等领域进展显著。微软研究人员使用深度信念网络对数以千计的 Senones（一种比音素小很多的建模单元）直接建模，提出了成功应用于大词汇量语音识别系统的上下文相关的深层神经网络——隐马尔可夫混合模型。D. Bahdanau 等提出了 RNNsearch 的模型，在翻译时可以根据其位置及已译出的单词预测目标单词，在用于机器单词翻译时结果评分高于传统模型。苹果 Siri 语音识别系统使用了深度学习技术，百度也推出了首个基于深度学习的语音搜索服务。这些都充分说明了深度学习技术在人工智能领域具有广阔的发展前景。

二、教育学领域的深度学习

在本书中，我们主要关注深度学习在教育学领域的研究和发展。

一方面，人们普遍认为，首次明确提出深度学习概念的是曾在瑞典哥德堡大学教育学院工作的美国学者弗伦斯·马顿（Ference Marton）和罗杰·萨尔乔（Roger Saljo）两位教授。他们 1976 年在《英国教育心理学》杂志上发表文章《学习的本质区别：过程和结果》。在此文中，他们在一项关于阅读能力的实验研究中，明确探讨了阅读学习的层次问题，并基于大学生文本阅读学习结果的研究，首先提出并阐述了深度学习与浅层学习（Surface Learning）这两个相对的概念。

他们请学生阅读一篇学术文章，并告知课后要回答一些相关问题，结果发现，学生在阅读的过程中运用了两种截然不同的学习策略：有些学生把文章看作零散的信息单元，猜测可能提出的问题，并努力记住相关信息，即浅层学习；另一些学生则把文章视为包含意义结构的东西，试图理解文章的中心思想和学术内涵，因此会搜寻文章主要关注的问题，并思考文章的含义，以及对自己的意义，即深度学习。研究表明，采用深度学习方法的学生对文章的理解更深，能更好地回答问题，并且能更有效、更持久地记住相关信息。他们据此认为，学习的本质区别在于过程，而不是学习的结果，是学生对文本知识学习的深刻程度决定了其学习结果的差异。

随后拉姆斯登（Ramsden）、恩特维斯特尔（Entwistle）以及约翰·比格斯（John Biggs）等多位学者对深度学习进行了研究，他们达成的基本共识是：浅层学习是对零散的、无关联的内容，进行不加批判的机械性记忆，学习内容脱离生活实际，与学生以往的经验缺乏关联，学生没有学以致用；而深度学习则是对学习内容进行积极主动的理解、联系和结构的建立、基本原理的追求、相关证据的权衡、批判反思和应用。两者之间的差异体现的是不同的学习方式，可以大致做如下对比（表1-1-1）。

表1-1-1 深度学习与浅层学习的比较

学习维度	深度学习	浅层学习
知识内容	能掌握普遍的方式和内在的原理，但并不特别在意知识的深度和难度	主要表现为记住知识和例行的解题过程中，内容浅显没有挑战
记忆方式	强调在理解的基础上记忆	机械记忆、死记硬背
知识体系	在新、旧知识间建立联系，对概念、原理及思想方法建立完整的结构化体系	零散孤立的、无关联的知识，且概念、原理等处于浅层的无结构化的知识状态
关注焦点	关注解决问题所需的核心论点和概念	关注解决问题所需的公式、外在线索
反思状态	逐步加深理解、批判性思维、自主反思	缺少自主反思，很少反思自己的学习目的和策略
迁移能力	能够将所学的知识迁移到其他实践情境中	不能灵活运用所学知识
思维层次	高阶思维	低阶思维
学习动机	自身需要	外在压力
投入程度	自主学习	被动学习
创造性思维	主动地参与学习，主动地发现和解决问题	被动地完成作业等任务，学习是为了考试及分数

虽然如此，但在深度学习和浅层学习之间很难有泾渭分明的严格界限，在具体的学习过程中，判断到底是深度学习还是浅层学习，其实不是一件容易的事情。

另一方面，人们普遍认为，早在1956年，布卢姆在《教育目标分类学·认知领域》里关于"认知领域目标"的探讨中，对认识目标的维度划分就蕴含了深度学习的思想，即"学习有深浅层次之分"。布鲁姆等人在认知学习领域中把教学目标从低级到高级依次分成六大层次：知识、领会、应用、分析、综合、评价。学习者的认知水平停留在知道或领会的层次为浅层学习，涉及的是简单提取、机械记忆符号表征或浅层了解逻辑背景等低阶思维活动；而认知水平较高的深层理解、应用、分析、综合和评价，则涉及的是理性思辨、创造性思维、问题解决等相对复杂的高阶思维活动，属于深层学习。后来他的学生洛林·W. 安德森（Lorin W. Anderson）等人在此基础上，为了使教育者重新关注原分类价值，吸收新知识和新思考，将认知过程的类别重新修订为记忆、理解、应用、分析、评价和创造，具体含义见表1-1-2。

表1-1-2　认知领域教育目标分类——认知过程维度（2001年修订版）

类别	定义	子类别
记忆/回忆	从长时记忆中提取相关的知识	识别、回忆
理解	从口头、书面和图像等交流形式的教学信息中构建意义	解释、举例、分类、总结、推断、比较、说明
应用	在给定的情境中执行或使用程序	执行、实施
分析	把材料分解为它的组成部分，确定各部分之间的相互关系，以及各部分与总体结构或总目的之间的关系	区别、组织、归因
评价	基于准则或标准做出判断	检查、评论
创造	将要素组成内在一致的整体或功能性整体，将要素重新组织成新的模型或结构	产生、计划、生成

　　一般认为，回忆、理解、应用为低阶思维，分析、评价和创造为高阶思维。当然，这种划分在指导教学实践的意义上，存在着许多问题，也引起了很多质疑，因为布鲁姆提出的六个假定层次与学习者在具体学习中大脑的实际思维过程并不完全相符，甚至有悖，理解、分析、综合、评价等思维运作往往是混在一起进行的，很难区分哪一种复杂程度更高或更低。任何一级并不完全以前面一级为基础，且各等级也不是依次的，这就使得这种划分标准在对深度学习真实过程展开评价时存在难以操作的缺陷。

第二节　深度学习内涵的界定

深度学习是一种学习方式吗？它的内涵到底是什么？国内外研究者一直在尝试从不同角度对其进行界定与研究。目前，研究大致分为深度学习的学习过程迁移说、学习结果素养说，这两种理解也分别代表了深度学习发展的两个阶段。

一、学习过程迁移说

学习过程迁移说是从学习迁移的角度来阐述深度学习的含义的。美国国家研究理事会（US National Research Council）在 2012 年发布的报告《为了生活和工作的学习：在 21 世纪发展可迁移的知识与技能》中解读的 21 世纪技能，将能力分类归纳为三个领域（表 1 - 2 - 1）：认知能力（Cognitive Competencies）、自我能力（Intrapersonal Competencies）以及人际能力（Interpersonal Competencies）。其中，认知能力又包括认知过程及策略、知识、创造力三组相关能力群，自我能力包括智识开放、职业道德/责任心、积极自我评价三组相关能力群，人际能力包括团队协作与领导力两组相关能力群。报告指出：将 21 世纪技能与深度学习联系在一起的正是"迁移"这一经典概念，即使用先前所学知识来支持学习新知识或在相关文化情境中解决问题的能力。深度学习强调知识内化及知识迁移能力形成的过程，是培养学生 21 世纪技能的重要途径，也是信息化时代智慧教育发展所需要的核心支柱。

表 1 - 2 - 1　21 世纪技能能力领域与能力群

能力领域	能力群	在 21 世纪技能中的表述
认知能力	认知过程及策略	批判性思维、问题解决、分析、推理及论证解读、决策、适应性学习、执行作用
	知识	信息素养、ICT（信息与交流技术）素养、口头和书面交流能力、积极的倾听能力
	创造力	创造与创新能力

能力领域	能力群	在21世纪技能中的表述
自我能力	智识开放	灵活性，适应性，艺术与文化欣赏力，个人与社会责任（包括文化意识与能力），对多样性、适应性、连续学习的认识，智力，兴趣与好奇心
	职业道德/责任心	主动、自我方向把控、责任感、坚韧、毅力、成效性、第一类型自我管理（元认知能力）、职业性/伦理、正直的公民意识、职业发展方向
	积极自我评价	第二类自我管理（自我监控、自我评价、自我加强）、身体与心理健康
人际能力	团队协作	交流、协作/合作、团队工作、协调、人际交往能力、同理心/接受不同观点、信任、服务导向、解决冲突、协商/谈判
	领导力	引导与指挥能力、责任、自信地沟通、自我展示、对他人的社会影响

该报告将深度学习定义为一个过程而非结果，21世纪技能正是通过这个过程产生的学习成果，其形式表现为可迁移的知识与技能。该报告进一步从四个方面总结了深度学习的本质：①深度学习形成的知识与能力迁移并不是没有限制的；②深度学习包含了形成某一领域有序组织的知识，这些知识随时可以迁移到该领域的新问题中；③深度学习需要广泛实践，并用及时的解释性反馈进行辅助，以帮助学习者纠正错误并进行正确的练习；④深度学习的过程要区分机械学习与有意义学习。

2005年5月，我国学者上海师范大学何玲、黎加厚教授在《现代教学》杂志上发表《促进学生深度学习》一文，在文中介绍了国外关于深度学习的研究成果，探讨了深度学习的定义和特点，把深度学习与浅层学习以列表方式做了对比（表1-2-2），并提出了促进深度学习的教学策略。他们认为，深度学习是指在理解学习的基础上，学习者能够批判性地学习新的思想和事实，并将它们融入原有的认知结构，能够在众多思想间进行联系，能够将已有的知识迁移到新的情境中，做出决策和解决问题的学习。此文被业界认为是国内最早介绍并论及深度学习的标志性研究成果。这个定义就是将深度学习理解为一个学习迁移的过程。

表1-2-2　深度学习与浅层学习对比

深度学习	浅层学习
弄清楚信息所包含的内在含义	依赖于死记硬背
掌握普遍的方式和内在的原理	记忆知识和例行的解题过程
列出证据归纳结论	理解新的思想感到困难

深度学习	浅层学习
在学习过程中逐步加深理解	在学习中很少反思自己的学习目的和策略
对学习的内容充满兴趣和积极性	对学习感到有压力和烦恼
有逻辑地解释、慎重地讨论、批判地思考	在活动和任务中收获较少
能区分论据与论证，即能区分事实与推理	不能从示例中辨别原理
能把所学到的知识应用到实际生活中	不能灵活地应用学到的知识
能把事物的各个部分联系起来，作为一个整体来看待	孤立地看待事物的各个部分
能把所学到的新知识与曾经学过的知识联系起来，重新构建自己的知识体系	不能对自己的知识体系进行很好的管理
主动参与到学习中来，能积极地与同学及教师互动与交流	被动地接受学习，学习是因为外在的压力，是为了考得高分

二、学习结果素养说

学习结果素养说认为，深度学习是指学生发生深度学习之后具备的能力素养，主要是从学生角度进行深度学习内涵的阐述，是目前深度学习领域最受学界认可的定义方式。美国惠利基金会认为，深度学习是学生敏锐理解学科内容，并将知识用于解决课堂和工作中的问题而必须掌握的一系列素养，主要包括掌握核心的学科内容、批判性思考和解决复杂问题的技能、有效沟通的技能、协作的技能，学会学习以及形成学科思维模式。美国卓越教育联盟（Alliance for Excellent Education）对深度学习进行了如下界定：以创新方式向学生传递丰富的核心学习内容，引导他们有效学习并将其所学付诸应用，强调深度学习将标准化测试与掌握沟通、协作、自主学习等能力相联系。美国研究学会（American Institutes for Research）等于 2010 年启动"深度学习研究：机遇与结果"（Study of Deeper Learning：Opportunities and Outcomes，SDL）项目，在文献研究和广泛征求专家意见的基础上，对深度学习做了如下界定：深度学习是学生胜任 21 世纪工作和公民生活必须具备的能力，这些能力可以让学生灵活地掌握和理解学科知识以及应用这些知识去解决课堂和未来工作中的问题，主要包括掌握核心学科知识、批判性思维和复杂问题解决、团队协作、有效沟通、学会学习、学习毅力六个维度的基本能力。

加拿大著名学者迈克尔·富兰在《走向新目标：促进深度学习的新教学论》

中将深度学习定义为一系列的技能，统称为"6C"，即品德、公民素养、有效沟通、批判性思考和问题解决、协作、创造力和想象力。

美国学者格兰特·威金斯主持的"为理解而设计"项目直接将深度学习界定为实现对学习内容的理解，并将理解分为六个不同的维度，包括解释、释义、运用、洞察、移情、自我认识，每一个维度都对学生学习后能够达到的要求进行了详细的阐述。

可以看出，这些定义都是从学习结果应当具备的素养角度诠释了深度学习。

我国研究者自 2005 年何玲、黎加厚教授发表文章之后，也开始关注并研究深度学习，陆续取得了一些进展。2014 年 3 月，教育部发布了具有历史纲领性意义的文件《关于全面深化课程改革落实立德树人根本任务的意见》，文件明确强调要把课程改革作为落实立德树人根本任务的一个重要抓手和突破口，并首次提出要研究制定学生发展核心素养体系，把核心素养落实到各学科教学中。受政策影响，学术界对深度学习进行了再认识，并形成了中国本土化的概念建构。

2014 年 9 月，教育部基础教育课程教材发展中心组织专家团队在借鉴国外相关研究成果和总结我国课程教学改革经验的基础上，着手研究开发深度学习教学改进项目，将其作为深化基础教育课程改革的重要抓手和落实学生发展核心素养及各学科课程标准的实施途径。2018 年，在项目组出版的阶段性成果《深度学习：走向核心素养（理论普及读本）》一书中，对深度学习做了如下定义：

所谓深度学习，是指在教师的引领下，学生围绕具有挑战性的学习主题，全身心积极参与、体验成功、获得发展的有意义的学习过程。在这个过程中，学生掌握学科的核心知识，理解学习的过程，把握学科的本质及思想方法，形成积极的内在学习动机、高级的社会性情感、积极的态度、正确的价值观，成为极具独立性、批判性、创造性，又有合作精神，基础扎实的优秀的学习者，成为未来社会历史实践的主人。

自此，学术界逐渐认识到，深度学习的意涵和本质顺应了现阶段教育领域深化课程改革，落实立德树人，培养核心素养的目标指向。可以说，深度学习的再概念化契合了教育改革的基本需求，为深度学习成为提升核心素养的有效路径提供了坚实的理论基础。此后，深度学习与核心素养的关系日益明晰。曲阜师范大学康淑敏教授提出"学科素养的培育在很大程度上需要通过深度学习来实现""深度学习是培养核心素养的重要途径""核心素养是深度学习的结果""深度学习将核心素养从一个抽象的概念变成了一个看得见、摸得着的行动"。深度学习研究由此迎来新一轮高峰。

图 1-2-1 为 2005—2019 年相关期刊论文数量，从图中的数据可以看出，2005 年到 2014 年，我国关于深度学习的期刊论文数量仅有 178 篇，这说明我国在

2014 年之前对深度学习的研究仍处于起步阶段。从 2015 年到 2019 年这 5 年间，我国有关深度学习的期刊论文达 8075 篇，由此可见，我国的研究者们对深度学习的研究越来越多，对其关注度也不断提高。

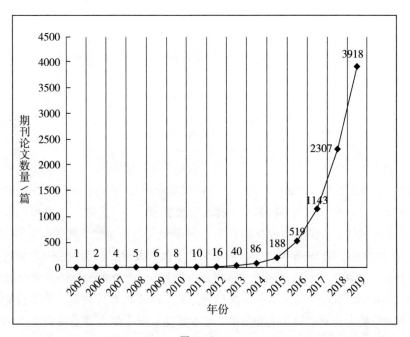

图 1 - 2 - 1

第三节 数学学科核心素养概述

一、从"双基""三大能力"开始

长期以来，我国数学教育坚持抓好"双基"（基础知识、基本技能）和"三大能力"（运算能力、逻辑推理能力、空间想象能力），使得我国的数学教育在国际上享有盛誉，成为体现中国数学教育的重要特征。"三大能力"是根据数学教育实践及华罗庚、关肇直等专家的意见，在 1963 年的中学数学教学大纲中明确提出来的。"双基"是 1986 年《全日制中学数学教学大纲》在明确区分数学技能和数学能力，与数学知识并列作为数学的基础后，正式确立的提法。半个世纪以来，中国数学教育改革走过了一条这样的道路：从重视基础知识、基本技能到知识、技能与能力并重，再到基础知识、基本技能、基本能力和基本态度"四个基础"并重，再到基础知识、基本技能、基本思想方法、基本活动经验"四基"并重，形成了数学教育"以学生发展为本"的共识，强调最重要的数学基础知识和技能的落实，注重智力因素和非智力因素的和谐发展。从我国中学数学教学目的体系的构建和发展过程可以得到启示，在继承的基础上求得发展应是数学教育理论的不二法门。任何数学课程改革都应强调继承在先创新在后的指导思想，坚持我国数学教育的特色，发挥数学教育在"双基"和"三大能力"等方面的优势。

二、中国学生发展核心素养

为把党的十八大和十八届三中全会提出的关于立德树人的要求落到实处，2014 年 3 月，教育部印发了《关于全面深化课程改革落实立德树人根本任务的意见》，文件指出："立德树人是发展中国特色社会主义教育事业的核心所在，是培养德智体美全面发展的社会主义建设者和接班人的本质要求。课程是教育思想、教育目标和教育内容的主要载体，集中体现国家意志和社会主义核心价值观，是学校教育教学活动的基本依据，直接影响人才培养质量。"文件进一步提出着力推进的关键领域：①研究制订学生发展核心素养体系和学业质量标准。要根据学生的成长规律和社会对人才的需求，把学生德智体美全面发展的总体要求和社会主义核心价值观的有关内容具体化、细化，深入回答"培养什么人、怎样培养人"的问题。教育部将组织、研究、提出各学段学生发展核心素养体系，明确学生应具备的适应终身发展和社会发展需要的必备品格和关键能力，突出强调个人修养、社会关爱、家国情怀，更加注重自主发展、合作参与、创新实践。研究制定中小学各学科学业质量标准和高等学校相关学科专业类教学质量国家标准，根据核心素养体系，明确学生完成不同学段、不同年级、不同学科学习内容后应该达到的程度要求，指导教师准确把握教学的深度和广度，使考试评价更加准确地反映人才培养要求。各级各类学校要从实际情况和学生特点出发，把核心素养和学业质量要求落实到各学科教学中。②修订课程方案和课程标准。依据学生发展核心素养体系，进一步明确各学段、各学科具体的育人目标和任务，完善高校和中小学课程教学有关标准。这是国家第一次正式提出"核心素养"。

2016 年 2 月，由北京师范大学资深教授林崇德带领近百名研究人员起草的《中国学生发展核心素养（征求意见稿）》面向教育界人士广泛地征求意见和建议。随后，经过项目组修改，并报经教育部基础教育课程教材专家工作委员会审议，于 2016 年 9 月 13 日上午正式发布。

学生发展核心素养主要指学生应具备的能够适应终身发展和社会发展需要的必备品格和关键能力。中国学生发展核心素养以科学性、时代性和民族性为基本原则，以培养"全面发展的人"为核心，分为文化基础、自主发展、社会参与三个方面，综合表现为人文底蕴、科学精神、学会学习、健康生活、责任担当、实践创新六大素养，具体细化为国家认同等十八个基本要点，如图 1 - 3 - 1 所示。各素养之间相互联系、互相补充、相互促进，在不同情境中整体发挥作用。根据这一总体框架，可针对学生年龄特点进一步提出各学段学生的具体表现要求。

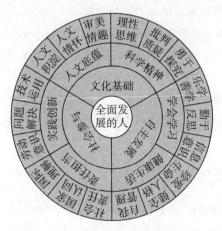

图 1 - 3 - 1　中国学生发展核心素养

根据这一总体框架，从数学学科角度来看，数学教育对发展学生核心素养的独特贡献主要体现在科学精神（理性思维、批判质疑、勇于探究）、学会学习（乐学善学、勤于反思、信息意识）和实践创新（劳动意识、问题解决、技术运用）等方面。

理性思维 重点是：崇尚真知，能理解和掌握基本的科学原理和方法；尊重事实和证据，有实证意识和严谨的求知态度；逻辑清晰，能运用科学的思维方式认识事物、解决问题、指导行为等。

批判质疑 重点是：具有问题意识；能独立思考、独立判断；思维缜密，能多角度、辩证地分析问题，做出选择和决定等。

勇于探究 重点是：具有好奇心和想象力；能不畏困难，有坚持不懈的探索精神；能大胆尝试，积极寻求有效的问题解决方法等。

乐学善学 重点是：能正确认识和理解学习的价值，具有积极的学习态度和浓厚的学习兴趣；能养成良好的学习习惯，掌握适合自身的学习方法；能自主学习，具有终身学习的意识和能力等。

勤于反思 重点是：具有对自己的学习状态进行审视的意识和习惯，善于总结经验；能够根据不同情境和自身实际，选择或调整学习策略和方法等。

信息意识 重点是：能自觉、有效地获取、评估、鉴别、使用信息；具有数字化生存能力，主动适应"互联网＋"等社会信息化发展趋势；具有网络伦理道德与信息安全意识等。

劳动意识 重点是：尊重劳动，具有积极的劳动态度和良好的劳动习惯；具有动手操作能力，掌握一定的劳动技能；在主动参加的家务劳动、生产劳动、公益活动和社会实践中，具有改进和创新劳动方式、提高劳动效率的意识；具有通过诚实合法劳动创造成功生活的意识和行动等。

问题解决 重点是：善于发现和提出问题，有解决问题的兴趣和热情；能依据特定情境和具体条件，选择、制订合理的解决方案；具有在复杂环境中行动的能力等。

技术运用 重点是：理解技术与人类文明的有机联系，具有学习掌握技术的兴趣和意愿；具有工程思维，能将创意和方案转化为有形物品或对已有物品进行改进与优化等。

三、数学学科核心素养的内容

2017 年 12 月，《普通高中数学课程标准（2017 年版）》（以下简称《标准》）由教育部制定颁发，《标准》明确提出了数学学科核心素养的相关内涵。

《标准》在"课程性质"部分指出：数学是研究数量关系和空间形式的一门

科学。数学在形成人的理性思维、科学精神和促进人的智力发展的过程中发挥着不可替代的作用。数学素养是现代社会每一个人应该具有的基本素养。""数学教育承载着落实立德树人根本任务、发展素质教育的功能。数学教育帮助学生掌握现代生活和进一步学习所必需的数学知识、技能、思想和方法；提升学生的数学素养，引导学生会用数学眼光观察世界，会用数学思维思考世界，会用数学语言表达世界；促进学生思维能力、实践能力和创新意识的发展，探寻事物变化规律，增强社会责任感；在学生形成正确人生观、价值观、世界观等方面发挥独特作用。

《标准》在"学科核心素养"部分提出：学科核心素养是育人价值的集中体现，是学生通过学科学习而逐步形成的正确价值观念、必备品格和关键能力。数学学科核心素养是数学课程目标的集中体现，是具有数学基本特征的思维品质、关键能力以及情感、态度与价值观的综合体现，是在数学学习和应用的过程中逐步形成和发展的。数学学科核心素养包括：数学抽象、逻辑推理、数学建模、直观想象、数学运算和数据分析。这些数学学科核心素养既相互独立又相互交融，是一个有机的整体。

《标准》在"课程目标"部分提出：数学课程的学习，目标是使学生获得进一步学习以及未来发展所必需的数学基础知识、基本技能、基本思想、基本活动经验；提高从数学角度提出和发现问题的能力、分析和解决问题的能力。在学习和应用数学的过程中，发展数学学科核心素养，提高数学学习的兴趣，增强信心，养成良好的数学学习习惯，发展自主学习的能力，树立敢于质疑、善于思考、严谨求实的科学精神，不断提高实践能力、提升创新意识；认识数学的科学价值、应用价值、文化价值和审美价值。

中国教育学会中学数学教学专业委员会理事长章建跃博士曾说过："数学育人要发挥数学的内在力量。"学科核心素养的确定是与数学学科性质和数学学习的内容相对应的，我们可以建立下面的模型，表示它们的对应关系，如图1－3－2所示。

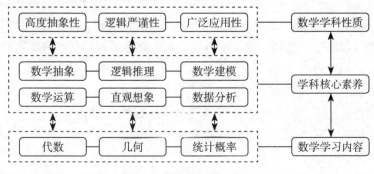

图1－3－2

中国数学课程发展经历了从知识立意到能力立意，从能力立意到素养立意的过程。《标准》的颁发，开启了以数学学科核心素养为课程目标的新征程。对比《义务教育数学课程标准（2011年版）》（以下简称《课程标准（2011年版）》），我们发现，《标准》是在《课程标准（2011年版）》的基础上的继承和发展，在课程理念、课程目标、对知识技能认知水平的划分等方面，《标准》都很好地继承了《课程标准（2011年版）》的相关内容，并做了很好的衔接。在学科素养方面，两者一脉相承，我们可以将《课程标准（2011年版）》"十个关键词"的前八个与《标准》的六大数学学科核心素养大致进行如下对照，如图1-3-3所示。

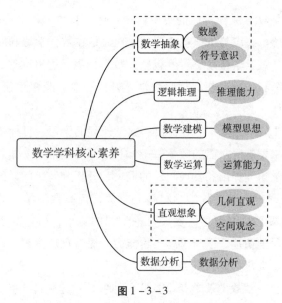

图1-3-3

数学学科六大核心素养是八个核心词的进一步凝练，两者一脉相承。数学学科核心素养是数学课程目标的具体体现，数学课程目标指向的是：能获得进一步学习以及未来发展所必需的数学基础知识、基本技能、基本思想、基本活动经验（简称"四基"）；提高从数学角度发现和提出问题的能力、分析和解决问题的能力（简称"四能"）。所以，数学学科核心素养就是"四基""四能"的具体体现。"四基"是培养学生数学学科核心素养的沃土，是发展学生数学学科核心素养的有效载体。"四能"是"四基"的自然结果和目标指向，是具有数学学科核心素养的外在表现。学"四基"，是为了应用、提高"四能"。通过"四基"的学习，提高学生的"四能"，并在此过程中，发展学生的数学学科核心素养，是学科育人的根本目的。

数学是基础教育阶段非常重要的学科之一，不管接受教育的人将来从事什么工作，基础教育阶段数学教育的终极目标都可以描述为"三会"：会用数学眼光观察世界，会用数学思维思考世界，会用数学语言表达世界。本质上，"三会"是"四能"的具体体现。会用数学眼光观察世界就是指从数学的角度发现和提出问题的能力；会用数学思维思考世界就是指用数学的知识技能、思想方法分析问题和解决问题的能力；会用数学的语言表达世界就是指会用数学的符号、概念、原理、思想来表达和提出问题、分析和解决问题的过程，所以，"三会"就是数学学科核心素养，是具有数学学科核心素养的人的外在表现。

当然，各学段数学在教学过程中，需要把"三会"具体化，赋予其特别的内涵。《义务教育数学课程标准（2022 年版）》对各学段的表现进行了具体的描述，数学学科六大核心素养就是"三会"在高中阶段的具体内涵。

四、理性思维是数学素养的灵魂

理性思维是一种有明确的思维方向，有充分的思维依据，能对事物或问题进行观察、比较、分析、综合、抽象与概括的一种思维。说得简单些，理性思维就是一种建立在证据和逻辑推理基础上的思维方式。马忠林主编、浙江师范大学教授任樟辉在其所著的《数学思维论》一书中谈道，数学思维问题是从北京师范大学曹才翰教授的《论数学教育及其研究》一文开始的，书中写道："从数学教育目的看，要使学生掌握数学知识并培养能力、发展智力和陶冶个性品质，数学思维问题是数学教育的核心。苏联斯托利亚尔在《数学教育学》一书中指出：'数学教学是数学（思维）活动的教学。'他在列举数学教育目的时把发展学生的数学思维放在第一位。数学教学改革，思维是根本的。"我国著名数学家陈建功先生在《二十世纪的数学教育》一文中提出了支配数学教育目标、教材和方法的三大原则：实用性原则、论理的原则、心理的原则。在讲到论理的原则时，他说："论理即指逻辑。数学具有特殊的方法和观念，组成有系统的体系……数学不但其内容的事实有价值，其所用之方法，也具有教育上的价值。""推理之成为论理的体系者，限于数学一科。数学具有这样的教育价值，称之为论理的价值……忽视数学教育论理性的原则，无异于数学教育的自杀。"章建跃博士在他的学术报告《数学核心素养统领下的数学变革》中曾多次指出："发展学生的理性思维，特别是逻辑思维，使学生学会有逻辑地、创造性地思考，学会使用数学语言表达与交流，成为善于认识和解决问题的人才，是数学课程的主要任务。"所有这些专家学者的观点都表明数学学科的核心价值在于培养学生的理性思维。理性思维是数学素养的灵魂。

从广义上讲，思维也可以有很多种不同的方式，那种杂乱无章的"胡思乱想、意识流"也可以说成思维，但这种思维不是理性思维，也不是逻辑思维，只有那种对某个问题进行反复的、严肃的、持续不断的深层的思维，才是好的思维。美国著名的教育家、实用主义教育创始人杜威把这种思维称作反省思维。他在其代表作《我们怎样思维》一书中这样定义反省思维："现有的事物暗示了别的事物（或真理），从而引导出信念，此信念以事物本质之间的实在关系为依据，即以暗示的事物和被暗示的事物之间的关系为依据。""反省思维的功能就是把经验含糊的、可疑的、矛盾的、某种失调混乱的情境，转变成一个清晰的、有条理的、协调的以及和谐有序的情境。"他旗帜鲜明地指出："必须以反省思维作为教育的目的，学习就是要学会思维。逻辑思维在教育上就是指有系统地注视和控制思维的过程，以便使思维真正是反省的。"他还仔细地研究了反省思维的过程和结果，并把反省思维的过程分为五个阶段或五个方面——暗示、理智化、假设、推理、检验，并指出这五个阶段只是一个大致的轮廓，是反省思维不可缺少的几个特质。反省思维并不一定是按照这五个顺序一个接一个出现，"它们中间有的可能两段合并起来，有的阶段是急匆匆地通过，而谋求结论的重担也可能主要地放在单一的阶段上"。在这里，我们看到，杜威从哲学理论的高度谈思维的形式的，是超越特定学科的，是以解决一般问题为目标"探究理论"，和我们前面所讲的学科领域的理性思维具有本质的不同，但二者又有着千丝万缕的联系。反省思维是一种理论，理性思维则是它在某些学科领域的具体化，从学科的角度看，如果我们思考解决某问题的方式方法是理性思维，那么它也可以看作反省思维理论一次具体实践运用的结果。

杜威在其著作中还进一步研究了思维的逻辑形式："从反省思维过程的内部来看，思维的整个过程是由一系列的判断组成的，判断是思维的组成单元。这些连续的判断彼此相关，互相支持，从而导向一个最后的最终的判断——作出结论。""良好的思维习惯，其核心就是恰当的、精确的判断能力。""概念是判断的工具，是参照的标准，是确定的标准化的意义。"这些论断带给我们很多思考。思维的本质是人的意识对客观事物的特性、联系和关系概括和间接的反映。中国现代心理学奠基人之一的朱智贤和他的学生林崇德教授在其著作《思维发展心理学》一书中指出："概念、判断和推理，共同组成思维形式的整体。理性的材料，主要是指概念，概念是思维的细胞，是思维的主要形式，它既是判断和推理的基本单位，又是判断和推理的集中体现。""概念、判断和推理，既是思维的理性材料，又是思维的结果。通过思维过程，获得新的思维产物，就形成新的概念，作出新的判断，进行新的推理，从而使思维获得新质。概念、判断和推理，作为思维的结果，它又是成系统的。思维的系统是对事物关系与内在联系的整体的反映，是物质运动本质特征的反映。"这些理论从不同的角度告诉我们思维的过程是怎样的。所谓发展思维能力，就是要从概念、判断和推理这些思维形式入手。

理性思维是从人类的一般思维中分化出来的一种科学思维，它的活动形式与一般的科学思维活动形式也必定具有相同之处，如逻辑思维就是以概念为思维材料，以语言为思维载体，前进的每一步都有充分依据的思维。它以抽象性为主要特征，其基本形式是概念、判断和推理。

例　长为 20 cm 的铁丝能否围成有一条边长为 5 cm 的等腰三角形？

分析：解决这个问题，首先，需要明确的数学概念有线段、线段的长、三角形、三角形的边、三角形的周长、三角形的顶点、三角形的角、等腰三角形、等腰三角形的边（腰和底边）、等腰三角形的周长等。这些概念是思维的细胞，构成一个组块，是我们解决问题的出发点，我们要理解这些概念的确定意义，即它们的本质特征。

其次，要进一步理解这些概念之间的联系，即要理解相关的数学原理，分别有三角形三边的关系，以及中间推理得到的一系列判断。

最后，还需要了解或掌握一些程序性知识，如分类讨论的思想、方程思想、运算技能以及准确使用数学语言表征的符号意识和方法（包括边的倍数关系刻画）等。

具体的推理，要由问题的已知条件出发，由概念线段的长、三角形、三角形的边、三角形周长出发，思考长为 20 cm 的铁丝如何围成三角形，由此得到如下判断。

判断1：此三角形的周长为 20 cm，即三边的长度和为 20 cm。

由等腰三角形、周长等概念，进一步得到判断2。

判断2：围成的等腰三角形的周长为 20 cm，再由等腰三角形的腰、底边等概念得到判断3。

判断3：等腰三角形的三边的和为 20 cm，即两腰长 + 底边 = 20 cm。

问题已知要求三角形三边中有一边为 5 cm，由此得到判断4。

判断4：等腰三角形的腰长为 5 cm 或底边为 5 cm。

但到底是哪一种，结论不确定，需要进一步讨论尝试。

假如腰长为 5cm，由两腰长相等，推理得到 5 + 5 + 底边 = 20，运算得到底边长为 10 cm。

判断5：等腰三角形三边长可能为 5 cm、5 cm、10 cm。

根据三角形三边长关系（一个已知的判断），判断此处的三边关系不符合已知的三边关系。

判断6："等腰三角形三边长可能为 5 cm、5 cm、10 cm"的假设不成立。

假如底边为 5cm，判断：两腰长 + 5 = 20，运算得到腰长为 7.5 cm。

判断7：等腰三角形三边长可能分别为 7.5 cm、7.5 cm、5 cm，根据三角形三边长关系，判断这个三边长符合已知的一般的三角形三边关系。

判断8：等腰三角形的底边为 5 cm 的假设成立。

由以上分析，最后得出一个结论。

判断9：可以围成一个边长为 7.5 cm、7.5 cm、5 cm 的等腰三角形。

判断是逻辑思维在概念基础上的发展，它表现为对概念的性质或关系有所肯定或否定，是认识概念间联系的思维形式。数学中的判断又称数学命题，它是用语言、符号或者是式子表达数学判断的语句。比如上例中，我们由铁丝长 20 cm 判断出等腰三角形的周长为 20 cm，并进一步用式子表达为两腰长 + 底边长 = 20。数学命题作为数学逻辑思维的一种基本形式，它的作用不仅表现为逻辑环节的中介和过渡，还表现为数学逻辑思维的最终结果。推理就是从一个或几个已知判断推出另一个新的判断的思维形式，是对判断之间逻辑关系的认识。推理所依据的已知判断称为前提，推出的新判断称为结论。推理与判断是互相渗透、互为表里的，推理是判断的过程，而判断是推理的结果。数学推理是严格意义上的推理，即前进的每一步都有所依据，并由此来探求数学中的各种因果关系，表现出数学逻辑思维的严谨性。史宁中教授在谈到逻辑推理的严谨性时，说："通俗地说，如果有一条主线能够把命题从头到尾地串联起来，或者像一棵树那样，都能从枝头走向树根，那么推理就是有逻辑的。"逻辑推理有两种形式：一种是命题内涵从大到小的推理，也就是从一般推到特殊的推理，叫作演绎推理；一种是命题内涵从小到大的推理，也就是从特殊推到一般的推理，叫作归纳推理。前者是必然性推理，对于数学和一切自然科学，都是不可或缺的，甚至在社会科学和人文科学领域也需要这种推理，因此了解和掌握这种推理是一种数学素养，但这种推理从逻辑上产生不了新的东西，缺乏通过条件预测结果的功能，也缺乏依据结果探究原因的功能，所以，仅仅有它是不够的。后者则不同，后者是可以发现新东西的，它是通过验过的东西推断那些未曾验过的东西，是或然性推理。数学上许多重要的结论，包括已经证明了的重要定理和那些没有证明的重要猜想的结论都是这样得到的。史宁中教授说："数学的结论是'看'出来的，而不是'证'出来的。"当然，通过"看"或者说通过"猜"，得到的结论并不一定正确，因此，通过归纳推理所得到的结论，其正确与否还需要通过演绎推理来进行验证。所以，整个数学的论证过程就是通过归纳推理发现结论，通过演绎推理验证结论。换一种说法就是，演绎必须以归纳为前提，归纳必须以演绎为指导。从思维的某一个环节、某一阶段来看，归纳推理和演绎推理是互相独立的两种推理方式，但从思维的全过程和总的秩序上看，正如特殊与一般的关系一样，归纳推理与演绎推理又是互相联系、互相渗透并能够互相转化的两种推理。在《标准》和《课程标准(2011 年版)》对推理的相关阐述中，都强调了这两种推理。

　　总而言之，理性思维是个人发展核心素养的重要组成部分，大力培养和发展学生的理性思维是数学学科各学段教学义不容辞的责任，是其首要的义务。明确这个要求，对提高数学教师的数学素养，更好地把握数学教学，都是很有必要的。为了有效地进行数学理性思维能力的培养，我们必须学习、掌握学生数学思维活动的一般方法和规律，对各种数学思维方法的性质和作用加强研究；对数学理性思维训练方式和途径加以研究，重视概念教学，促进学生对概念的深刻理解；重视数学原理教学，促进他们对数学原理的深度学习，努力提高学生的判断能力、逻辑推理能力，使学生既能学到具体的学科知识，又能领悟数学思想和方法，促进他们理性思维素养的发展，从而使我们的教学既具有数学学科的特点，又有理论的深度和高度。

第四节　初中数学深度学习及其特点

深度学习是课程改革以来对课程理解和课堂实践的深化，它既是一种理念，也是一种实践指导策略。根据教育部"深度学习教学改进"项目总项目组对深度学习的概念界定，结合初中数学学科的特点以及数学课程对学生学科核心素养提出的要求，项目组提出了初中数学深度学习的概念：

初中数学深度学习是指学生在教师的引领下，围绕具有挑战性的数学学习主题，全身心地积极参与、体验成功、获得发展的有意义的数学学习过程。在这个过程中，学生开展以从具体到抽象、运算与推理、几何直观、数据分析和问题解决等为重点的思维活动，获得数学核心知识，把握数学的本质和思想方法，提高思维能力，发展数学学科核心素养，形成积极的情感、态度和正确的价值观，逐渐成为既有独立性、批判性、创造性，又有合作精神的学习者。

一、初中数学深度学习的核心要点

梳理深度学习这个概念，我们可以得到下面几个核心要点。

（一）教师引领

深度学习首先强调的是教师的主导作用，初中数学深度学习也是如此。深度学习是一种教学活动，不是一般学习者的自学活动。在活动中，教师是主导者，担负着引导和帮助学生顺利参与并完成有挑战性的主题学习活动的任务。可以说，没有教师，深度学习就无从谈起，或者很难发生。那么，教师要如何引领呢？具体而言，就是要做好三件事：确定学生自觉发展的"最近发展区"；转化教学内容，提供恰当的教学材料，即要确定通过什么样的内容来提升、发展学生的数学学科核心素养；帮助学生亲自经历知识的发现与建构过程，使学生真正成为教学的主体。

（二）有挑战性的学习主题

有挑战性的学习主题是指教学活动的学习内容。主题具有挑战性，是深度学习的一个重要标志，但有挑战性的学习主题并不一定都是指数学中的那些难题。挑战的含义更多是指学生经过自己的努力，"跳起来都不易摘到桃子"，在理解上存在较大困难，在建构知识和知识之间的关联上不易充分把握的主题。

（三）有意义的学习过程

有意义的学习是指美国认知心理学家奥苏贝尔所说的有意义学习，它的实质是，以符号所代表的新知识与学习者已有认知观念建立非任意的（内在的）和实质性（非字面的）的联系。有意义学习的发生需要具备三个条件：学习材料本身是具有逻辑意义的，学习者具有有意义学习的心向，学习者的认知结构中必须具有同化新知识的原有的适当观念。除此之外，这里界定的有意义的学习还包括更宏大的目标追求，即所有的学习过程都是为了让学生获得发展，是具有教育意义的活动，而且这个过程是学生亲身经历和体验的。

（四）聚焦核心素养的思维活动

聚焦核心素养的思维活动体现了初中数学深度学习的学科本质任务就是培养学生思维：用数学的眼光观察世界，用数学的思维思考世界，用数学的语言表达世界。

（五）达成数学育人的根本目的

达成数学育人的根本目的是初中数学深度学习的终极目标。

"深度学习"教学改进项目组指出：深度学习是极为复杂的活动，判断深度学习是否发生，可以用下列五个特征来作为判据。

（1）联想与结构：经验与知识的相互转化。

（2）活动与体验：学生的学习机制。

（3）本质与变式：对学习对象进行深度加工。

（4）迁移与应用：在教学活动中模拟社会实践。

（5）价值与评价："人"的成长的隐性要素。

二、初中数学深度学习需要学生具备的特点

初中数学深度学习是否发生，也可以用初中生的数学学习是否具备以下特点来评判。

（一）体会数学知识的整体结构和联系

数学学习的过程是一个持续不断、前后联系的过程。在日常教学中，教师经常使用的一种教学方式就是先复习引入，然后展开新的内容的教学。然而，复习的展开往往主要指向该节课的知识所需，因此这样的联系无论是在时间上还是内容上都有较大的局限性。例如，学习有理数的减法时，教师常常会带学生复习一

23

下上节课学习的有理数的加法，而对于加法与减法之间的联系没有给学生一个整体的、关联性的呈现。事实上，学习内容的联系不仅体现为相邻的课时之间知识的联系，还包括通过教师设计的学习活动调动、激活以往的相关知识和经验，包括思维活动的经验和实践活动的经验。

初中数学深度学习要求教师的教学整体呈现初中数学内容的结构，以融会贯通的方式对学习内容进行组织、整合，尽可能地体现内容本质之间的联系。掌握知识之间的内在联系，最终的目的是通过这些联系形成一个合理的、有机的知识结构，这个结构既有客观的知识之间的逻辑关系，又有学生个性化的认识和理解。初中数学深度学习的目标就是要为学生创设条件和机会，让他们建构出自己的知识结构，并不断将其优化。

（二）积极参与富有思维含量的数学活动

数学学习过程是教师、学生围绕学习内容展开活动的过程，初中数学深度学习要求学生全身心投入具有挑战性的、富有思维含量的学习活动。在这个过程中，学生经历探索、归纳、发现、论证等阶段，经历知识的形成过程，在获得知识、方法的同时，发展数学的思维，体会数学学科的思想方法以及数学在解决现实世界问题中的价值，体验挑战成功的成就感。在深度学习的数学学习活动中，学生应该经历以从具体到抽象、运算与推理、几何直观、数据分析和问题解决等为重点的思维活动，在获得数学核心知识的同时，提高思维能力，形成数学学科核心素养。

（三）体会数学核心内容的本质

初中数学深度学习的另外一个重要特征是，学生在学习过程中能够抓住数学知识的本质和关键特征。比如，学生学习了方程之后，如果仅仅记住了"方程是含有未知数的等式"，但对方程的本质即"量与量之间的等量关系的刻画"这一特征没有体会和理解，那是只学习到了外在的、形式化的东西。加深对知识的理解和体会，灵活运用所学的方法去处理不同的问题，是实现初中数学深度学习的重要环节。例如，在对平行四边形的性质进行学习的过程中，掌握研究图形性质的方法（从哪些角度研究、研究图形的哪些性质等），并自觉迁移到特殊平行四边形的研究中，体会这些图形之间的一般与特殊关系等，使学生在辨识、归纳、概括中真正理解概念、原理和方法，把握数学学科知识的本质。

（四）能够将知识迁移到新的情境中加以应用

迁移能力是数学学习的关键能力之一。初中数学深度学习的一个关键就是学生能够将所学内容迁移到新情境中，能够综合应用所学数学知识去解决新问题。这不仅是学生数学学习的目的，也是学生终身发展所必须具备的能力和素养。应

24

用意识和数学建模是数学学科核心素养的重要组成部分，初中数学深度学习以提升学生的学科素养为目标，学生对数学知识的本质把握与否、对思想方法的理解与否，与是否能够在具体的问题情境中对所学知识加以应用是有密切联系的，也关系到思维能否得到提升和发展。

（五）形成正确的价值观和批判性思维

深度学习的教学活动要自觉帮助学生形成正确的价值观，形成学生发展的核心素养。同时，在教学活动中，教师要自觉引导学生有根据地评判在教学活动中所遭遇的人、事与活动。价值与评价这一要素不是某个独立的学习阶段或环节，却萦绕在各个阶段、各个环节以及每个活动中。培养学生对所学知识以及学习过程本身做出价值评判的意识与能力，一是使学生自觉思考所学数学知识在知识系统中的地位与作用、优势与不足、用途与局限，二是使学生对所学数学知识及学习过程主动地进行质疑、批判与评价。

价值观的培养、学生核心素养的形成过程是隐性、长期而缓慢的过程，正因为如此，在初中数学学习活动中教师要给予特别关注。

案例：人教版九年级上册第二十一章第三节第一课时《实际问题与一元二次方程》探究1传染问题（表1-4-1）。

表1-4-1　一元二次方程实际问题：传染问题教学设计

学习目标	（1）通过具体的传染问题、握手问题，能分析问题的数量关系，列出一元二次方程，提高分析问题和解决问题的能力。 （2）经历运用数学知识解决实际问题的全过程，进一步体会数学建模思想方法，发展应用意识	
教学环节	学习活动	评价要点
环节一	问题1：你能说说学习方程的一般路径吗？ 问题2：回顾你学习的经验，说说在解决实际问题时一般需要经历什么样的步骤。 	方程的学习路径为"背景—定义—解法—应用"。 梳理前面学过的知识，思考接下来要学什么，让学生有更明确的方向感，知道从哪里来，要到哪里去。承上启下，不能只是教师心里明白的事，要在教学的点滴中，有机地渗透，让学生心里也清晰起来。 回顾前面所学过的解决实际问题的过程，目的是让学生回忆

25

教学环节	学习活动	评价要点
环节一		解决实际问题的全过程（审、设、列、解、检、答），从整体上，让本章本节知识与前面的一元一次方程的实际应用、不等式的应用、二元一次方程组的实际应用、分式方程的实际应用关联起来，整体构建数学知识体系，增强学生用数学的意识，培养学生数学建模的学科核心素养。见到树木，也见到森林，这也正是深度学习的特征之一
环节二	问题3：参加一次聚会的每两个人都握了一次手，n 个人参加聚会，握手的总次数是多少？你是如何知道的？ 例1：参加一次聚会的每两个人都握了一次手，所有人共握手 10 次，有多少人参加聚会？ 变式：圣诞节来临，班级每一名同学都要给其他同学赠送一张卡片，共赠送了 870 张卡片，设班级有 x 名同学，可列方程为 _____	这个问题在前面的概念教学中有涉及，这里一是复习回忆，二是追问是如何来的，使学生知其所以然，避免学生只是机械地记忆公式 $\frac{1}{2}n(n-1)$，套用公式模仿解题。追问学生知其然的过程就是让学生经历知识的发生发展过程，并在这个过程中，学会数学的思考方式
环节三	例2：有一个人患了流感，经过两轮传染后共有 121 人患了流感，每轮传染中平均一个人传染了几个人？ 追问：第三轮后，患流感的人数是多少？ 归纳：第一轮后患流感的人数为 _____。 第二轮后患流感的人数为 _____。 第三轮后患流感的人数为 _____。 第四轮后患流感的人数为 _____。 规律为：第 n 轮后患流感的人数为 _____。	将前面的思考方法迁移到传染问题的情境中，从特殊到一般地推演流感传染的过程，理清二轮传染后感染的人数表达，并进一步梳理多轮传染后，流感感染人数的变化规律，最后归纳总结形成传染问题的数学模型

续 表

教学环节	学习活动	评价要点
环节四	1. 握手问题与传染问题基本模型：_____。 握手模型：_____。 送礼模型：_____。 传染模型：_____。 2. 方程、不等式、函数都是数学模型，应用模型解决实际问题，体现了数学建模的思想，数学语言表达要反映全过程	再一次从数学建模的角度来梳理本节的内容。使本节课融入学生以后的数学知识，使其构成一个完整的体系。同时，突出本节课的重点，强调学生易出问题的地方，让学生养成严谨思考，规范表达的理性思维习惯

这样的设计有以下三点特色：

（1）以模型观念为统领，深入挖掘解决实际问题中蕴含的一般观念。把一元二次方程当作解决问题的模型，置于前面已学过的一元一次方程、二元一次方程组、不等式（组）、分式方程的模型"森林"，使学生将其与头脑中原来的应用模型解决实际问题的认知联结起来，形成整体的认识，体现了用相同的方法解决不同的问题的模型精髓。

（2）从学生的"最近发展区"开始。在深度学习过程中，教师引领首先要体现在确定学生的"最近发展区"上。传染问题和握手问题相比较，握手问题因为在一元二次方程概念学习过程中已经作为引入概念的问题背景呈现过，此时重现可以算是对第一节课的回顾。追问为什么，是为了促进学生对规律的推理过程的理解，也为传染问题对传播过程的模拟提供方法上的帮助。

（3）在小结概括阶段，不满足于解决具体问题，更追求对问题一般化、模型化的理解和归纳，促进迁移到其他类似的问题情境中。

第五节 数学学科知识的划分

一、知识与知识分类

知识在《现代汉语词典（第 5 版）》中的释义为："人们在社会实践中所获得的认识和经验的总和。"在《说文解字》中，"知识"的"知"字从矢从口，矢亦声。"矢"指射箭，"口"指说话。"矢"与"口"联合起来表示"出於口者疾如矢也"，即说话如射箭一样迅速，"认识、知道的事物，可以脱口而出"。知识的本意是知道。"识"的繁体写作"識"，字从言从戠，戠亦声。常也，一曰知也，意思是"经常见到的，一看（听）就知"。"戠"字本意就是"规则图形及其变换"，"识"，旗帜，是认识标记，最初指族旗、族徽等，后泛指所有标记。所以知识从字的起源上讲，就是指那些所有已经知道的能够表达出来的、可以识别的、标记的东西。这和西方一些心理学家把知识看作言语信息，即用符号或言语来标志某种事物或表达某些事实是一致的。现代认知，心理学认为知识的本质是客观事物的特征与联系在人脑中的能动反映，是客观事物的主观表征。知识获得的过程是主体与其环境相互作用而获得的信息及其组织，储存于人的大脑的是个体的知识，储存于人的大脑以外的是人类的知识。

知识是要分类的。知识分类是哲学、教育学和心理学共同关心的问题。因为知识的复杂性、多样性，当前，人们对知识存在不同角度的分类。

1958 年，英籍犹太裔物理化学家和哲学家迈克尔·波兰尼（Michael Polanyi）从哲学领域提出，根据知识能否清晰地表述和有效地转移，可以把知识分为"显性知识"（Explicit Knowledge）和"隐性知识"（Tacit Knowledge）。显性知识又称编码知识、明确知识，是指"能明确表达的知识"，即人们可以通过口头传授、教科书、参考资料、报纸杂志、专利文献、视听媒体、软件和数据库等方式获取，以语言、书籍、文字、数据库等编码方式传播，也容易被人们学习的知识，包括"可以写在书本和杂志上，能说出来的知识"。与此相对，在行动中所蕴含的未被表述的知识，称为隐性知识，也称意会知识、默会知识。隐性知识会在人的行为，人在做事情和参与社会活动时展现出来，通常会以一种慢慢出现的、共享的理解形式在一起工作、生活的人群中散播。"我们所知道的多于我们所能言传的",波兰尼认为隐性知识远远多于显性知识。后来,日本管理学教授野中郁次郎(Ikujiro Nonaka)从隐性知识的个体属性研究的角度进一步提出:隐性知识是高度个人化的知识,具有难以规范化的特点,因此不易传递给他人,正所谓只可意会不可言传;它深深地植根于行为本身和个体所处环境的约束,包括个体的思维模式、信仰观点和心智模式等。

上海顾泠沅教授在《教学改革的行动与诠释》一书中将这一知识分类以冰山模型进行描述,如图1-5-1所示。

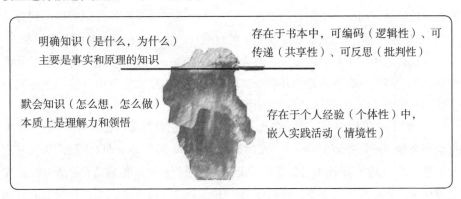

明确知识(是什么,为什么)
主要是事实和原理的知识

存在于书本中,可编码(逻辑性)、可传递(共享性)、可反思(批判性)

默会知识(怎么想,怎么做)
本质上是理解力和领悟

存在于个人经验(个体性)中,嵌入实践活动(情境性)

图1-5-1

这一模型告诉我们这样一个观点:只有借助隐性知识的力量,人类所有的显性知识才能得以发生和发展,人类的知识创新才有根基。隐性知识深深地镶嵌于人类的实践活动中,只有通过在行动中的体验,才能达到学会和提高的目的。

20世纪70年代以来,现代认知心理学派对知识的本质及习得机制进行了深入探讨,并取得了实质性进展。目前,认知心理学家普遍认同的是美国信息加工心理学家约翰·罗伯特·安德森(J. R. Anderson)从知识获得的心理加工过程性质与特点的角度,将知识分为陈述性知识与程序性知识。陈述性知识是关于事物及其关系的知识,包括事实、规则、事件等,用于回答"是什么"这一问题。这类知识是相对静止的知识。程序性知识被定义为个人无法有意识提取,其存在只能借助某种作业形式间接推测,是关于完成某项任务的行为或操作步骤的知识,用于回答"怎么办"的问题,如图1-5-2所示。

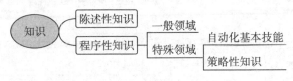

知识
陈述性知识
程序性知识
一般领域
特殊领域
自动化基本技能
策略性知识

图1-5-2

程序性知识又可以从两个维度来划分：一是根据领域不同有特殊领域与一般领域之分。前者限于特殊范围之内；后者则广泛适用于各个领域，是关于如何学习、记忆和解决问题的一般方法，在真正执行时困难不小，多数情况下只能起一种指导作用，也被称为条件性知识。二是根据程序性知识执行的自动化程度可分为自动化程序性知识和由意识控制的程序性知识。自动化程序性知识是那些可以熟能生巧地形成技能的程序性知识，通常执行起来快，执行非常精确，无须或只需很少意识监控，通常不能被言语所表达；由意识控制的程序性知识，如策略性知识，它是一种关于如何学习思维的知识，执行起来慢且更具连续性、必须进行有意识的监督、通常可以用言语表述。以上两个维度对程序性知识所做的划分是相对的。例如，具体领域的程序性知识可以是自动化的，也可以是由意识控制的。

比较这两种知识划分的方法，两者存在很大的一致性，陈述性知识就是显性知识，是个体可以有意识建构并能用言语表达的，程序性知识中有些是个体完全不能用意识和言语表达的，也就是隐性知识。

20 世纪 90 年代中期开始，当代著名的课程理论与教育研究专家洛林·W. 安德森与测验和测评专家戴维·R. 克拉斯沃（David R. Krathwold）等近 10 位专家开始对布卢姆 1956 年提出的教育目标分类体系进行修订。他们结合原版分类框架创建以来认知心理学的发展，将原分类表用一个二维表格来表示，分类表的行和列分别由知识维度和认知过程维度构成。他们在知识维度上选定了四大知识类别——事实性知识、概念性知识、程序性知识、元认知知识，见表 1 - 5 - 1。

表 1 - 5 - 1　知识维度

类别	定义	子类别
事实性知识	学生熟悉法则，解决问题必须知道的基本元素	1. 术语的知识
		2. 具体细节和要素的知识
概念性知识	在基本元素共同作用的机构中，元素之间的相互关系	1. 类别与分类的知识
		2. 原理和通则的知识
		3. 理论、模式和结构的知识
程序性知识	如何使用技能、法则、技巧和方法的准则	1. 具体学科技能和法则的知识
		2. 具体学科技术和方法的知识
		3. 确定何时运用适当程序的准则知识
元认知知识	关于认知的知识，自我认知的意识和知识	1. 策略性知识
		2. 关于认知任务的知识，包括情境性知识和条件性知识
		3. 关于自我的知识

事实性知识和概念性知识是涉及"什么"的知识，程序性知识是关于"如何"做某事的知识，元认知知识是关于认知的知识。

总之，知识的种类众多，而用于描述知识的术语似乎更多，除了上面涉及的一些术语之外，还有诸如内容知识、情节知识、领域知识、先备知识、语义性知识、情境性知识、社会文化知识、学科知识、话语知识、感性知识、理性知识、客观知识、主观知识、有意义知识、机械知识、个体知识、公共知识等。这些不同的术语有些表明了不同类别知识之间的重要差异，而有些则只是同类知识的不同标记。所以，很难提出这样一种知识的分类法：它既能抓住知识总体的复杂性与综合性，又相对简单简洁、实用，易于使用。

二、数学知识与数学知识分类

数学源于对现实世界的抽象，基于抽象结构，通过符号运算、形式推理、模型构建等理解和表达现实世界中事物的本质、关系与规律。由于知识的复杂性，数学知识也存在许多不同的分类方法，如按内容来分，有代数、几何、统计与概率等，还有按照知识属性来分的"四基"等。我们常常所说的数学"双基"的界定如图 1-5-3 所示。

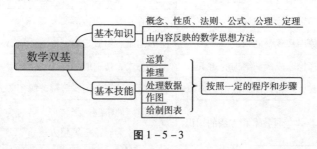

图 1-5-3

数学知识包括：①数学的概念；②原理（公理、定理、法则、公式、性质等）；③由内容所反映的数学思想方法；④按照一定程序和步骤进行操作的技能（运算、推理、作图、绘制图表、处理数据等）。其中数学概念和原理对应陈述性知识，数学思想方法和数学技能对应程序性知识。数学的概念、原理和思想方法是融为一体的，它们就像人的躯体和灵魂的关系一样，也像计算机的软件和硬件的关系一样，数学的概念、性质、法则、公式、定理、公理等是数学知识系统的硬件，数学思想方法以及运算、推理、作图、制表、处理数据的操作手段是数学知识系统的软件。显然只有软件和硬件组成一个有机的整体，相互协调，数学知识才能得到有效的运用。这样的观点与数学概念可以分为过程和对象，两个侧面是同样的，基本一致，如图 1-5-4 所示。

1. 数学概念;
2. 数学原理 (公理、定理、法则、公式、性质)

3. 数学思想方法 (内容反映的)
4. 运算、推理、作图、制作处理数据的技能

图 1 - 5 - 4   数学知识的分类

这种界定与前面知识的分类相一致,其理论依据也是知识的分类,有助于人们更加深入地认识数学知识的本质,并以此为依据提出数学学习的策略。下面我们尝试根据前述的四种知识维度,就初中数学知识来一一举例描述,见表 1 - 5 - 2。

表 1 - 5 - 2   数学知识维度

类别	子类别	例子
事实性知识	1. 数学概念	三角形、实数、多项式、不等号
	2. 具体细节和要素的知识	三角形的边、三角形的三线、多项式的次数
概念性知识	1. 类别与分类的知识	实数的分类、四边形的分类
	2. 原理和通则的知识	图形性质、勾股定理、等式性质
	3. 理论、模式和结构的知识	乘法公式、初中的数与式的结构等
程序性知识	1. 具体学科技能和法则的知识	各种运算法则、因式分解、解不等式或方程组
	2. 具体学科技术和方法的知识	实际问题的审题选择模型,各种方案选择,数形结合、分类讨论等思想方法
	3. 确定何时运用适当程序的准则知识	确定圆的切线的证明方法、确定解一元二次方程的方法、确定画树状图或列表法、确定用什么语言准确表达等
元认知知识	1. 策略性知识	做学习笔记、错题本辅助学习,用联想的方式编码记忆,检验答案是否正确,绘制概念图或结构框架图
	2. 关于认知任务的知识,包括情境性知识和条件性知识	知道自己最擅长哪类数学题,知道自己怎样学习会更适合自身特点及水平等
	3. 关于自我的知识	知道如何评价自己的知识水平,知道自己对学科的兴趣和态度,知道自己是擅长推理还是运算等

数学知识的分类是为数学学习服务的，对数学知识进行科学界定是为了促进学生更好地学。数学教育研究既要体现数学学科本身的特征，又要反映学生的数学学习规律，将数学知识与其产生的过程作为一个整体来认识。所有的学与教的目标都是知识与认知过程的某种组合，只讨论知识类别的测评而不同时考虑知识如何用于不同的认知过程，是毫无意义的。为此，认知心理学家也做了许多更进一步的研究，如对知识的表征形式，对事实性知识、概念性知识的各种静态表征形式，程序性知识的动态表征形式，如何获得自动化的程序性知识等。根据这些研究成果，教学也在不断优化改进之中，如对于一些元认知知识目标，只有通过设置恰当的教学情境，让学生亲身实践、动手操作、动脑思考，建立亲身体验领悟，才能达到掌握的目的。那么，教师的作用就体现在教学情境的创设上。对元认知知识的测评用简单的纸笔测试是困难的，最好的测评方法是在课堂活动的情境中和在对各种策略的讨论中进行等。

综上所述，从知识分类看，数学"双基"是数学事实性知识、概念性知识和程序性知识、元认知知识的统一体，教师只有建立起这样综合的、相互融合的数学知识观念，才能在数学教学中对学生提出全面的数学学习要求，并采取与各知识类型相适应的教学策略以促进学生对知识的掌握。这是"数学教学是数学活动的教学"的心理学依据，也是我们强调数学教学"既要教结果又要教过程""既要教知识也要教方法"的理由。学生在数学上的发展主要表现为对事实性知识、概念性知识细节了解的逐渐加深，同时获得相应的程序性知识、元认知知识。这是学生数学能力发展的必由之路，教师在教学过程中需要采取切实的措施，在让学生获得数学知识的过程中，保证学生获得既准确又可靠的数学思想方法和数学思维。

第二章

数学概念教学

第一节　概念教学综述

一、数学概念的意义

反映事物的本质属性和特征的思维形式叫作概念。概念具有类化的能力。客观世界许许多多事物都有各种各样的性质，事物间存在各式各样的关系，这些性质和关系都是事物的属性，事物由于属性相同或不同，形成各种不同的类，属性相同的事物形成一类，属性不同的事物就形成不同的类。概念是思维的基本单位，是理智的工具。人们在实践活动中，接受客观事物各种各样的信息，这些信息和回忆与过去的某些材料或事实相关联，统一起来形成观念，这是感性认识阶段，在感性认识的基础上，运用比较、分析、综合、抽象和概括等方法，抽象出一类事物所具有而其他类事物不具有的属性，即本质属性和特征，从而形成了反映事物本质属性和特征的各种各样的概念。概念的形成标志着人类的认识已经从感性认识上升到了理性认识。

每门学科都有自己研究的对象，都建立了自己特有的标准化的概念体系。每门学科的概念总是反映研究对象某方面的本质属性。科学的每一个分支，如地质学、物理学、天文学，以及数学的不同分支，如代数学、几何学、微积分等，其目标都是建立一整套自己特有的概念，作为理解各自学科领域内各种现象的钥匙。有了这些钥匙，人们就可以对复杂的研究对象进行简化、概括或分类，可以了解研究对象之间的从属与相对关系，还可以在没有直接经验的条件下，专门研究概念意义之间的相互依存的逻辑关系和含义的逻辑关系，并从中发现新的关系，获得抽象观念，而这些观念可以用于新的情境分类，也可以用于同化或发现新知识的固着点。

数学研究的对象是现实世界的空间形式和数量关系。数学概念是反映这些数学对象的本质属性和特征的思维形式。例如，人们从现实的圆形物体的形象得到了圆的感性认识。在实践活动中，因为创造圆形工具或器皿需要画圆，人们逐步认识了圆的本质属性："圆是平面内到一个定点的距离等于定长的点集或封闭曲线。"这样就形成了圆的概念。

二、数学概念的产生和发展

数学概念的产生与发展有各种不同的途径，综合起来，主要有以下几种：

（1）有的数学概念是以它的现实模型直接反映得来的。例如，几何中的点、线、面、体等概念都是从物体的形状、位置、大小关系等具体形象抽象得来的。又如，自然数概念是从手指的个数，或其他单个事物集合元素的个数，或从事物排列的次序抽象概括得来的。数学中的大多数概念是在一些相对具体的概念的基础上进一步经过多级抽象概括产生和发展而来的。例如，复数概念是在实数概念的基础上产生的，而实数概念是在有理数概念的基础上产生的，有理数概念是在自然数概念的基础上产生的。

（2）有的数学概念是经过人们的思维加工，把客观事物的属性理想化、纯粹化才得到的。例如，直线这个概念所反映的"直"和"可以无限延伸"等特征是通过笔直的条形物体的形象理想化、纯粹化得来的。

（3）有些数学概念是从数学内部的需要产生的。例如，为了数的乘法通行，规定一个数乘以 0 的积是 0。又如，为了把正整数指数幂的运算法则扩充到有理数指数幂、实数指数幂，产生了零指数、负数指数、分数指数、无理数指数等概念。

（4）有些数学概念是根据理论上有存在的可能而提出来的。例如，自然数集、无理数 π 等概念都是在一定的理论基础上提出来的。

（5）有些数学概念是在一定的数学对象的结构中产生的。例如，多边形的点、边、对角线、内角、外角等概念都是从多边形的结构中得来的。又如，三角形的高、角平分线、中线、全等三角形等都是从三角形的结构中得来的。

综上可知，数学概念的产生与发展的途径是多方面的。有的数学概念的产生发展过程是非常复杂的。当然，数学概念的形成不论如何复杂，数学概念不论如何抽象，它们总是在一定的感性认识的基础上或者在一定的理性认识的基础上产生并逐步发展的。

三、数学概念的内涵与外延

任何概念都有含义、意义。例如，"矩形"的含义是：两组对边分别平行，有一个角为直角的四边形。这就是"矩形"的内涵。此外，任何概念都有所指，即概念所指的每一类事物是什么。例如，"矩形"是指长方形、正方形的全体，这就是"矩形"的外延。

定义表明内涵，划分表明外延。概念的内涵就是指反映在概念中的对象的本质属性，是作为辨认事物特点的原则；概念的外延就是指具有概念所反映的本质属性的对象，是指那些已经被辨认和判别的一组特殊的事物。概念的内涵是概念的质的方面，它说明概念所反映的事物是什么样的；概念的外延是概念的量的方面，通常说的概念的适用范围就是指概念的外延，它说明概念所反映的是哪些事物。概念的内涵和外延是两个密切联系、相互依赖的因素。

每一个科学概念都既有其确定的内涵，也有其确定的外延。因此，概念之间是彼此相互区别、界限分明的，不能混淆，更不能偷换。教学中要求概念明确，从逻辑学的角度看，基本的要求就是明确概念的内涵与外延，即明确概念所反映的对象具有什么本质特征，明确概念所指的是哪些对象。只有对概念的内涵和外延两方面都有准确的了解，才能说已经明确了概念。

概念通常包括四个方面：概念的名称、定义、例子和属性。其中，定义是指概念的文字叙述，例子是指概念的外延，属性是指概念的内涵。所以，数学概念的学习内容也通常包括这四个方面。例如"三角形"这个概念，"三角形"这个词就是概念的名称；"由不在同一直线上的三条线段首尾顺次相接所组成的图形叫作三角形"是它的定义，用符号"$\triangle ABC$"表示以 A、B、C 为顶点的三角形；符合定义特征的具体图形都是概念的例子；三角形的属性有：是平面图形，是封闭图形，有三条线段，有三个角，线段首尾顺次相接，等等。

杜威在《我们怎样思维》中写道，"定义有三种类型：指示的、说明的和科学的"。在数学中，初中范围内，下定义的方法大致有以下四种：

（1）邻近的属 + 种差（图 2 - 1 - 1）。

有两条边相等的三角形是等腰三角形
（种差）　　（邻近的属）

有一组邻边相等的平行四边形是菱形
（种差）　　　（邻近的属）

图 2 - 1 - 1

（2）发生定义：用一类事物产生或形成的情况作为定义的种差，如圆是平面内到一个定点的距离等于定长的点集或封闭曲线。

（3）关系定义：反映一对象与另一对象之间的关系，如一般地，如果 A、B 表示两个整式，并且 B 中含有字母，那么式子 $\dfrac{A}{B}$ 叫作分式，分式中，A 叫作分子，B 叫作分母。

（4）外延定义：通过概念的外延来说明定义，如正整数、0、负整数统称整数，正分数、负分数统称分数，整数和分数统称有理数；像 $\sqrt{a}$（$a \geqslant 0$）这样的式子叫作二次根式。

四、数学概念的教学

概念是思维的细胞，没有概念，就不可能进行判断、推理和论证。数学概念是进行数学推理和证明的基础和依据，数学中的推理和证明实质上是由一连串的概念、判断和原理组成的，而数学中的原理又是由一些概念构成的，因此数学概念学习是数学学习的基础，数学概念的教学是数学教学重要的组成部分。

人们获得概念的方式主要有两种：概念的同化和概念的形成。

概念的形成是指从大量的具体例子出发，归纳概括出一类事物的共同本质属性的过程。这是一种发现学习的过程。概念的同化是指学习者利用原有认知结构中的观念来理解接纳新概念的过程。这是一个接受学习的过程。不论是通过概念的形成的方式还是通过概念的同化的方式来获得概念，其最终目标都是掌握同类事物的关键属性，使学生在头脑里建构起良好的概念认知图式，见表2-1-1。

表 2-1-1　两种概念获得方式的比较

项目	概念的形成	概念的同化
本质	从具体例子出发，到事物的本质属性	直接呈现定义，以原有认知结构和经验理解接纳
过程属性	发现学习	接受学习
学习方式	归纳、抽象	演绎、辨析
学习路径	例子→本质抽象→定义→应用	定义→经验同化→辨析→应用
适用年龄	小学低年级、儿童	小学高年级、中学阶段学生
缺点	教学比较费时，不太符合经济性原则	迅速，但高度抽象，不易理解

总的来说，概念的学习其实是两种获得方式的融合，我们不大可能孤立地一直运用一种方式学习概念。通常概念学习需要经过以下六个环节：

（1）概念的引入——借助具体事例，从数学概念体系的发展过程或解决实际问题的需要引入概念。

（2）概念属性的归纳——对典型丰富的具体例证进行属性的分析、比较、综合，归纳不同例证的共同特征。

（3）概念的抽象与概括——下定义，给出准确的数学语言描述（文字的、符号的）。

（4）概念的辨析——以实例为载体分析概念关键词的意义（恰当使用反例）。

（5）概念的巩固应用——用概念解决简单问题，形成用概念做判断的具体步骤。

（6）概念的"精致"——通过概念的综合应用，建立与相关概念的联系，将概念纳入概念系统。

第二节 初中数学概念的特征研究

数学是研究数量关系和空间形式的一门科学，它的研究对象是事物的关系和形式，而这种关系和形式又是脱离事物的具体物质属性的一种本质的存在，因此，数学概念也有着与此相对应的特点。具体而言，数学概念呈现出以下六个方面的特征。

一、判定特征

概念具有标准化的意义，是判断的工具。依据概念的内涵，人们便能判定某一对象是概念的正例还是反例。判定特征有助于厘清概念的外延。比如，在有些概念教学中，总要进行一些概念的辨析，目的就是运用概念的判定特征。

例 在 $-2\frac{1}{2}$，$+\frac{7}{10}$，-3.2，0，4.5，-1 中，负数有（　　　）。

A. 1 个　　　　　　　B. 2 个　　　　　　　C. 3 个　　　　　　　D. 4 个

二、性质特征

性质特征是概念对象基本性质的概括。性质特征有助于认识概念的内涵。比如，平行四边形是对两组对边分别平行的四边形的一种本质的概括。再如，"若 $\frac{1}{5}x^3y^{2k+1}$ 与 $-\frac{7}{3}x^3y^8$ 是同类项，则 $k=$ _____"就是利用同类项的性质特征来解答问题。

三、过程性特征

有些概念具有过程性特征，其定义就反映了某种数学过程或规定了操作过程。

比如中位数这个概念，意味着要将处理的数据进行大小顺序排列后，排在最中间的数据或最中间的两个取平均数。再如，移项、分母有理化、尺规作图、中位数、轴对称图形等概念就有非常明显的过程性特征。

四、对象特征

概念具有类化的能力，它所界定的就是一类对象，是一类对象的泛指，如三角形、四边形、圆、等腰三角形、二次根式、单项式、实数、轴对称、方程等概念都是某类对象的名称。有了这些概念，我们就能说出某个图形是哪一种哪一类。

例 有如下式子：① $-\dfrac{2}{3}mn$；② $\dfrac{5x^2y^2}{3}$；③ $x-9$；④ $-ab^2c^3$；⑤ 0；⑥ a^2+3a -1；⑦ $\dfrac{b^2}{\pi}$；⑧ $\dfrac{2}{x+3}$。其中，单项式有_____，多项式有_____。（只填序号）

五、关系特征

有些概念具有关系特性，反映了对象之间的关系，如垂直反映了两条直线之间的一种位置关系，对顶角反映了两个角之间的一种位置关系；还有余角、补角、相反数、倒数等概念，反映了两个对象之间的一种数量关系。再如，三角形的内心、三角形的外接圆、同位角、内错角、众数、角平分线、线段的中点、全等三角形、相似三角形等概念，体现了对象之间的一种关联性、对称性等。

六、形态特征

有些概念在结构上具有一种形态特征，是从形态上描述数学对象的属性特征。比如，二次函数的定义：一般地，形如 $y=ax^2+bx+c$（$a\neq0$，b，c 为常数）的函数，叫作二次函数。又如，二次根式的定义：一般地，形如 $\sqrt{a}$（$a\geqslant0$）的式子，叫作二次根式。"$\sqrt{}$"称为二次根号。再如，等腰三角形、平行四边形、三棱锥、四棱台等概念都具有形态特征。

数学概念所表现出的以上特征并不是指每一个概念都具有这六个方面的特征。往往有的概念呈现得多，有的概念呈现得少，有的概念又体现出某种二重性，如是过程性和对象性的统一，是动态操作性和结构静态性的统一，也是具体性与抽象性的统一。在教学中，教师需要根据数学概念的具体特征，因材施教。

第三节 初中数学概念体系的四级分类

一、数学概念分层的意义

（一）数学概念的系统性

数学概念不是孤立的，通常是依照数学的发展，有顺序地从一个概念再转到另一个概念，先前的概念往往是后续概念的基础，从而形成了数学概念的系统结构。公理化体系就是这种系统性的最大化反映。在这个完整的系统结构里，各个数学概念之间存在着紧密的联系。从概念教学的角度看，概念学习也必然包括对概念系统的理解，对整体结构的学习，将所要学习的概念置于整个概念体系之中去定位学习的内容。

（二）数学概念的层次性

数学概念是有层次性的。面对诸多的数学概念、原理，学生在日常的学习过程中还是要从认知发展水平出发，按照循序渐进的原则，一个一个地学，这里学习的先后顺序就体现了数学概念的层次性。

初中数学教材的编排，每一个章节大都围绕一个中心概念展开，以"概念—原理—联系—应用"的路径来学习。有的章节的中心概念本身就是一个较大概念的呈现，而有的章节只是某个更大的中心概念特殊类型的进一步研究，将人教版初中数学教材中的概念进行整理，见表2-3-1。

表2-3-1 人教版初中教材的概念

章序	章名称	章中心概念	章更大概念
1	有理数	有理数	—
2	整式的加减	整式	代数式
3	一元一次方程	一元一次方程	方程
4	几何图形初步	线段、角	几何图形

章序	章名称	章中心概念	章更大概念
5	相交线和平行线	平行	—
6	实数	实数	—
7	平面直角坐标系	平面直角坐标系	—
8	二元一次方程组	二元一次方程	方程
9	不等式与不等式组	一元一次不等式	不等式
10	数据的收集、整理与描述	统计	—
11	三角形	三角形	
12	全等三角形	全等三角形	全等形
13	轴对称	等腰三角形	三角形
14	整式的乘除与因式分解	整式	
15	分式	分式	代数式
16	二次根式	二次根式	
17	勾股定理	直角三角形	三角形
18	平行四边形	平行四边形	四边形
19	一次函数	函数、一次函数	函数
20	数据的分析	平均数、方差	数据分析
21	一元二次方程	一元二次方程	方程
22	二次函数	二次函数	函数
23	旋转	旋转	
24	圆	圆	圆
25	概率初步	概率	随机事件
26	反比例函数	反比例函数	函数
27	相似	相似三角形	相似图形
28	锐角三角函数	三角函数	—
29	投影与视图	投影	—

二、初中数学概念的层级结构划分

依据数学概念的地位，我们将概念划分为核心概念、主题概念、中概念、前概念和简单概念四个层级，如图 2 - 3 - 1 所示。

图 2 - 3 - 1

概念是对现实世界中事物本质的反映。数学核心概念是指在一个概念体系中，有些概念处于核心位置，其他概念或由它生成，或与它有密切的联系，我们称这些概念为核心概念或本源概念，也可称其为大概念。核心数学概念的特征，从学科角度看有在数学内部具有广泛的联系性，对数学发展具有奠基性作用和持续性影响；从数学学习角度看是一个意义丰富的认知根源。在此基础上，通过较简单、方便的认知扩充策略，不必进行认知重构就能得到数学认知结构的基本发展，在发展更复杂的理解时仍具有重要的作用。所以，核心数学概念具有一般概念所不具备的基础性和生长性。

从初中数学教材内容出发，具有生长性和基础性的核心概念可以认为有以下 10 个：实数、代数式、方程、不等式、函数、平面图形、全等形、相似图形、图形变换、统计概率。

在此基础上，针对初中数学教材内容，学生必须掌握适应未来社会生活和进一步发展所必需的重要数学知识，又提出了 20 个主题概念：有理数、无理数、整式、根式、分式、整式方程、分式方程、一次函数、二次函数、反比例函数、相交、三角形、四边形、圆、全等三角形、相似三角形、平移、轴对称、旋转、随机事件。

其次，还有一些中概念，其在所有前概念或简单概念的基础上，在概念整体结构体系中，处于节点位置，起承上启下作用的有 22 个。

10 个核心概念、20 个主题概念、22 个中概念，构筑起了初中数学大厦的概念结构框架，串起了初中数学数与式、方程与不等式、函数、图形的性质、图形的变化、图形与坐标、统计与概率等全部内容，见表 2 - 3 - 2。

表 2-3-2　初中数学概念四级结构体系

核心概念	主题概念	中概念	前概念、简单概念
实数	有理数 无理数	负数 乘方	正数、有理数、数轴、相反数、绝对值、倒数、幂、底数、指数、科学计数法、近似数
代数式	整式	同类项	单项式、单项式的系数、单项式的次数、多项式、多项式的项、常数项、多项式的次数
	根式	二次根式	算术平方根、被开方数、根指数、立方根、开立方、最简二次根式
	分式	—	通分、约分、最简公分母、最简分式
方程	整式方程	一元一次方程	方程、方程的解、移项
		二元一次方程	二元一次方程组、二元一次方程的解、二元一次方程组的解、代入消元法、加减消元法、三元一次方程组
		一元二次方程	一元二次方程的根、配方法、判别式、求根公式、公式法、因式分解法
	分式方程	—	增根
不等式	—	一元一次不等式	不等式的解、不等式的解集、解不等式、一元一次不等式组、不等式组的解集
函数	一次函数	正比例函数	常量、变量、自变量、函数值、解析式、函数的图象、待定系数法
	二次函数	—	抛物线、对称轴、顶点
	反比列函数	—	双曲线
平面图形	—	线段、角	几何图形、立体图形、平面图形、体、面、线、尺规作图、直线、射线、线段的中点、两点的距离、角平分线、余角、补角
	相交	平行	邻补角、对顶角、垂线、垂足、点到直线的距离、同位角、内错角、同旁内角、命题、定理、真命题、假命题、原命题、逆命题、证明
	三角形	等腰三角形 直角三角形	三角形、三角形的中线、三角形的重心、三角形的高、三角形的角平分线、多边形、对角线、正多边形

核心概念	主题概念	中概念	前概念、简单概念
平面图形	四边形	平行四边形	两条平行线之间的距离、中位线、矩形、菱形、正方形
	圆	圆心角切线	圆心、半径、弦、直径、半圆、等弧、圆周角、割线、切点、内切圆、内心、中心角、边心距、扇形
全等图形	全等三角形	—	全等三角形的对应边、对应角
相似图形	相似三角形	正弦函数	相似图形、相似比，相似多边形、余弦函数、正切函数、解直角三角形
图形变换	平移	平面直角坐标系	有序数对、横轴、纵轴、原点、象限
	轴对称	—	轴对称图形、对称轴、垂直平分线
	旋转	—	旋转中心、旋转角、中心对称、中心对称图形
统计概率	随机事件	平均数概率	频数分布直方图、算术平均数、加权平均数、中位数、众数、方差、标准差
—	—	视图	投影、平行投影、中心投影、正投影、主视图、俯视图、左视图
10 个	20 个	22	150

追寻**数学教育**的内在力量 ─────────────────────────

第四节　为揭示数学的本质而教[1]

和工作室的伙伴们一起反复观看了多遍山东吕学江老师的《正比例函数的图象》一课的教学视频，我不禁深深地为吕老师高超的教学水平所折服，在此谈几点个人感受，供大家研究参考。

一、突出特色

（一）概念的教学从溯源走向本质

函数图象的概念是本节课首先必须面对的第一道关隘。从概念的分类上讲，它属于纯数学抽象物；从概念的特征上讲，其核心表现为过程性特征，即画函数图象的操作过程。虽然前面学习了表示函数的三种方法，其中包括图象法，但对什么是函数的图象，函数的图象又是怎么画出来的等问题，学生还是不甚明了。在北师大版教材本章第 3 节《一次函数的图象》中，开门见山地直接呈现出函数图象的概念："把一个函数自变量的每一个值与对应的函数值分别作为点的横坐标与纵坐标，在平面直角坐标系内描出相应的点，所有这些点组成的图形叫作该函数的图象"。教材同时以第 1 节摩天轮上一点的高度 h（m）与旋转时间 t（min）之间的函数关系的图象举例说明。但显然，要想让学生直接和快捷地认识和理解函数图象的概念，并不是很容易的事情。那么吕老师是如何处理的呢？他从学生已有的认知出发，首先通过品读课题中正比例函数与图象两个核心要素来切入，再以回顾气温变化图来剖析研究气温图象的生成过程，并在学生充分讨论交流的基础上，从气温变化图象类比得到一般函数图象的生成路径——整理数据，即列表→描点→连线得到函数图象，最后，再让学生对函数图象下定义。整个教学过程用时 14 分钟，从已知到新知、从具体"气温样例"到类比抽象一般结论，一步步地由浅入深，由表及里，使学生在深刻理解函数图象生成路径的基础上，领悟参透"函数的图象原来是点的集合"的结构关系的本质。

─────────────

[1] 此文发表于《中学数学教学参考》（中旬）2016 年第 9 期。

48

（二）图象的特征研究从质疑走向分类归纳

让学生理解"正比例函数的图象是一条直线"是本节课思维的第二道关隘。在学生实际操作画出两个具体的正比例函数 $y=2x$，$y=-3x$ 的图象之后，吕老师顺势提出一个问题："正比例函数有无数个，现在我们只画了两个，就敢说'所有正比例函数的图象都是一条直线'吗？"这是一个极有含金量的问题，让人不知从哪儿说起，总有点说不清道不明的意蕴。吕老师当然知道这一点，他让学生在小组内讨论交流之后，通过与不同的同学对话来不断启发学生深入思考，引导学生采用按比例系数 k 的符号来分类，已画出的两条线代表了 $k>0$、$k<0$ 这两种类型，再由特殊到一般，归纳推断出一般的正比例函数图象的典型特征：正比例函数图象是一条过原点和 $(1,k)$ 的直线，并以此探索为新起点，提出了画正比例函数图象的优化方法——原点＋方便好描的另一点，为后续进一步研究图象的性质打下了良好的基础。

（三）数形结合思想的渗透坚持从学生走向整体

理解得到"函数的解析式与图象是一一对应的"是本节课的第三道关隘。如果说学生验证教材正比例函数 $y=-3x$ 和其图象的关系，以"做一做、议一议（1）（2）"来引导学生进一步探索还算是可以进行，那么要由此思考"议一议（3）：正比例函数 $y=kx$ 的图象有何特点？你是怎样理解的？"的问题，似乎就有点不知所云了。是继续回答"图象是一条直线"吗？前面刚刚得到过这个结论，在此又郑重地重说一次似乎不太可能，那么，正比例函数 $y=kx$ 的图象还有什么其他的特点呢？面对这个更大的思维挑战，吕老师再次采用小组研讨的方式，让学生充分发表意见，并通过回看议一议（1）（2），体会从解析式 x、y 的对应值到图象上的点，再从图象上点的坐标到解析式 x、y 的对应值的验证过程，对其表述形式进行回忆、联想、类比。这种体现数形结合思想的"一正一反"的语言表现方式，对学生来说并不陌生。北师大版教材 39 页的第二章《实数》中就有"每一个实数都可以用数轴上的一个点来表示；反过来，数轴上的每一个点都表示一个实数，即实数与数轴上的点是一一对应的"。教材 60 页第三章第 2 节《平面直角坐标系》还有平面内的点与有序实数对是一一对应的，在此认知的基础上，综合考虑，学生也不难理解得到"一般的正比例函数的解析式与其图象也是一一对应的"的结论，与前面所说的"图象是点的集合"的认识一脉相承，由此真正实现"让学生感受到正比例函数的表达式和图象（直线）是完全对等的，既为后续学习一般的一次函数、二元一次方程组等知识打下基础，也是力图尽早发展学生的数形结合意识"的教材编写思想。需要注意的是，本课时内容北师大版教材这种整体观下的追问设计，是其他同类版本的数学教材所没有的。

(四) 个人教学风格从专业走向常态

这节课还有一个突出的特点，就是吕老师个人教学风格特别沉稳，非常专业。英国数学家怀特海曾说过："风格是专家独享的特权，是专业化学习的产物。"观看课堂教学视频，我们看到吕老师非常沉稳，自始至终不急不躁、不慌不忙，既不追也不赶；教学语言极其简练精确，既有惜字如金之感，又有条理清晰之效；面对教材重点和思维难点，吕老师始终能够循循善诱，既重视数学知识阶段学习的梳理与总结，又注重学生数学思维的启发和点拨；在课堂组织教学方面，吕老师相信学生，敢于放手，合作学习、小组讨论交流成为课堂学习的一种常态。这些特点都体现了吕老师严谨细致、崇尚理性的精神风貌，成为本节课给人印象特别深刻的亮点。

二、我的思考

(一) 教师语言可否有更多的亲切感

课堂是师生共同发展的场所，教师是学生学习的组织者、引导者与合作者，师生之间的交流互动应当是生动活泼、相互信赖的。在视频中，我们看到教师的语言在精准简练的同时，似乎有一种过于理性的"高冷"。即便是在学生小组讨论交流、教师巡视时的"私下环境"的即时点评也是如此。比如，在视频第 $6'39''$—$7'50''$ 时间段的"气温函数图象是如何来的"的研讨中，教师点拨了两个小组：一个是一字一顿地说"时间"，另一个则是："去回忆、去猜测！"……试想，如此"斩钉截铁""提纲挈领"的教师点拨真的能够成为对学生明确的研讨指向吗？恐怕更多地会带来一些消极影响，如会让学生学习无所适从，在课堂上放不开，可能会让教师失去一种亲和力，引发学生的过度害怕等情绪。长期在这样的氛围下学习，学生也许就会慢慢地被"数学"吓倒，从而失去学习的兴趣。

(二) 合作学习的时效与成果展示的设计可否更完善

在课堂教学中，认真听讲、积极思考、动手实践、自主探索、合作交流等都是学习数学的重要方式，学生应当有足够的时间和空间来经历观察、实验、猜测、计算、推理、验证等活动过程。在本节课的视频中，我们看到，教师极其重视小组合作学习，先后安排了多达七次的小组讨论，具体视频的时间段见表 2 - 4 - 1。

表 2 - 4 - 1　小组讨论

序号	讨论话题	讨论时刻	持续时长
1	图象是什么？	1′55″—2′20″	25″
2	气温变化图象是怎么画出来的？	6′25″—7′50″	1′25″
3	气温变化图象是怎么来的？	10′10″—11′03″	53″
4	所有的正比例函数图象都是一条直线吗？	17′15″—17′54″	40″
5	一般的正比例函数图象有什么特点？	26′08″—27′08″	1′
6	图象的性质以及经过的象限与 k 有什么关系？	33′21″—34′00″	40″
7	正比例函数直线的倾斜程度与 k 值有什么关系？	39′12″—40′03″	50″

从表中我们可以看到，每次讨论的时间长短不一，短的从开始到结束只有 25 秒，长的也就 85 秒。那么，这样紧密又紧凑的讨论真的能够形成结果吗？会不会有些动作缓慢的小组或成员，可能还没来得及开始或展开，讨论就被宣告结束了？那么对于他们来说，讨论是失败的。如果课堂上这样"失败"的经历过多，这些小组或成员可能就会逐渐习惯于"懒得动手"，如在课堂的第七次讨论中，教师就出面干预了第四小组，提醒他们展开研讨。另外，在研讨结果交流方面，汇报也大都由相对优秀的小组长代表小组发言，这也就意味着大多数时候他们的回答都是准确无误的，但这是否真就是小组讨论的结果呢？我们不得而知，但由此导致的另一种现象就是，有的学生一节课可能会多次发言，如视频中第五小组的组长就回答了三次。所以，在这个 40 人左右的班级里，整节课发言的虽然有 12 人次之多，但因为发言者都是小组长，笔者也就产生了讨论"没有真实地反馈班级整体学习水平"的论断。试想，如果长期如此，难免出现"课堂只是少数精英学生展示的舞台，更多的中下水平的学生成为他们的陪衬"的情况。毫无疑问，这样的合作学习背离了合作学习的本质与宗旨。究竟应当如何开展合作学习才能达到最佳效益，这依然值得大家继续深入地探讨与思考。

参考文献

[1] 邵光华，章建跃. 数学概念的分类、特征及其教学探讨 [J] . 课程·教学·教法，2009（7）: 47－51.

[2] 怀特海. 教育的目的 [M] . 庄莲平，王立中，译. 上海: 文汇出版社，2012.

[3] 中华人民共和国教育部. 义务教育数学课程标准（2011 年版）[M] . 北京: 北京师范大学出版社，2012.

第五节 对《全等三角形》一课理解

内容：人教版八年级上册第十二章第一节《全等三角形》。

一、这是一节章起始课

第十一章《三角形》学习完毕之后，从本节课开始，就进入了第十二章《全等三角形》的学习。两章既有区别又有联系。区别在于，前者是研究一个三角形的基本要素及其性质，后者是研究两个三角形在边和角等基本要素之间的相等情况。联系是什么呢？两章都是以边和角为研究线索展开的，前者是后者的基础，后者又是前者的继续，同时是后面继续几何图形学习的基础。经历过这两章知识内容的学习，学生对几何图形的研究内容和一般方法就应当大致掌握。所以，在整个初中数学知识结构体系中，本章是一个重要的承上启下的篇章，而本课时则是将它的大幕拉开的一步。这种有意义的开始是一定要在我们的课堂教学中有所体现的。哪怕是让学生读一读，教师再简要地讲一讲也可以，就像有些课堂开始强调"示标"一样，其目的就是让学生对接下来的学习内容有一个大致的整体性了解，使之后的学习能够做到既见树木，又见森林，让学生知道自己在干什么，走到哪里了。

在人教版义务教育初中数学教科书中，每一章的开头都有一页图文并茂的内容：一段话——章引言，导出本章所要研究的主要内容以及大致的研究思路；一幅图片——章前图，往往展示本章内容的应用等，其目的在于激发学生的学习兴趣，引导学生对知识的整体把握，渗透数学思想方法等。章起始课的教学通常包括章引言和本章正文第一小节的内容，然而不少教师对章引言、章前图的作用认识不足，在教学中随便说几句，或干脆跳过，甚至有的教师可能还存有"每章第一小节的内容少且简单"的认识偏差。

本章的章引言分为两段：第一段介绍了本章的内容概貌——以三角形为例研究全等形的性质与判定方法。这里既指明了"研究几何图形的基本内容"，也告知了相关的"数学策略性知识"——从简单的三角形推广到一般的全等形。第二段指明了在推理论证能力上的更高发展和追求，提醒学生在未来的学习过程中应更加注重逻辑推理的表达与习惯。而章前图则是一座钢架桥，利用其让学生寻找一些抽象出来的全等形（不一定只是全等的三角形，也可以是四边形），展示其应用的价值。这些都应当在我们的教学中有所体现。当然这种体现不一定要在第一节课的刚开始，也可以是课的中间，如在学生有了全等形的概念之后，让他们自己来寻找并指明钢架桥中的全等形，以此作为一种概念的辨析活动。

总之，章起始课一定要做到有痕，使之前后过渡自然而富有期待。

二、这是一节概念形成课

从教材编排的习惯来看，每章正文第一小节的主要内容一般都是本章的核心概念或基本概念，揭示本章的研究对象，这是章起始课的显性知识，也是当节课的教学重点。本课时的概念有全等形、全等三角形，这也是本节课的教学重点，那么如何把握这个教学重点呢？章建跃教授在《数学教育心理学》中指出：概念形成与概念同化是两种基本的概念获得方式。从大量同类事物的不同例证中独立发现事物共同的关键属性，这种方式就是概念形成。他同时指出：学生年龄越小，认知结构越简单而具体，概念形成的方式就用得越多。

（一）概念形成过程

1. 辨别各种刺激模式

各种刺激模式可以是学生自己感知过的经验或事实，也可以是教师提供的有代表性的典型事例。但不管是哪种刺激模式，都必须通过比较，让学生在知觉水平上进行分析、辨认，根据事物的外部特征进行概括。例如，形成矩形的概念，先让学生辨认明显的实例，如桌面、墙壁、黑板等。

2. 分化出各种刺激模式的属性

为了了解各种刺激模式的本质属性，就需要对具体刺激模式的各种属性予以分化。例如，桌面是木制的，可看成四边形，两组对边分别平行并且相等，四个角相等，等等；墙壁、黑板也各有自己的属性。

3. 抽象出各个刺激模式的共同属性，并提出它们共同关键属性的种种假设

上例中，共同属性有：可抽象地看成平面四边形，四个角相等；两组对边分别平行并且相等；等等。共同关键属性可假设为：①两组对边分别平行并且四个角都是直角的四边形是矩形；②两组对边分别相等并且四个角都是直角的四边形为矩形；③四个角都是直角的平行四边形为矩形。这里提出假设的方法是一条或几条共同属性结合成的关键属性。

4. 在特定的情境中检验假设，确认关键属性

采用变式教学是一种有效手段。

5. 概括形成概念

验证假设以后，把关键属性抽象出来，并区分有从属关系的关键属性，使新概念与原有的有关概念分化，用语言概括成概念的定义。上例中得到的定义为"两组对边分别平行且有一个角为直角的四边形叫矩形"。

6. 把新概念的共同关键属性推广到同类事物

这是一个应用概念的过程，也是一个检验概念是否真正被掌握的过程，是概念学习的一种强化机制。只有经过这一步才能使新概念与原有认识结构中较稳定的观念建立起各种实质性、和非人为的联系。

7. 用习惯的形式符号表示新概念

通过概念形成的上述步骤，学生全面了解了符号所代表的客观内容，深刻理解了符号的意义。符号代表真正的概念，能促进学生掌握概念时抽象能力、概括能力的发展。但是，学生如果只知符号形式而不理解意义，则符号将阻碍学生的思维发展和对数学知识的掌握。

（二）使用概念形成方式教学，教师必须注意学生的心理发展规律

用概念形成方式教学概念时，教师必须按学生的心理发展规律办事。

（1）教师呈现的刺激模式应是正例。

（2）在呈现方式上最好同时呈现，以便于学生分析、比较，减轻记忆负担。

（3）选择那些刺激强度大、变化大和新颖有趣的刺激模式，以便引导学生进行深入的观察，展开积极的思维活动，对各种刺激模式的属性进行充分分化、比较，培养学生从平常的现象中发现不平常的东西，从表面上貌似无关的东西中发现相似点或因果关系的良好品质。

（4）让学生进行充分的自主活动，使他们有机会经历概念产生的过程，了解概念产生的条件，把握概念形成的规律，在分化和比较的基础上，最大限度地发挥学生理论思维的作用。

（5）在确认了事物的关键属性并概括成概念以后，必须注意使有关的新旧概念分化，否则将造成混乱。例如，学习"第一象限的角"的概念以后，如果不与以前的"锐角"概念相分化，那么学生很容易把它误认为锐角。还必须使新概念纳入学生已有的概念体系，使新概念与原有的较稳定的观念之间建立起实质性的和非人为的联系。这样做可以提高学生的记忆效果，有利于知识的检索，有利于学生理解和吸收新的知识。

（6）教师的语言中介作用很大。因为如果没有教师的语言导向，学生只能用一种"尝试错误"的方式去辨别、分化各种刺激模式，这样会使辨别速度缓慢，各种具体刺激模式包含的属性分化不充分，进而影响概括的质量。

（7）教师还应该设法用一定的教学情境来引导学生回忆和提取与新概念有关的旧概念，激化新概念与原有认知结构之间的矛盾，激发学生的思维，使学生在一种积极主动的状态中学习。

（8）教师一定要扎扎实实地引导学生完成概念形成的每一个步骤。如果没有经历概念形成的全过程，学生往往很难全面正确地理解概念，很容易造成对概念片面的、孤立的，有时甚至是错误的理解，从而形成知识的缺陷。教师应当引导学生在认清概念的内涵后再进行概念应用，引导学生在揭示概念背后丰富材料的基础上形成新的概念，在建立新概念与原有认知结构的实质性和非人为的联系上下功夫，而不仅仅是在字面上逐字逐句地再现概念。否则，将给学生的知识保持带来困难，也会使学生的思维训练受到危害。因为学生如果在一种模糊的状态下应用概念，他们的思维不可能是清晰的，只能是杂乱无章的。

章建跃博士指出：概念教学的核心是"概括"，将凝结在数学概念中的数学家的思维活动打开。教师可以以典型丰富的实例为载体，引导学生展开观察，分析各实例的属性，抽象概括共同本质属性，归纳得出数学概念。所以，与数学教学要"讲背景、讲思想、讲应用"，概念教学要强调让学生经历概念的概括过程。

三、概念理解

全等形的概念深奥吗？全等三角形的概念很难理解吗？它看起来似乎是简单得不能再简单，直白得不能再直白了，但从数学抽象的角度看，仍有许多内容需要明辨。我们可先重点研讨两个核心要点。

（一）全等形的定义

全等形的定义在教材中是有两种表述方式的：一是能够完全重合的两个图形叫作全等形，二是章引言里说的"形状、大小完全相同的图形，叫作全等形"。

这两种说法是非此即彼的吗？显然不是。

那么这两种说法是互为统一的？肯定是。既然是互为统一的，为何还要用两种不同的说法来表述？意图是什么？

人教版教材教学用书P62、P64都提到了"重合的经验""重合的角度"，这两个地方应当是道出了其中的原因：学生先前在生活中积累起了重合的经验，从重合的角度讲，贴近学生的生活现实，生活化的语言表述让他们感到亲切，但同时，数学又讲究严谨和本质，那么在教学中，教师就要引导学生进一步追问：究竟什么才叫完全重合？其内涵本质究竟是什么？这就是深刻挖掘概念的内涵。

我在教学中采用了两个预先做好的全等五边形纸片模型，反复演示没有重合—部分重合部分对不上—完全重合的过程让学生观察，意图就是让学生悟到：

完全重合的实质就是图形的所有边、所有角都重合。用书面语言或者数学专业语言表达就是：图形的形状、大小都完全相同。两者的统一性体现为一句话——重合是指形状的完全重合，大小的完全重合。

（二）全等形的辨析

首先我觉得教材中所举的四个例子（表2-5-1）都很糟糕，不仅不能让人聚焦全等形概念的理解，反而容易让人产生错觉和误解，以为全等形都是生活中的那些复制出来的图案。

表2-5-1　教材中举的四个例子

教材呈现的图形	图形评析
	这两扇宫门的色彩和立体感都太强，让人眼只看到宫门，看不到平面图形，甚至连平面图案也不易看到
	这个图案有点令人莫名其妙，全等形究竟是指黄色的小三角形、粉色的三角形，还是三个这样的 ？它又与中间的那个白色的三角形是不是全等的呢？给人的感觉是玩猜猜游戏
	这个图与前面的图形一样，让人有点无所适从，不知从哪里找起
	这个图案是4个正六边形拼接在一起，但为什么要用4个图案拼在一起呢？如果只用两个图案来观察全等形，是不是更容易把握它的本质属性？

四、概念教学辨析改进

问题 以下各组图形,是全等形吗?(表 2-5-2)

表 2-5-2 图形对比

设计意图:判断时紧扣两个图形的形状是否相同,与图形的色彩、图形中的图案是什么均无关。要辨别图形与图案的不同,数学研究的是图形,不是图案,生活中呈现的是图案。图形是指抽象出来的对象的轮廓、外形。比如,第三组的两个图形是大小相同、形状相同的三角形。

这里的三组是以正例的方式呈现的,反例采用只有部分边或角重合的三角形。

例 下面的绿色三角形与蓝色三角形是不是全等形?红色的与蓝色的呢?如图 2-5-1 所示。

图 2-5-1

五、如何看待教材中的"思考"设计

在全等三角形概念的文字表述之后，教材紧接着呈现了一个"思考"的环节：以三角形 ABC 经过平移、翻折、旋转的运动变换来解析全等，给人感觉突然岔开了全等三角形概念的主题，另提了一个不太紧要不太相关的话题。不仅如此，而且我们要知道，人教版教材编排到这一章之前，是从没有提到过图形的翻折、图形的旋转运动变换的。我翻阅北师大版教材，其中就没有这样类似的思考环节，而是以"生活实例—定义—对应元素—性质—符号语言—性质拓展"展开的。

那么人教版编者的意图又是什么呢？很多人对此没有认真思考，理解领悟得不够，以至于在数学教学中"轻易滑过"了这一思维能力的增长点。

思考：在图 2 - 5 - 2（1）中，把△ABC 沿直线 BC 平移，得到△DEG。

在图 2 - 5 - 2（2）中，把△ABC 沿直线 BC 翻折 180°，得到△DBC。

在图 2 - 5 - 2（3）中，把△ABC 绕点 A 旋转，得到△ADE。

各图中的两个三角形全等吗？

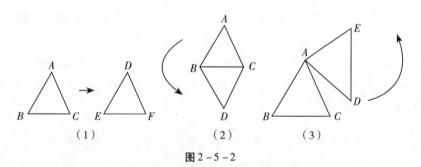

（1）　　　　　　　（2）　　　　　　　（3）

图 2 - 5 - 2

我认为至少可以从这样四个方面来领悟这个"思考"内容。

（一）动态呈现全等

全等图形（以下以全等三角形为代表），看起来似乎是摆在我们面前的两个分离的静止的图形，特别是刚开始，我们总是习惯通过两个分离的三角形来呈现全等三角形的形象，以分辨它们的对应元素，但通过这个"思考"，可以"让学生用运动的眼光看待全等，丰富了他们认识全等的角度"（教学用书 P64 语）这也就是说，编者的意图是引导学生换个角度看全等，让全等"活"起来，即全等图形可以在运动中产生，可以运动起来，做一些有趣的、有意义的变换。

（二）逆向思考运动

"思考"中所说的三种操作分别是把△ABC 沿 BC 直线平移、沿直线 BC 翻折、

绕点 A 旋转，这三种操作所呈现的效果是"三角形"本身没有发生变化，动了之后仍是那个"三角形"，只是改变了一下放置的位置而已，生活中，你不能说我转了一个圈，走了一截路，就变形了，就不是我了。但我们做数学研究时，将运动"复杂"地分解为"动之前"与"动之后"的两个图形，并分别命名为不同的名称，这算不算是一种变简单为复杂的"折腾"？所以这个结论不难理解："一个图形经过平移、翻折、旋转后，位置变化了，但形状、大小都没有改变，即平移、翻折、旋转前后的图形全等"。但如果真的只是这样来看待它，那就有失水准了。

我们更应当逆向来追问，即"将 △DEF 怎样改变位置，可以使它与 △ABC 重合？"或说成"将 △ABC 怎样改变位置，可以使它与 △DEF 重合？"

将 △DBC 怎样改变位置，可以使它与 △ABC 重合？

将 △ADE 怎样改变位置，可以使它与 △ABC 重合？

当我们这样来追问的时候，两个图形就真正活起来了，运动起来了，而不是以前那种同一个图形"改头换名"的"假动"。

（三）分类的意味浓

在第十一章《三角形》的章引言中有这样一句话："学习本章后，我们不仅可以进一步认识三角形，而且还可以了解一些几何中研究问题的基本思路和方法。"那么，经过第十一章的学习，我们了解了几何研究的基本思路和方法，这其实是可以从 11.1.1《三角形的边》以及 11.3.1《多边形》可以看出其研究路径的，如图 2-5-3 所示。

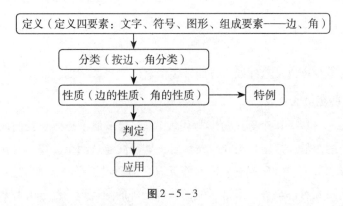

图 2-5-3

这个路径也是以后研究其他平面图形的思路，现在研究全等三角形，也是沿着这条路径进行的。在全等形、全等三角形概念的文字概括之后，紧接着进行的是"分类"。

章建跃博士曾说过：在概念学习过程中，分类活动占有非常重要的地位。分类是概念获得的基础，是对概念的内涵进行认识的过程；分类活动有助于学生更深刻地理解概念之间的关系；分类活动有助于学生从整体上把握概念；分类是概括的基础，因此分类活动有助于提高学生的概括能力；通过分类，可将事情依其属性归类，依其相互之间的联系形成系统，而类别清晰、逻辑关系明确的概念系统有利于记忆和检索。所以，教师必须十分重视概念分类这一环节。

对于分类的理解，其实还有一个作用，就是使后面的研究更有方向、更有针对性。比如，三角形按边分类，最有研究价值的自然就是等腰三角形；按角分类，最有研究价值的是直角三角形。这种特例就是一种方向，是通过分类来指明的。所以，我认为：分类，从大到小地看，就是聚焦；从小到大地看，就是整体。

那么全等三角形有没有分类呢？可不可以分类呢？我觉得是可以按图形运动类型来对全等三角形加以分类，见表2-5-3。

表2-5-3　按图形运动类型来对全等三角形加以分类

平移型全等三角形	
翻折型全等三角形	
旋转型全等三角形	
综合型全等三角形	

当我们这样对全等三角形进行区分之后，再来寻找确定它们元素之间的对应关系，就轻而易举了。

（四）以变式呈现全等的多样性

概念形成主要依赖对感性材料的抽象概括，因此感性材料就是影响概念学习的重要因素。人们在选择感性材料的过程中，往往会采用变式的方式，改变非本质特性以显现出事物的本质属性。所谓万变不离其宗。在变当中，可以让人对事情在数或形方面的本质特征把握得更加精准。所以进行变式的学习，也是为了更好地辨析和分化。

这个"思考"所呈现的三种运动之后的全等三角形，其实也可以看作全等三角形的三种变式体现，目的就是想看变换样子后，能否把握图形的重合，也即各个边、角、顶点等元素的对应关系。学生经历了这样的辨析过程，对概念内涵的理解把握也就更加深刻了。所以，全等的本质就是一种对应——元素的一一对应。有了这个认识，对后面全等三角形性质的理解也就水到渠成了，再推广到其他更为复杂的全等形，也就容易了。

第六节 从最简二次根式概念的一个误解说起[①]

一、问题的提出

一次备课组活动时，有位教师谈到自己理解最简二次根式时说道：课本上面好像没有说清楚。最简二次根式其实就是三个特点：①分母中不含有二次根式；②被开方数中不含分母；③被开方数中不含能开得尽方的因数或因式。他的话一下子让我想起，以前我不也是这样理解的吗？最简二次根式概念是二次根式学习中比较重要的一个概念，它既是二次根式加减法运算的基础，也是二次根式运算结果的一种要求，为二次根式的运算指明了方向。由此看来，这个问题有必要提请大家注意。

二、问题的解决

（一）教材上的相关叙述

这个概念是人教版《义务教育教科书·数学》八年级下册第十六章《二次根式》中讲述二次根式除法运算时出现的，教材 P9 写道："观察上面例 4、例 5、例 6 中各小题的最后结果，比如 $2\sqrt{2}$，$\dfrac{\sqrt{3}}{10}$，$\dfrac{2\sqrt{a}}{a}$ 等，可以发现这些式子有如下两个特点：

（1）被开方数不含分母；

（2）被开方数中不含能开得尽方的因数或因式。

我们把满足上述两个条件的二次根式，叫作最简二次根式。

在二次根式的运算中，一般要把最后结果化为最简二次根式，并且分母中不含二次根式。"

---

① 本文发表于《中学数学研究》2014 年第 7 期。

(二) 教材的理解

我们看到,教材这一段内容实际上重点讲述了二次根式运算结果的标准问题,在其中,只是顺带穿插了"最简二次根式"的概念。

首先,我们从大的方面来讲,教材告诉我们二次根式运算的结果要遵循两个原则:①所有二次根式需为最简二次根式;②分母中不含有二次根式。比如,$\frac{1}{\sqrt{3}}$不能作为运算的结果,因为不符合第二条原则;再如,$\sqrt{\frac{1}{3}}$也不能作为结果,因为不符合第一条原则,$\sqrt{\frac{1}{3}}$不是最简二次根式。

其次,我们再来理解最简二次根式的概念。东北师范大学史宁中教授把数学概念按其深度分为白描、归纳、抽象三个层次。以三角形的概念为例。

白描:画出三角形,定义"这样的图形为三角形"。

归纳:画出一些包括三角形在内的多边形,定义"由三条边构成的多边形为三角形"。

抽象:直接给出定义"由三条线段首尾相接所组成的平面图形为三角形"。

由此看来,中学的数学概念依其深度其实都可以归属到这三个层次之中,而且,随着学生年级的升高,属于归纳与抽象层次的数学概念的数量也会逐渐增多。

最简二次根式的概念属于哪一个层次呢?从教材上我们可以看出,最简二次根式概念属于归纳层次。从具体例子"$2\sqrt{2}$,$\frac{\sqrt{3}}{10}$,$\frac{2\sqrt{a}}{a}$"出发,从中以归纳的方式总结概括出最简二次根式概念的本质属性:被开方数不含分母;被开方数中不含能开得尽方的因数或因式。在这里要特别注意的是"被开方数",这两条本质属性都是对被开方数的本质要求。所以,最简二次根式的概念其实也是建立在二次根式概念基础之上的进一步区分,是最简二次根式的,一定首先要是二次根式。我们有必要再回头看看教材上二次根式的定义:

一般地,我们把形如$\sqrt{a}$($a \geq 0$)的式子叫作二次根式,"$\sqrt{}$"称为二次根号。

可见,教材上这个二次根式的概念是采用白描层次的方式来定义的,也就是说,这个概念是从形态特征来体现的,比较直观,可以从外形上直接观察和识别。从这个外形出发,我们就不难理解,为什么"$2\sqrt{2}$,$\frac{\sqrt{3}}{10}$,$\frac{2\sqrt{a}}{a}$"等都不能称为二次根式,当然也不能称为最简二次根式了。在教材中,它们只是作为二次根式运算最后符合标准要求的一个结果。当然,结果中包含二次根式,这包含的二次根式如这里的"$\sqrt{2}$、$\sqrt{3}$、$\sqrt{a}$"等都是最简二次根式。

三、问题的思考

（一）教师的态度

杜威说："概念并不是从现成事物中抽取出共同性质而形成的。误解和错误经常来源于意义的不确定性。因为意义模糊，我们便对别人、对事物和对我们自己产生了误解。"虽然这一章的重点是二次根式的运算与运算法则，对这个概念的误解也并不一定会妨碍学生二次根式运算能力的提高，教师甚至都没有必要引领学生去细究这个概念。但是，作为教师，我们仍然要提倡认真研究教材的态度，克服麻痹思想，以研究者的眼光，仔细品读教材的每一章每一节。

（二）教材的整合

错误理解概念，我们认为有很大一部分是因为教材编写不科学。二次根式运算的结果和最简二次根式，为什么教材一定要把它们混在一起呢？从认知规律出发，笔者建议不妨这样改编教材：（在 P8 例 5 之后，）在二次根式如 $\sqrt{2}$、$\sqrt{30}$、$\sqrt{ab}$ 中，其被开方数具有如下两个特点：

（1）被开方数不含分母。

（2）被开方数中不含能开得尽方的因数或因式。

我们把满足上述两个条件的二次根式，叫作最简二次根式。

观察上面例 4、例 5 中各小题的最后结果，如 $2\sqrt{2}$，$3\sqrt{3}$、$\frac{\sqrt{3}}{10}$ 等，可以发现，在二次根式的运算中，一般要把最后结果化为最简二次根式，并且分母中不能含有二次根式。

（然后再排例 6）

这种改编突出了最简二次根式的概念，顺应了它为二次根式运算指明方向的作用，在教学中，可以极大地避免学生理解错误。当然，"完全根除这种含糊不清是不可能的；要想减轻它的程度，减少它的力量，则需要我们的诚意和努力。"（杜威语）

第七节　举例教学的"三要"原则[①]

郑毓信教授曾提出数学教师的三项基本功：善于举例、善于提问、善于比较与优化。在数学概念、数学原理的教学中，举例是教师经常运用的一种非常重要的教学方法。教师通过典型丰富的具体实例，构建问题情境，帮助学生准确把握数学概念的本质属性，深刻理解数学原理中的规律、关系等。但举例教学要遵循哪些原则呢？就这个话题，本文拟撷取几个教学片段，和大家做一探讨。

一、事例内容要有科学性

众所周知，数学具有高度抽象性的特征，学生由于年龄原因，思维天然具有直观形象性和具体性的特点，不仅缺乏抽象的能力，往往也不具备作为抽象基础的具体事例。所以，在数学学习过程中，由教师主导提供给学生的感性材料或感性经验就成为影响数学学习的重要因素。感性材料或感性经验首先要具有科学性，教师通过列举具有普遍意义的科学实例，进行抽象概括，使学生很好地理解抽象的数学概念和原理。

案例1：人教版七年级上册第二章第二节第一课时《合并同类项》

（PPT 呈现）导入新课：

2 个 🍎 +3 个 🍎 = ?　　　　　6 个 🍉 -2 个 🍉 = ?

思考：1. 为什么可以相加减？

　　　　2. 如果把苹果换成 x，把西瓜换成 ab，相加的结果是多少？

师：2 个苹果 +3 个苹果 = ? 6 个西瓜 -2 个西瓜 = ?

生（齐）：5 个苹果，4 个西瓜。

师：为什么可以相加减？

生 1：因为它们是同一类。

师：对！苹果与苹果能够相加，因为它们是同一类，西瓜与西瓜可以相减，

---

① 本文发表于《中学数学教学参考》（中旬）2020 年第 6 期。

它们也是同一类。一个苹果和一个西瓜就不能相加。因为它们不是同一类。生活中处处有分类，数学中也有很多的分类。现在请同学们思考：如果把苹果用字母 x 来代替，把西瓜用字母 ab 来代替，那么相加的结果是什么？

生（齐）：$2x + 3x = 5x$，$6ab - 2ab = 4ab$。

师：判断下列式子是同类吗？

(1) $2x$，$3x$

(2) $3x$，$2y$

(3) $3ab$，$5ab$

(4) $2xy$，$5yx$

(5) $3ab^2$，$2a^2b$

(6) $4ab^2$，$3ab^2$

……

归纳总结，得到同类项的定义。

案例 1 分析：章建跃博士曾在讲座中谈道：同类项是联结数与式的纽带，教材中引入同类项，其目的是给单项式分类，为整式的运算做准备。在本案例中，教师借用现实生活中的西瓜、苹果的事例来类比得到数学中同类项的概念，笔者认为举例不当，事例缺乏科学性。现实生活中实物的同类只是一种形式归纳，经不起推敲。试问：一个大西瓜与一个小西瓜相加，等于什么？一个红富士苹果与一个水晶苹果相加又等于什么？

事例的科学性首先体现在准确性上，其次体现在典型性上。郑毓信教授在他的著作《新数学教育哲学》里提到，无论是就教材而言还是就教师在教学中对于例题的选择而言，我们都应十分重视它们的典型性，包括教学中应当如何对此加以应用才能真正起到范例或认知基础的作用。所举事例是否典型，将直接影响概念或原理学习的效果。那么，什么是典型的事例呢？鲍建生、黄荣金、易凌峰、顾泠沅教授在《变式教学研究》一文中说道："在概念的外延中，尽管每一个对象都是逻辑等价的，但实际上，这些对象在学生的概念理解系统中的地位并不相同。特别地，其中一些对象由于其拥有'标准的'形式，或者受到感性经验的影响，或者在引入概念时的'先入为主'等而成为所谓的标准变式。"笔者以为，这些具有标准形式的例子，或者有利于归纳成为标准形式的例子，就是典型的事例。比如，我们在学习一元二次方程的概念时，人教版教材中所设计的三个生活事例：

（1）设计人体雕像时，使雕像的上部（腰以上）与下部（腰以下）的高度比等于下部与全部的高度比，可以增加视觉美感，按此比例，如果雕像的高为 2m，那么它的下部应设计多高？

（2）有一块矩形铁皮，长 100cm，宽 50cm，在它的四角各切去一个同样的正方形，然后将四周突出部分折起，就能制作一个无盖方盒。如果制作的无盖方盒的底面积为 3600cm²，那么铁皮各角应切去多大的正方形？

（3）要组织一次排球邀请赛，参赛的每两个队之间都要比赛一场，根据场地和时间等条件，赛程计划安排 7 天，每天安排 4 场比赛，比赛组织者应邀请多少个队参赛？

上述三个事例，准确性自不必说，每个例子经过设元、列方程、整理后得到：$x^2+2x-4=0$、$x^2-75x+350=0$、$x^2-x-56=0$。这些方程都可以看作一元二次方程的"标准形式"，也就具有了"典型性"的特征。借助这些具有较好的科学性的例子，很容易让学生抽象归纳出一元二次方程概念的本质属性和一般形式。

二、事例呈现设计要有序

章建跃博士指出：数学概念的学习主要靠归纳思维，概念教学要用归纳式，举例就是为了进一步归纳出研究对象所具有的共同属性或共同规律。那么，举例通常需要列举多少呢？是不是越多越好？

案例2： 人教版七年级下册第九章第一节第二课时《不等式的性质》

（PPT 呈现）新知探索：

思考：用"＞"或"＜"填空，并总结其中的规律：

（1）$5>3$，$5+2$ _____ $3+2$，$5-2$ _____ $3-2$。

（2）$-1<3$，$-1+2$ _____ $3+2$，$-1-2$ _____ $3-2$。

（3）$6>2$，$6×5$ _____ $2×5$，$6×(-5)$ _____ $2×(-5)$。

（4）$-2<3$，$(-2)×6$ _____ $3×6$，$(-2)×(-6)$ _____ $3×(-6)$。

由上述结果，你总结的规律是什么？你是怎么得到的？

（执教教师采用先学后教的方式，学生于课前完成预习学案，其中就有上述预习问题，课堂上学生看起来都顺利地得到了不等式的性质。）

师：你是怎么得到的？

生1：不等式两边都加上或减去2，不等号方向不改变，所以（1）都是大于号，（2）都是小于号。

生2：不等式两边同乘以一个正数，不等号方向不变；同乘一个负数，不等号方向改变。所以（3）是"＞""＜"，（4）是"＜""＞"。

师：他们说的对吗？

生（齐）：对！

师：预习学案上完成的同学请举手。

结果班级举手者不到全班的四分之一……

案例2分析： 对于不等式性质的学习，显然，这里的"思考"是为了达到归纳不等式的性质的目的而提供的一些具体的事例。人教版配套的教师教学用书解读此"思考"的设计意图是:"通过计算和比较,从特殊到一般,从具体到抽象地归纳出不等式的性质。"但从案例2展现的课堂场景中我们看到,很多学生实际上表现出现了完全相反的偏差:他们不是由例子总结归纳出不等式的性质,而是把这里要思考的例子当成了不等式性质的运用来理解。预习中的"思考"举例,其目标显然没有达成。为什么会这样?笔者以为,"思考"呈现的事例设计无序是主要原因,事例设计不仅在数量上不够充分,而且缺乏清晰的逻辑次序。为此,笔者提出一种改进方案,以强化学生经历这个举例归纳的过程。

思考:

(1) 对于 $5 > 3$,通过计算,比较前后两式结果的大小,用" > "或" < "填空:

$5 + 2$ _____ $3 + 2$;$5 + 3.2$ _____ $3 + 3.2$;$5 + \dfrac{1}{5}$ _____ $3 + \dfrac{1}{5}$;

$5 - 2$ _____ $3 - 2$;$5 - 3.2$ _____ $3 - 3.2$;$5 - \dfrac{1}{5}$ _____ $3 - \dfrac{1}{5}$。

根据所填不等号的方向,总结其中的规律,并以 $-1 < 3$ 为例,重复上述过程,验证这个规律是否仍然成立。

(2) 对于 $6 > 2$,通过计算,比较前后两式结果的大小,用" > "或" < "填空:

6×2 _____ 2×2;6×3.2 _____ 2×3.2;$6 \times \dfrac{1}{5}$ _____ $2 \times \dfrac{1}{5}$。

根据所填不等号的方向,总结其中的规律,并以 $-2 < 3$ 为例,重复上述过程,验证这个规律是否仍然成立。

(3) 对于 $6 > 2$,通过计算,比较前后两式结果的大小,用" > "或" < "填空:

$6 \times (-2)$ _____ $2 \times (-2)$;$6 \times (-3.2)$ _____ $2 \times (-3.2)$;$6 \times (-\dfrac{1}{5})$ _____ $2 \times (-\dfrac{1}{5})$。

根据所填不等号的方向,总结其中的规律,并以 $-2 < 3$ 为例,重复上述过程,验证这个规律是否仍然成立。

章建跃博士指出:具体事例数量太少,学生对概念的感知不充分,对掌握概念所必需的经验不能建立起来,就难以对概念对象的各种要素进行全面鉴别,这样,对概念的本质属性和非本质属性的比较不充分,就会导致本质属性与非本质属性的界限不清。章建跃博士谈的是概念教学,但原理教学其实也是一样的。改进方案将具体的不等式事例分成了三种类型,每种类型又给出了三个具有代数性的具体事例,明确要求先计算前后两个式子,再比较结果大小,归纳并验证规律，相比原"思考"举例，改进方案的"思考"举例设计实现有序，可以充分保证学生经由从特殊到一般、从具体到抽象的思维过程，归纳总结出不等式的性质结论。

三、事例分析要揭示本质

数学概念是从大量例子中抽象出某些具有共同本质属性时得到的智力产物。有些概念，因其对象特征或形态特征特别突出，很容易在现实生活中找到对应的直观形象，但并不意味着其本质属性就很容易被抽象出来。有这样一个流传很广的故事：

一个数学家的女儿从幼儿园放学回家，父亲问她今天学到了什么。女儿高兴地回答："我们今天学了'集合'。"数学家想：对于这样一个高度抽象的概念，女儿的年龄实在太小了。因此，他关切地问道："你学懂了吗？"女儿肯定地说："懂了！一点儿也不难。"他又追问："你们老师是怎样教的？"女儿说："老师先让班上所有的男生站起来，然后告诉大家这就是男生的集合；其次，她又让所有的女生站起来，并说这是女生的集合；接下来，又是白人孩子的集合，黑人孩子的集合，等等；最后老师问大家'是否都懂了？'她得到了肯定的答复。"这样的教学法似乎没有什么问题，甚至可以说很不错。因此，父亲决定用如下的问题进一步追问："那么，世界上所有的勺子或土豆能否组成一个集合？"迟疑了一会儿，女儿坚定地说："不行！除非它们都能站起来。"

这个故事诙谐地说明了当学习内容超越学生身心发展特征时，就可能出现很可笑的结果，但同时，从另一个角度可以看出，在举例教学时，如果缺乏对各种例子各种属性的分化，没有引导学生舍弃无关属性，突出例子中那些隐藏的关键要素，就会导致学生对概念理解不到位，有形实，使画虎不成反类犬的现象发生。

案例3：人教版九年级上册第二十五章第一节第二课时《概率》

（PPT呈现）探究新知：

游戏1：抛一枚骰子，向上一面的点数有_____种可能，它们出现的可能性大小_____，都等于_____。

游戏2：自由转动的转盘，把转盘分成7个大小相同的扇形，可能出现的结果有_____种，指针指向每个扇形的可能性_____，都等于_____。

思考：这两个例子有什么共同特点？

师：我们一起来玩个游戏。

游戏1：抛一枚骰子，向上一面的点数有_____种可能，它们出现的可能性大小_____，都等于_____。

师生活动：教师问，学生齐答，PPT同步呈现结果。

游戏2：自由转动的转盘，把转盘分成7个大小相同的扇形，可能出现的结果有_____种，指针指向每个扇形的可能性_____，都等于_____。

师生活动：教师出示自制的转盘（七等份，三红二绿二黄），学生代表上台转动转盘。然后针对PPT问题，老师问，学生齐答。

师：游戏1和游戏2有哪些共同特点？

学生沉默……

师：游戏1里向上一面的点数有六种，游戏2中可能出现的结果有7种，它们的结果都是有限个，而且出现的可能性大小是相等的，所以，我们从这两个游戏中可以得到概率的定义。

（PPT呈现概率的定义及其计算方法）

案例3分析：在研究随机事件的概率问题时，掷骰子、玩转盘、摸小球等随机试验，都是非常典型且具有很好的操作性的事例。在实际教学过程中，很多教师为了增加趣味性，也会设计一些让学生操作的环节，但操作是为了帮助学生更好地理解概率本质服务的。对于本案例，笔者认为，教师固然有自制转盘、让学生代表转转盘的教学行为，但对两个事例本质分析不够充分，事例共同特征的归纳基本上是教师自己代劳。师问生答、学生代表转转盘的方式都无助于学生发现"随机事件的有限结果、可能性相同"等关键特征。

概念教学的举例如果例子本身科学，那么在教学中，则要引导学生深入分析事例背后的内涵，挖掘出事例蕴含的本质特征，使其外显出来。在案例3中，教师可以通过以下三个问题的追问，来引导学生深入分析掷骰子游戏，见表2-7-1。

表2-7-1 分析掷骰子游戏

提出问题	期望目标
1. 骰子正面向上的点数会有几种可能？分别是哪几种？	挖掘说明"古典概型随机事件结果只有有限个"的本质特征
2. 在以上所有可能的结果中，有没有哪种骰子正面向上的点数更容易出现？或者更不容易出现？（如果使用的骰子质量不均匀呢？）	说明在随机事件可能性大小与试验操作过程中，所使用的工具即骰子的形状结构和试验方法这两个因素有关。当骰子形状规则，质地均匀，各面除数字外无其他差别，而又随机投掷时，才可以保证试验的客观性，即各种结果出现的可能性相同，以引导学生认识到"古典概型的各种结果出现的可能性相等"的本质特征
3. 在六种结果可能性大小相同的背景下，你觉得可以用一个什么数值来表示这个可能性的大小呢？	通过解释用$\frac{1}{6}$这个数值表示可能性大小的合理性来说明概率的计算方法

教师可以沿用类似的方法分析转盘游戏，引领学生深入剖析事例的本质，并在此基础上，让学生总结这类随机事件的特征和概率计算方法。只有经历这样的过程，学生的思维才能得到培养。学生全神贯注于操作的过程，而不考虑他们操作的理由，不了解试验所提供的合适的方法，只是为了解决典型的问题。只有演绎或推理才能发现和突出事物依次相连的种种关系，而且只有理解了这种关系，才配称作学识，否则只不过是乱七八糟的废物袋子。由此可以看出，比试验操作更重要的是对事例进行深入分析，解读其本质特征，为进一步归纳各事例的共同属性做铺垫。

总之，数学教学要高度重视举例教学，这是由数学的高度抽象性与学生思维的基本特征所共同决定的。无论是概念学习，还是原理学习，所举事例内容要有科学性，呈现设计要有序，事例分析要揭示本质，这就是我们要遵循的"三要"原则。坚持遵循"三要"原则，对促进学生思维发展，帮助学生开展深度学习具有十分重要的意义。

参考文献

[1] 郑毓信 . 新数学教育哲学 [M] . 上海：华东师范大学出版社，2015.

[2] 鲍建生，黄荣金，易凌峰，等 . 变式教学研究 [J] . 数学教学，2003 (2)：11 – 12.

[3] 曹才翰，章建跃 . 数学教育心理学 [M] . 3 版 . 北京：北京师范大学出版社，2014.

[4]（美）杜威 . 我们怎样思维·经验与教育 [M] . 姜文闵，译 . 北京：人民教育出版社，2004.

第八节　《从分数到分式》教学设计

一、内容和内容解析

（一）内容

分式的概念及分式有意义的条件。

（二）内容解析

分式是继整式之后对代数式的进一步研究，与分数、整式是紧密相连的，既是前面知识的延伸，也为进一步学习分式、反比例函数、分式方程等知识做铺垫。从数学内部发展的需要看，当两个整式相除不能整除时，则用分式表示；从实际应用看，分式也是表示具体问题情境中的数量关系的一种重要工具，是解决实际问题的常见模型之一。

本节课的主要内容是分式的概念和分式有意义的条件，是以分数为基础，类比引出分式的概念，类比分数有意义的条件，得到分式有意义的条件。学好本节课有助于培养学生观察、类比、归纳、概括的能力，并让学生体会从特殊到一般、从具体到抽象的认知规律。

基于以上分析，确定本节课的教学重点为分式的概念及分式有意义的条件。

二、目标和目标解析

（一）目标

（1）通过分析具体问题情境的数量关系，类比分数，会用分式表示问题数量关系。

（2）了解分式的概念，体会分式是表示现实世界中一类数量关系的数学模型，进一步发展符号意识。

（二）目标解析

达成目标（1）的标志是：学生能用分式表示实际问题中的数量关系。

达成目标（2）的标志是：学生能判断一个代数式是否是分式，能确定使分式有意义的字母的取值范围。

三、学生学情分析

学生在小学学过分数，其实分式是分数的"代数化"，所以其性质与运算是完全类似的。在前面的学习中学生已经学会用字母表示实际问题中的数量关系，对于八年级学生来说，用分式来表示实际问题中的数量关系并不困难，但是他们的抽象概括能力不足，所以通过观察代数式的结构特征，类比、抽象、归纳、概括出式子的共同本质属性是有一定难度的。

基于以上分析，确定本节课的教学难点是对分式概念的理解。

四、教学策略分析

根据本节课的教学目标、教材内容以及学生的认知特点，采用启发式、探究式的教学方法，意在帮助学生通过类比、抽象、归纳、概括等途径来深化对概念的理解。

教学的关键是引导学生通过与分数进行类比，从式子的形式方面寻找它们的共同点；再从分子、分母单独看，分式的分子、分母都是整式，并且分母中都含有字母，通过这个过程经历从特殊到一般、从具体到抽象的思维过程，实现从分数到分式的过渡，从而归纳出分式的概念，体会研究代数问题的一般思路。

五、教学过程

（一）情境引入，导入新课

问题 1 一艘游轮在静水中的最大航速为30km/h，海水的水流速度为 v km/h。

（1）游轮顺流航行的最大航速是_____km/h。

（2）游轮逆流航行的最大航速是_____km/h。

（3）如果游轮以最大航速顺流航行 90km 所用的时间与以最大航速逆流航行 60km 所用时间相等，请列出方程。

学生：（1）$30+v$；（2）$30-v$；（3）$\dfrac{90}{30+v}=\dfrac{60}{30-v}$。

问题 2 填空。

（1）如果小明的速度是7m/s，他跑百米所用的时间是_____s。

（2）矩形的面积为10，一边长 a，则另一边长为_____。

（3）一列普通列车行驶 a km用 b 小时，它的平均车速为_____km/h，一列特快列车行驶 a km比普通列车少用1h，它的平均车速为_____km/h。

学生：(1) $\dfrac{100}{7}$；(2) $\dfrac{10}{a}$；(3) $\dfrac{a}{b}$，$\dfrac{a}{b-1}$。

设计意图：从丰富的实际问题得出一些分式的具体实例，让学生感受分式是由实际生活的需要产生的，它是反映实际问题中数量关系的一种模型。问题 1 是本章的章前引言中出现的问题，借此导入新章节新内容的学习；问题 2 指向代数式，为后面进行分类做准备。

(二) 交流研讨，形成概念

问题 3　请给下列式子分类，你按照什么样的标准，怎样分？（请说出分类标准）

$$30+v，\ 30-v，\ \dfrac{90}{30+v}，\ \dfrac{60}{30-v}，\ \dfrac{10}{x}，\ \dfrac{100}{7}，\ \dfrac{a}{b}，\ \dfrac{a}{b-1}。$$

学生活动：以小组为单位回答问题 3，并把研究结果在小组研究成果展示单上呈现。

设计意图：为学生提供充足的思考、探索和交流时间，让学生参与概念生成的全过程，引导学生分析、抽象、归纳、概括式子的共同本质属性，让学生通过对式子进行分类，经历在相同中寻找不同的分类过程，进而得出分式的概念。注重让学生经历概念的生成和概括过程，使学生的数学思考从表面到本质、从具体到抽象、从孤立到系统，在发展学生数学思维的同时，潜移默化地培养学生的数学学科素养。

预设：学生这样来分类，即一类是有分母的，一类是没有分母的。教师表扬学生关注了式子的形式，引导学生分析如 $30+v$ 和 $30-v$ 也可以看作有分母，不过分母是 1，进一步说明这些式子其实都可以看作具备分数 $\dfrac{A}{B}$ 的形式。

如果学生按分子或分母有没有字母来进行分类，如 $\dfrac{10}{7}$ 分子、分母都没有字母，其他分子、分母都有字母，教师就可以肯定并引导学生：分子含字母与分母含字母是不是一样的？

(三) 概念辨析，深化理解

问题 4　下列各式哪些是分式？哪些是整式？

$$5x-7，\ \dfrac{a+b}{3}，\ \dfrac{4}{5b+c}，\ \dfrac{3x}{\pi}，\ \dfrac{b-3}{2a+1}，\ \dfrac{3}{x}。$$

问题 5　分式同整式一样，同一个分式，可以表达不同的含义。比如，矩形的面积是 10，一边长为 x，则另一边长为 $\dfrac{10}{x}$。你能给 $\dfrac{10}{x}$ 再赋予一个实际背景的问题吗？

设计意图：概念的识别与辨析，意为让学生进一步理解分式的概念。问题 5

通过赋予"$\frac{10}{x}$"新的含义，让学生进一步理解分式是一种表示问题数量关系的模型，具有一般性、概括性，发展学生的符号意识。

问题6 填空：

(1) 当 x _____ 时，分式 $\frac{2}{3x}$ 有意义。

(2) 当 x _____ 时，分式 $\frac{x}{x-1}$ 有意义。

(3) 当 b _____ 时，分式 $\frac{1}{5-3b}$ 有意义。

(4) 当 _____ 时，分式 $\frac{x+y}{x-y}$ 有意义。

设计意图：类比分数的学习经验，通过具体的分式研究分式有意义的条件，加强对分式概念本质属性的理解。

（四）研究求值，拓展提升

问题7 研究分式 $N = \frac{x-2}{x}$，并填空（表 2 - 8 - 1）：

表 2 - 8 - 1 x 与 N 的数值列表

式子	数值			
x	1			
$N = \dfrac{x-2}{x}$				

思考：分式 N 的值可以为 0 吗？如果可以，请求出对应的 x 的值。

问题8 分式 $\frac{x^2-4}{x-2}$ 的值可以为 0 吗？如果可以，请求出对应的 x 的值。

问题9 是不是所有分式都有值为 0 的时候？试举例说明。

设计意图：类比整式字母取值，对分式中的字母赋值，让学生感受到分式可以表示许多具体的数，具有一般性、概括性。而值为 0 是其中的一种特殊情况，让学生总结出分式值为 0 的条件。追问是为了让学生进一步加深巩固对分式概念的本质的认识。

（五）开放共享，你问我答

问题10 请从 "2，$x-1$，x" 三张卡片中任选 2 张，组成一个分式，并提出一个问题分享给小组同学回答。

设计意图：让学生自己组合分式并提出问题，既达到了巩固概念的目的，又实现了考查分式有无意义、分式值为 0 的目的，还培养了学生提出问题和构建模型的思维习惯。

（六）小结梳理，形成整体

本节课我们学习了哪些知识？运用了哪些研究方法？类比分数的学习过程，在分式概念的学习后，我们将要学习什么呢？

设计意图：结合板书，师生共同梳理所学知识，形成知识网络结构，总结提炼研究问题的方法；通过回顾本节课的思维历程，整理提炼研究分式的过程，形成新的解决问题的策略和方法，为后续相关知识的学习提供可参考的基本经验；展望分式学习的一般流程，让学生心中有一幅清晰的导航图，从整体上把握代数学习的一般思路。

六、课例评析

（一）完整地经历了数学概念形成的过程

本节课以概念形成的方式，让学生完整地经历了"实际背景—抽象本质属性—概念（定义、符号）—辨析—巩固—精致"概念形成的过程。通过多个具体问题情境，列出分数与分式后，再设计相关学生活动让学生分类，对比分数与分式的相同点与不同点，进一步类比、观察，发现分式的分子、分母都是整式，并且分母中含有字母的特征，从而类比分数的概念，归纳总结出分式的概念，及时辨析，发现数字系数的整式与分式的本质区别。该过程如抽丝剥茧，一层层慢慢剥出分式概念的内涵和外延，使学生的数学思考从表面到本质、从具体到抽象、从局部到系统，在发展学生数学思维的同时，使学生形成数学的整体认识。

（二）类比分数，巧妙设计表格，突破难点

在识别分式概念的形式之后，教师设计了一个分式取值的表格，让学生在类比整式取值填表的过程中，自然而然地研究分母取值为 0 的条件，达到了知识迁移的目的。该问题设置具有较好的开放性。学生通过完成该表格，还可以领略分式的一般性、概括性，发展符号意识。

（三）注重数学思想方法的渗透

一般情况下，代数主要教归纳，几何主要教类比，但在这节课中，既有分式概念生成时的归纳抽象，又将分式与小学所学的分数进行类比。学生通过类比分数学习的经验，自主探究，得出分式的概念，而且在后续的学习过程中，要类比分数的基本性质、分数的运算，得到分式的基本性质、分式的运算。本节课的设计充分关注了这个特征，创设各种问题，帮助学生用相同的经验解决不同的问题，培养学生的数学学科核心素养。

第三章

数学原理教学

第一节　数学原理概述

一、什么是数学原理

我们把数学中的公理、定理、公式、法则、数学对象的性质等统称为数学原理。数学原理都是以数学命题的形式呈现的，数学原理的学习也可称为命题学习或规则学习，对应于奥苏贝尔的"命题学习"或加涅的"规则"和"高级规则"的学习。

奥苏贝尔是美国认知教育心理学家，是认知主义的代表人物，他在20世纪60年代创立了"有意义言语学习理论"，不仅用认知结构同化论的观点解释知识的获得、保持和遗忘，而且用认知结构的观点来解释知识学习的迁移。他认为，有意义学习是与机械学习相对的学习类型，包括表征性学习、概念学习、命题学习。他将命题学习单独列为一类学习，而且根据原有观念与新观念的关系，将命题学习的形式分为三类，即上位学习、下位学习和并列组合学习。这就对命题学习进行了比较详细的分类。如图3-1-1所示。

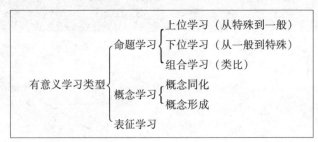

图3-1-1

加涅（1916—2002年）与奥苏贝尔同处一个时代，也是美国著名的教育心理学家，是信息加工学习理论的代表人物。他认为，人类的学习是复杂多样的，是有层次性的，总是由简单的低级学习向复杂的高级学习发展，构成了一个依次递进的层次结构。1968年，他把人类的学习分为八个层次：信号学习、刺激—反应学习、连锁学习、言语联结学习、辨别学习、概念学习、原理（规则）学习、解决问题学习。后来，经过对学习层次更深入的研究，1977 年，他又把学习层次提炼为五个层次，即联结与连锁学习、辨别学习、概念学习、规则学习、高级规则学习。其中规则学习是通过对法则、原理的理解，使学习者有能力去识别规则或原理在特殊情况下的应用，或者有能力应用原理去解决具体问题。高级规则学习是指学生能在不同条件下运用原理或规则解决问题，以获得更高级的原理和规则。显然，命题学习包含在规则学习和高级规则学习之中。

教育心理学理论认为，命题或规则一般由若干概念组合而成，反映了数学概念之间的联系，揭示了几个概念之间的关系，表示了某种规律，如图 3 - 1 - 2 所示。

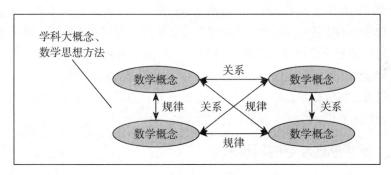

图 3 - 1 - 2

数学概念与数学概念之间的某种规律就是数学原理，概念、原理共同形成了数学学科的总体框架，而数学学科的思想、方法，学科大观念等如同星星闪烁，内隐其中。

二、对数学原理学习的认识

对于数学原理学习，可以有以下结论：

（1）数学原理学习实际上是一些概念之间的关系学习，就复杂程度而言，数学原理学习应高于概念学习。

（2）数学原理学习不是习得描述数学原理的言语信息，而是习得数学原理的心理意义，它是一种有意义的学习。

（3）数学原理学习实质上是习得产生式，只要条件信息一满足，相应的行为反应就会自然出现。学习者据此指导自己的行为并解决遇到的新问题。

（4）习得数学原理不是孤立地掌握一个数学原理，而是要在数学原理之间建立联系，形成数学原理网络。

促进数学原理学习最有效的办法是让学生在运用数学原理的过程中掌握数学原理，因为让学生自己运用数学原理是数学原理具体化的过程，而这个过程对于全面、深刻地理解数学原理极为有利。因此，在数学原理的学习中，让学生进行练习是极其重要的一个环节。需要注意的是，练习不是越多越好，那种类别单一的重复练习并没有效果。要想使学生真正掌握数学原理，形成产生式，就要让学生进行变式练习。所谓变式练习，就是在其他有效学习条件不变的情况下，变化命题例证。在进行变式练习时，教师应先设置与原先学习情境相似的问题情境让学生进行练习，练习课题之间要保持一定的同一性。随着知识的逐渐巩固，问题类型要有变化，可逐渐演变成与原先的学习情境完全不同的新情境。同时，在练习的过程中，及时给学生提供反馈是十分必要的。教师及时分析并指出学生练习中的错误，让他们改正错误，可以防止学生将错误固化。

教材中的数学原理不是孤立零散的知识，是一个系统的知识体系。认清数学原理在数学知识体系中的地位、作用以及数学原理之间的内在联系，可以加深对数学原理的理解，有助于从总体上掌握数学原理。为此，教师讲授定理、公式时，应使学生了解每个定理、公式在数学知识体系中的来龙去脉，发生过程；通过单元复习、每章复习、总复习，对所学的定理、公式进行梳理，将其整理成系统的、整体的知识。

三、数学原理学习的两种形式

在数学学习中，习得数学原理不仅意味着习得描述数学原理的言语信息，而且能根据数学原理对一类刺激做出相应的反应，也就是说，能在特定的情境中应用数学原理。学生一旦掌握了数学原理，就能用大量的例证来说明，原理所反映的关系，或运用数学原理解决特定情境下的问题。在数学课堂教学中，数学原理的学习一般有两种形式，即由例子到原理的学习和由原理到例子的学习。

（一）由例子到原理的学习

由例子到原理的学习是指从若干例证中归纳出一般结论的学习。它是一种发现学习。这种学习方法简称"例子—原理法"。用例子—原理法教授原理时，学生的认知过程类似于概念形成的认知过程，需要提供例证、辨别对象、提出假设、验证假设和进行概括。但一般来说，该方法对认知水平的要求较高，因为它概括的是由某些概念构成的特定关系。因此，数学原理学习要以概念学习为基础。用例子—原理法学习一些较简单、明显的数学原理时学生可以不需要教师的指导，这种学习常被称为独立发现学习。但对于那些不容易概括出来的数学原理，教师的指导是必需的，教师的提示越多，学生发现原理的难度就越低。这种在教师的指导下发现数学原理的学习常被称为指导发现学习。

（二）由原理到例子的学习

由原理到例子的学习是指先向学生呈现要学习的数学原理，然后再用实例说明数学原理，从而使学生掌握数学原理的学习。这是一种接受学习，简称"原理—例子法"，类似于概念同化的学习过程。和例子—原理法学习相比，原理—例子法学习所花的时间较少，但容易导致机械学习，因此应用时，教师必须了解学生对构成新数学原理的相关观念的掌握程度，需要的时候，事先进行复习补漏，以使学生顺利同化新数学原理。

例子—原理法在旧观点和认知水平上的要求不高，适合认知水平处于较低层次的学生；而原理—例子法学习则要求学生具备足够多的知识储备和一定的认知水平，适用于认知水平较高的学生。在中学数学教学中，大多数数学原理的学习采用例子—原理法的学习方式，以指导发现学习方式居多。

四、数学原理学习的水平评价

数学原理学习的水平也可以分成了解、理解、掌握和综合运用四种。

了解：能回忆起原理的言语信息，能辨认出原理的常见例证，会举例说明原理的相关属性。

理解：能把握原理的本质属性，能与相关原理建立联系，能区别原理的例证与反例。

掌握：在理解的基础上，能直接把原理运用于新的情境；能综合运用原理解决问题。

从运用原理的角度看，数学原理学习可以分成四种水平：

（1）言语连锁学习水平：处于这一水平的学生会说、会背、会写原理的客观陈述，但不理解原理的本质。他们尚未在心理上形成产生式，当然也就不能运用原理了。

（2）正向产生式水平（正用水平）：处于这一水平的学生，已在心理上形成"若……，则……"这一正向产生式，能够由满足原理的条件信息推出结论信息，属于正向使用原理的水平。

（3）逆向产生式水平（逆用水平）：处于这一水平的学生，已在心理上形成"要……，就要……"这一逆向产生式，能够由结论信息出发，追寻结论成立的充分条件。这一水平属于逆用数学原理的水平，是运用数学原理的较高水平。逆向产生式的习惯性反应是逆向思维形成的基础。

（4）变形产生式水平（变形使用水平）：处于这一水平的学生，已在心理上形成变形产生式，能够由问题的部分信息检索出相关的数学原理模式，并根据当前解决问题的需要对数学原理模式进行变形使用，从而解决问题。这一水平属于变形使用数学原理的水平，是运用数学原理的高级阶段。

学习数学原理的主要目的在于掌握和应用数学原理，教学就是要促进学生不断向更高的水平跃进。

五、数学原理学习的教学流程设计

数学原理学习分为原理获得、原理证明、原理应用三个阶段，按照"整体—局部—整体"结构，我们设计了基于深度学习的初中数学原理教学的课堂教学流程，如图 3 – 1 – 3 所示。

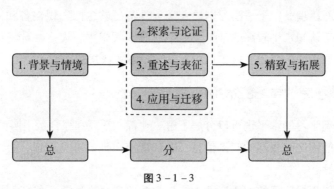

图 3 – 1 – 3

数学原理教学的基本流程解读如下：

（1）背景与情境——借助具体事例，从数学原理体系的发展过程或解决实际问题的需要引入数学原理。

（2）探索与论证——经历猜想、探索、论证、操作、理解、感悟数学原理生成的过程。

（3）重述与表征——明确本质属性，给出准确的数学语言描述，以实例为载体分析数学原理的内涵。

（4）应用与迁移——运用数学原理的具体事例，形成数学原理应用的具体步骤。

（5）精致与拓展——纳入数学原理系统，建立与相关数学原理的联系。

学习数学原理，不仅要知道数学原理是什么，而且要特别关注为什么，即数学原理的产生和证明过程、数学原理的变式迁移，将数学原理纳入知识结构网络，形成数学原理体系，加强数学原理的应用等。

第二节 初中数学原理清单

初中数学有多少原理？以人教版教材为例，做如下梳理（表3-2-1）。

表3-2-1 初中数学原理清单

年级	课题内容	年级	课题内容
七上	有理数加法法则	七下	立方根的特征
	有理数减法法则		坐标系平移规律
	有理数乘法法则		二元一次方程组的解法
	有理数乘法运算律		不等式的性质
	有理数除法法则		不等式的解法
	合并同类项		一元一次不等式组的解法
	去括号规律	八上	三角形三边的关系
	整式加减运算法则		三角形的内角和定理
	等式的性质		三角形外角的性质
	一元一次方程的解法		多边形的内角和定理
	余角和补角的性质		多边形的外角和
七下	对顶角的性质		全等三角形的判定定理 SSS
	垂线的性质		全等三角形的判定定理 SAS
	平行线的判定定理		全等三角形的判定定理 AAS、ASA
	平行线的性质定理		角平分线的性质定理
	平移的性质		角平分线的判定定理
	平方根的特征		垂直平分线的性质定理

年级	课题内容	年级	课题内容
八上	垂直平分线的判定定理	八下	勾股定理的逆定理
	坐标系中对称点的规律		平行四边形的性质定理
	等腰三角形的性质定理		平行四边形的判定定理
	等腰三角形的判定定理		三角形的中位线定理
	等边三角形的性质与判定定理		矩形的性质定理
	含30°角的直角三角形的性质		矩形的判定定理
	同底数幂乘法法则		菱形的性质定理
	幂的乘方法则		菱形的判定定理
	积的乘方法则		正方形的判定定理
	整式乘法（单乘多）		正比例函数的性质
	整式乘法（多乘多）		一次函数的性质、特征
	整式除法法则		一次函数与方程、不等式的关系
	乘法公式1（平方差公式）		加权平均数计算公式
	乘法公式2（完全平方公式）		中位线、众数计算方法
	去括号法则	九上	配方法解一元二次方程
	提取公因式法因式分解		公式法解一元二次方程
	公式法因式分解		因式分解法解一元二次方程
	分式的基本性质		直接开平方法解一元二次方程
	分式的乘除运算法则		一元二次方程根与系数关系
	分式的加减运算法则		二次函数的性质
	整数指数幂的规定		二次函数与一元二次方程关系
八下	二次根式的性质		旋转的性质
	二次根式的乘法法则		中心对称的性质
	二次根式的除法法则		垂直于弦的直径
	二次根式的加减法法则		弧、弦、圆心角定理
	勾股定理		圆周角定理

续　表

年级	课题内容	年级	课题内容
九上	点与圆的位置关系	九上	扇形面积公式
	直线与圆的位置关系		概率计算公式
	切线的判定定理		方差计算公式
	切线的性质定理	九下	反比例函数性质
	切线长定理		相似三角形的判定定理
	弧长公式		

第三节 初中学生对数学原理学习状况的调查研究①

一、问题提出

根据"深度学习教学改进"项目组对深度学习的界定，刘晓玫主编的《深度学习：走向核心素养（学科教学指南·初中数学）》一书，对初中数学深度学习的内涵做了详细的界定。在数学知识分类中，通常把公理、定理、法则、公式、数学对象的性质等统称为数学原理。初中数学原理学习是初中数学课程内容的核心之一，也是初中数学深度学习的重要主题材料。在当下的初中数学学习过程中，学生对初中数学原理学习的效果到底如何？是否体现了初中数学深度学习的发生？为此，我们展开了一项针对初中生对数学原理学习状况的调查研究。

二、研究方法

（一）调查目的

了解初中生对初中数学课程中常见的三类数学原理（法则、性质、定理）的理解和掌握水平。

（二）调查方法

调查采用问卷方式进行，通过文献梳理学习，自编《初中学生对数学原理学习状况的调查问卷》（见附录），在 2020 年 7 月上旬学年即将结束之际，向工作室学员所在学校及所任教班级学生发放问卷，要求学生在 30 分钟内闭卷回答，回收初中三个年级学生的有效答卷 400 份，其中，初一、初二各 100 份，初三 200 份。

（三）对数学原理学习状况的评价维度

根据有关文献，我们将数学原理学习状况的评价维度确定在数学原理的重

---

① 本文发表于《中国数学教育》初中版 2022 年第 4 期。

述、多种表征、推导与证明、应用和关联等五个方面，并与调查问卷的各问题对应起来，具体如下（表3-3-1）。

表3-3-1 数学原理学习状况的评价维度与问卷问题设计

维度名称	各维度内涵	具体行为表现	问卷对应题号
数学原理的重述	学生能对原理进行客观重述，但不理解原理的本质，因此还不能对原理进行多种表征	1. 记住数学原理。 2. 能对数学原理进行客观陈述，抓住数学原理的内在关系。 3. 不遗漏数学原理的前提条件	1、2、3、4
数学原理的多种表征	学生不仅能重述数学原理，还能根据自己对原理的理解用多种方式表征数学原理	1. 用文字叙述数学原理。 2. 用符号语言表述一些数学原理。 3. 用几何语言表述一些数学原理	1、3、4、5
数学原理的推导、证明	学生能够推导或证明定理、公式	1. 数学原理的逻辑推导。 2. 数学原理的严格证明	1、2、3、4、5
数学原理的应用	学生能应用数学原理解决数学问题，包括数学原理的正向应用和逆向应用	1. 正向应用：能够由满足数学原理的条件信息推导出结论，即在形成"如果……那么……"这一产生式。 2. 逆向应用：能够由结论出发，推出结论成立的充分条件，即在形成"要……就要……"这一产生式。 3. 变形使用：能够由问题的部分信息检索出相关的数学原理模式，并根据当前解决问题的需要对数学模式进行变形使用以达到解决问题的目的	1、2、3
数学原理的关联	学生能够建立相关数学原理的知识网络，形成数学命题结构体系或命题逻辑线条	建立相关数学原理的知识网络，形成数学命题结构体系或命题逻辑线条	6、7

三、结果与分析

问卷调查结果见表 3 - 3 - 2。

表 3 - 3 - 2 样本对数学法则的理解和掌握程度统计结果

题号	学生回答结论类型	百分比
1	能正确举例	94.50
	不能举例	5.50
2	合并同类项依据表述正确	4.25
	合并同类项依据表述错误或不知	95.75
3	解一元一次方程步骤表述完全正确	45.25
	解一元一次方程步骤基本正确	37.50
	解一元一次方程步骤表述不正确	17.25
	能够正确说明解方程的依据	24.75
	解方程依据表述不正确或不知	75.25

（一）运算法则的学习理解程度不高

调查结果显示，初中生对运算法则的学习理解和掌握程度并不乐观，绝大多数学生对问卷所给的简单的数、式运算、解方程等，都能正确算出结果，但不懂算理的现象相当普遍。由表 3 - 3 - 2 可以看出，有 95.75% 的学生对合并同类项的依据表述不正确或不知原因；有 17.25% 的学生对解一元一次方程的步骤表述不正确，更有 75.25% 的学生对解方程的依据表述不正确或不知道。

在回答问题 2 "计算：$-2x + 5x - 6x = $ _____，运算的依据是 _____"时，所有学生都能运算正确，但对运算依据的理解极不到位，多数学生填写"合并同类项"，把内容名称与运算依据混为一谈。还有表述具体的操作过程，如"$-2x + 5x = 3x$，$3x - 6x = -3x$""先把两个负数加起来，再与正数相加""x都是相同的数，拿出来后即 $(-2 + 5 - 6)$ x，最后得出结果""未知数不管，数字之间加减"。也有一部分学生表述张冠李戴，如"化简求值""提取公因式"。还有人可能从没想过这样问题，回答"不知道怎么说"。

在说明问题 3 "解方程 $\frac{x+1}{3} = \frac{x}{2}$ 时，要有哪些步骤？解方程的依据是什么？"时，表述解方程步骤完全正确的只有 45.25%，初一年级可能因为学习时间更近，比例稍大，为 56%，约有 37.5% 的学生只是部分知道，但并不完全正确，如"去分母、解方程""同时乘6，再合并同类项""移项、变号、系数化为1""交叉相乘，化简、计算"，答案中均有瑕疵。更有的学生表述为解此方程的具体过程，如"$2(x+1) = 3x$　$2x+2 = 3x$　$x = 2$"。而对于解方程的依据，仅有24.75%学生表述正确，为"等式性质"，更多学生是留空或以自己的语言表述，如"等号两边值相等"。这都表明他们对于数学原理的表征、应用水平都很不足，许多知识呈碎片化的状态，从而使得他们的运算能力与理想中的初中数学深度学习的要求相去甚远。

值得思考的是，问题1"计算：$-5 + (+2) = $＿＿＿＿＿＿，并举一生活实例，以说明其合理性"。本题是一道情境开放性的问题，但学生实际呈现的精彩实例并不多，绝大多数学生所举实例都与费用金额有关，如"我欠了别人5元钱，还了2元，现在还欠别人3元""买菜，给别人5元，别人找回2元，你花了3元"等，这一方面反映了商品经济社会对学生的潜在影响，另一方面反映了他们的数学视野比较单一，思维不够开阔，"用数学的眼光观察世界"的思维习惯没有养成，对数学原理的应用水平较低。

（二）对数学对象的性质、定理推导与证明水平不高

不等式性质是初一下学期的学习内容，教材上是通过类比等式性质，以计算和比较的方式，从具体到抽象、从特殊到一般归纳推理得到三条性质的。三角形内角和定理和勾股定理作为几何图形的两大基石，其重要性不言而喻，三角形内角和更是学生在小学就已学习过的知识，在初中的定理推导证明中，也会有多种证法，但我们的调查数据显示，有63.75%的学生并不能正确表述出不等式的任何一条性质。例如，有的学生回答成不等式的概念；有的学生回答的文字表述不清晰不全面，而采用符号语言表述的就更少了。有87.75%的学生不能够清楚地叙述其来源，多数是留空或乱说一通。例如，"听老师讲课""老师都有教""老师说的，不晓得"。对于三角形内角和定理的证明同样不容乐观，有61.5%的学生不能正确证明或错误推理。典型的错误推理有以下三类：

错证1：如图3-3-1所示，作$AD \perp BC$于点D

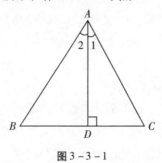

图3-3-1

∵ ∠ADC = ∠2 + ∠B，∠ADB = ∠1 + ∠C

∴ ∠ADC + ∠ADB = ∠B + ∠1 + ∠2 + ∠C = 180°

∴ ∠B + ∠BAC + ∠C = 180°

错证 2：如图 3 - 3 - 2 所示，延长 BC，∵ ∠1 = ∠A + ∠B，∠1 + ∠ACB = 180°

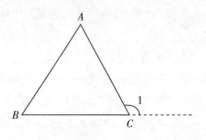

图 3 - 3 - 2

∴ ∠1 + ∠ACB = ∠A + ∠B + ∠ACB = 180°

∴ ∠B + ∠BAC + ∠C = 180°

错证 3：如图 3 - 3 - 3 所示，延长 BC、CA、AB

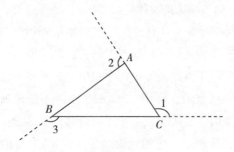

图 3 - 3 - 3

∵ ∠1 = ∠CAB + ∠ABC，∠2 = ∠ABC + ∠BCA

∠3 = ∠ACB + ∠BAC

∵ ∠ACB + ∠1 = 180°，∠ABC + ∠3 = 180°，∠BAC + ∠2 = 180°

∴ ∠ACB + ∠1 + ∠ABC + ∠3 + ∠BAC + ∠2 = 540°

∴ ∠ACB + ∠ABC + ∠BAC + ∠CAB + ∠ABC + ∠ABC + ∠BCA +

∠ACB + ∠BAC = 540°

∴ ∠ABC + ∠BAC + ∠ACB = 180°

以上三个错证都运用了三角形的外角性质来证明，其实三角形外角性质本身是三角形内角和定理的推论，所以在逻辑上犯了循环论证的错误。还有一种类似的错误，如有些学生运用多边形的内角和公式 $(n - 2) \cdot 180°$，当 $n = 3$ 时来得到结论，这当然也是不正确的，因为多边形的内角和公式本身也是三角形内角和定理的推广，是通过从特殊到一般归纳得到的。而三角形内角和定理本质上是运用平行线的性质或平行公理，将三个内角转化成一个平角来推理证明的。样本统计结果见 3 - 3 - 3。

表 3 - 3 - 3 样本对性质的推导、定理的证明理解和掌握程度统计结果

题号	学生回答结论类型	百分比
4	能够正确表述不等式性质	36.25
	不能正确表述不等式性质	63.75
	正确表述不等式性质的来源	12.25
	不能正确表述不等式性质来源	87.75
6	能够正确证明三角形内角和定理	38.50
	不能证明定理	61.50

（三）对数学知识的整体结构和内在联系理解掌握不够理想

初中数学深度学习要求能够整体呈现初中数学内容的结构，以融会贯通的方式对学习内容进行组织、整合，尽可能地体现内容本质之间的联系，表 3 - 3 - 4 的调查数据显示，只有 18.25% 的学生能够清晰正确地表述学习整式、几何图形、函数的基本路径，有 39.25% 的学生对整式、几何图形、函数的学习路径完全不知或留空。对于初中阶段所学的数学知识整体，只有 19.5% 的学生能够自觉地以一种有序的结构框架图的形式呈现。

表 3 - 3 - 4 样本对初中数学知识整体性结构的理解统计结果

题号	学生回答结论类型	百分比
6	能够清晰正确地表述整式学习的基本路径	1
	对整式学习路径略知一二	6
	对整式的学习路径完全不知或留空	8.50
	能够清晰正确地表述几何图形学习的基本路径	10.75
	对几何图形学习路径略知一二	27.50
	对几何图形的学习路径完全不知或留空	25.50
	能够清晰正确地表述函数学习的基本路径	6.50
	对函数学习路径略知一二	8.75
	对函数的学习路径完全不知或留空	5.25

续　表

题号	学生回答结论类型	百分比
7	能以结构框架图等合适方式有序组织所学数学知识	19.50
	只是列举表述若干数学知识章节或知识点	68
	留白或表达所学数学知识少于五项	12.50

对于问题6，即我们学习整式或函数或几何图形的学习路径是怎样的？有63.75%的学生选择几何图形，这表明，几何图形的学习更容易引发学生的兴趣，使学生有话可说。同时，有很多学生可能从没有思考或听说过"学习路径"这样一种说法，表示"听不懂，不明白"。有的学生理解为如何做一道数学题，如"先看题目条件，看图形有什么性质、定理，标记图像，作答""先大概估测一下几何图形的特殊性，再根据相关图形的性质进行证明，完成题目（解答），不然就放弃"。还有的学生理解为如何学习整式、几何函数，如"先预习，再听课，不断做题，不懂就问""记笔记，认真听讲，整理错题，无时无刻不想着学习，不懂就问"。从SO-LO分类理论上看，这些回答的结构大都属于前结构、单点结构，远没有达到高阶思维的水平。调查问卷中，特别让我们不安的是：无论选择哪个内容，都有相当多学生的回答反映了当下的应试教育生态，"数学学习就是大量做题"的错误观念几乎成为他们看待数学学科的全部："先自己自学一遍，然后听老师讲一次，查漏补缺，课后多练题。""多做导教导学案、课堂导学案、课堂大考卷、课时分层作业。""多刷题，摸清出题规律和一般出什么题型，学会运用定理。""先学会知识点，再运用并多次练习。""不断地做题、刷题；看每一个星期的数学周测和老师让我们在课堂上做的练习题、课本的归纳总结、周末作业。""听课，看练习册，做题，学习函数原理。"这表明我们平时的数学教学长期处于一种简单粗暴的浅层状态。

对于问题7"请你用合适的方式，梳理表述到目前为止，你在初中阶段学过的所有数学知识"，有68%的学生是在简单地罗列所学的数学知识，想到哪儿写到哪儿，没有逻辑，支干不分，如有的既罗列章节名称，也罗列某个具体的定理或结论；有的学生列举出的知识条目达到58条之多；还有的学生是没有任何组织地直接把数学课本目录抄写了一遍。这说明他们的思维表达比较欠缺，数学知识的整体性结构意识薄弱，数学概念、数学原理之间关联度不高，知识碎片化严重。见表3-3-4。

四、教学建议

初中数学深度学习是对数学知识本质的理解及对知识内在联系的认识和整体把握。数学原理的学习要改变忽视思维教学的依靠大量机械刷题来提高考试分数的现象。数学教育家傅种孙先生曾言："几何之务不在知其然，而在知其所以然；不在知其然，而在知何由以知其所以然。"这里所说的虽然是几何学习，但也应当成为数学原理学习的指路明灯。

（一）以 SOLO 分类理论评价构建数学原理学习的目标层级

深度学习首先要求学生掌握学科的核心知识，把握学科的本质和思想方法。数学原理的学习，肯定不只是满足于知道数学原理是什么。研读《义务教育数学课程标准（2011 年版）》（以下简称《课标（2011 年版）》）我们发现，其对初中数学原理学习内容结果目标描述通常为：理解（同类词为认识、会）……，掌握（同类词为能）……，运用（同类词为证明）……例如，"掌握有理数的加、减、乘、除、乘方及简单的混合运算""掌握平行线的性质定理：两条平行直线被第三条直线所截，同位角相等。了解平行线性质定理的证明""探索圆周角与圆心角及其所对弧的关系，了解并证明圆周角定理及其推论"。这里的"了解、理解、掌握、运用"是《课标（2011 年版）》借鉴了布卢姆的认知技能目标分类理论，对可测评知识技能设定的四层次递进学习标准，其具体内涵如图 3-3-4 所示。

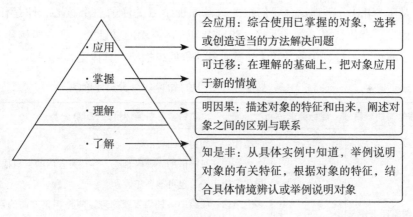

图 3-3-4

对照这个目标，由调查数据可以看出，很多数学原理的学习花了很多时间，学生刷了许多题目，但其实教学的效果很差，连理解的目标层次都还没有达到。

当然这个四层次目标描述的只是对所有数学内容学习结果的评价，并不特别针对数学原理学习。从数学原理学习目标要求出发，其实可以借鉴 SOLO 分类理论来进一步精准构建数学原理学习过程的评价层次框架。SOLO 分类理论是香港大学教育心理学教授比格斯（Biggs）在研究皮亚杰发展阶段论的基础上建立起来的，他把学生回答某个问题时所表现出来的思维结构称为"可观察的学习成果结构"，由低到高依次划分为五个不同的思维水平层次——前结构、单点结构、多点结构、关联结构和抽象扩展结构，如图 3-3-5 所示。

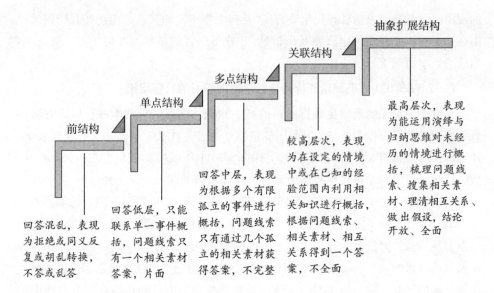

图 3 – 3 – 5

基于 SOLO 分类理论，我们根据数学原理学习关注的三个核心，即是什么、从何而来、有什么用，在《课标（2011 年版）》要求的基础上，进一步构建学生在数学原理学习过程中的 SOLO 分类质量评价层级框架，具体见 3 – 3 – 5。

表 3 – 3 – 5　数学原理学习项目的 SOLO 分类评价

原理学习的项目	课标要求	项目学习质量评价的 SOLO 分类
数学原理重述与表征	理解	前结构：不知道、回答混乱。 单点结构：只能借助一种语言或一种相关方面的素材描述，描述可能正确，也可能不正确。 多点结构：能借助两种语言或原理，两种相关方面的素材描述，描述可能正确，也可能不正确，不完整。 关联结构：能够运用文字、图形、符号等多种语言、方式进行表征，描述正确。 抽象扩展结构：能够运用文字、图形、符号等多种语言、方式进行表征，各种表征之间能够互相正确转译
数学原理推理与证明	了解、理解、掌握、应用、探索	前结构：不会、证明错误。 单点结构：只能借助一个相关素材说明，可能正确也可能不正确。 多点结构：能借助两个相关素材说明，可能正确也可能不正确。

原理学习的项目	课标要求	项目学习质量评价的 SOLO 分类
数学原理推理与证明	了解、理解、掌握、应用、探索	关联结构：了解原理产生的背景，能使用一种正确的方法推导，规范证明。 抽象扩展结构：了解原理产生的背景，能使用多种正确的方法推导，规范证明，并能在方法上寻求最优的，形成一致性总结概述
数学原理应用与关联	理解、掌握、应用	前结构：不会、应用错误。 单点结构：只能联系原理一个相关素材加以应用，可能正确也可能不正确。 多点结构：能联系原理的两个相关素材加以应用，可能正确也可能不正确。 关联结构：能将数学原理正向或反向迁移到其他新的情境。 抽象扩展结构：能综合应用数学原理解决数学问题，并能建立形成数学原理相关结构脉络图

（二）加强数学原理学习的过程教学

初中数学深度学习要求学生在经历知识产生的过程中体会其中的思想方法，形成数学的思维方式。《课标（2011 年版）》对很多原理的教学要求是"探索""探索并证明"。什么是探索呢？探索是一种"独立或与他人合作参与特定的数学活动"，在活动中"发现问题和提出问题，分析问题的思路，发现数学对象的组成要素或相关要素之间的关系，以及与其他相关对象之间的关系，从而获得一定的理性认识"。史宁中教授说："智慧表现在过程之中。学生们会想问题，会做事情，在本质上是学生自己在过程中悟出来的。我们要创造一个过程，让学生亲身经历的过程，让他们在想的过程中学会想，让他们在做的过程中学会做。"所以，数学原理的学习，一定要加强数学原理获得的过程、数学原理证明的过程的教学，也就是知识的发生发展过程的教学。没有过程的体验，也就没有感悟，没有经验的积累，就无法形成理性的认识。"我只会做题，依据什么全不知道。"这样的运算能力可信吗？理解运算法则，懂得算理是有效提高运算能力的必要条件，帮助学生体会运算法则的意义和合理性，才是运算法则教学的根本。抛开过程的体验，换以大量的重复训练，是本末倒置、急功近利的短视行为。性质定理的学习也是如此，不能推导或证明，不能做到知其所以然，懂得其中的为什么、从哪里来，也就没有达到有效深刻的理解层次，思维能力的培养也就无从谈起了。

另外，习惯性地跳过原理过程的学习，将数学原理的学习变成反复的大量刷题训练，对学生的情感、态度与价值观形成好吗？真的有利于他们的终身发展吗？我们可以从国家义务教育质量监测数学学习情感态度相关指标来加以判断，见表3-3-6。

表3-3-6 2018年国家义务教育质量监测数学学习情感态度相关指标

八年级学生学业监测项	全国占比	广东省占比	东莞市占比
数学学习兴趣低或较低	22.2	39.2	44.6
数学学习自信心低或较低	41.2	51.2	61.5
数学学习焦虑程度高或较高	40.9	43.6	35.5

从全国范围来看，有四成的学生对数学学习普遍感到焦虑，缺乏自信心。所以，从初中数学深度学习出发，在数学原理教学过程中，通过精心设计问题情境，引发学生认知冲突和深度思考，让学生经历数学原理学习的发生和发展过程，既是学科本质的要求，也是现实的呼唤。

（三）加强数学原理关联知识结构的整体教学

数学是一个整体，构建一个逻辑连贯、前后一致、迁移能力强的数学认知结构始终是数学教学的核心任务。数学原理与数学概念一样，都是这个认知结构大厦中的核心材料。一个数学原理并不是孤立存在的，它一定连接着数学概念、数学原理。所以，学习数学原理也要加强数学整体性的认识，注重揭示原理与原理、原理与概念、概念和概念之间的联系，构建原理学习的整体网络结构体系。以三角形内角和定理为例，在小学阶段，学生有了操作、了解并简单应用三角形内角和定理结论的经验，但在初中阶段，我们不仅要重点探索并证明三角形内角和定理本身，还要在学习过程中，以联系的、整体的观点呈现出三角形内角和定理的来龙去脉、相关联的一系列概念、原理的知识结构网络，如图3-3-6所示，这也是一个有逻辑的具有发展性的不断拓展放大的结构网络。

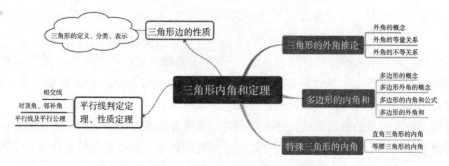

图3-3-6 三角形内角和定理的知识网络

在数学原理学习过程中，综合以上教学建议，我们主张在不违背《课标（2011 年版）》要求的前提下，更精细地采用 SOLO 分类目标层级框架评价原理学习的结果质量，并以此为出发点，仿照波利亚"怎样解题表"的形式，构建数学原理学习实施路径（表 3 - 3 - 7）。

表 3 - 3 - 7　数学原理学习实施路径

数学原理学习项目	原理学习达标实施问题串
数学原理的 重述与表征	1. 数学原理中包含哪些数学概念？ 2. 数学原理用文字语言如何描述？题设是什么？结论又是什么？有什么关键词？ 3. 数学原理用符号如何描述？ 4. 数学原理用图形如何描述？ 5. 能否在数学原理各种语言之间实现正确转译？
数学原理的 推导与证明	1. 数学原理产生的背景是什么？在原理学习之前需要具备什么相关知识？ 2. 数学原理是如何推导证明的？ 3. 数学原理的推导与证明有没有其他方法？最好的方法是什么？ 4. 数学原理的推导与证明如何表述？ 5. 数学原理有没有其他推论？又是如何证明的？ 6. 数学原理体现的是什么思想方法？
数学原理的 应用与关联	1. 数学原理可以和现实生活中哪些问题建立联系？ 2. 数学原理的正向迁移有哪些经典的常见形式？ 3. 数学原理反向应用有哪些经典的常见形式？ 4. 数学原理变式应用时，要注意哪些易错点？ 5. 数学原理应用时，可以总结出哪些常见的模型？ 6. 数学原理还连接着哪些其他数学原理？ 7. 可以构建一个数学原理的知识结构图吗？ 8. 在数学原理学习的过程中，你获得的最深的感悟或经验是什么？

总之，我们一致认为，要在数学原理的教学过程中，注重引导学生对数学原理内容积极主动地理解、建立有关联的整体结构，设计有效的数学活动，让学生去经历去探索数学原理产生、说理或证明的过程，感悟体会其中的数学思想方法，形成数学的思维方式，达到"知其然、知其所以然、何由以知其所以然"的境界，并将获得的数学原理的知识、方法应用于现实世界，解决现实问题，以实现初中数学原理教学的深度学习。

参考文献

[1] 刘晓玫.深度学习：走向核心素养（学科教学指南·初中数学）[M].北京：教育科学出版社，2019.

[2] 吴有昌，高凌飚.SOLO 分类法在教学评价中的应用 [J].华南师范大学学报：社会科学版，2008（3）：95－99.

[3] John B. B，Kevin F. C. 学习质量评价：SOLO 分类理论（可观察的学习成果结构 [M].高凌飚，张洪岩，译.北京：人民教育出版社，2010.

附：

初中学生对数学原理学习状况的调查问卷

亲爱的同学：

你好！这是一份关于初中学生对数学原理（数学中的性质、法则、公式、公理、定理等）的理解和掌握情况的调查问卷。本调查采用闭卷不记名方式，收集的数据仅作为研究之用，我们会严格保密，请认真谨慎回答所有题目，你的诚实回答将在很大程度上提高本次研究的可信度和客观度。谢谢你的合作！

测试题目

1. 计算：$-5 + （+2）=$_____，并举一生活实例，以说明其合理性。

举的例子是：_____。

2. 计算：$-2x + 5x - 6x =$_____，运算的依据是_____。

3. 解方程 $\dfrac{x+1}{3} = \dfrac{x}{2}$ 时，要有哪些步骤？解方程的依据是_____。

4. 请用文字语言或符号语言说明不等式的第一条性质，并说说你是如何得到这条性质的。

5. 如图 3 - 3 - 7 所示，$\triangle ABC$ 中，求证：$\angle A + \angle B + \angle C =$_____。

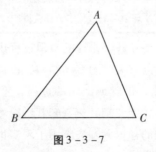

图 3 - 3 - 7

6. 请你回忆、思考下列问题，并从中选择一个问题回答。

（1）我们学习整式的基本路径是怎样的？

（2）我们研究一个几何图形的路径是怎样的？

（3）我们学习函数的基本路径是怎样的？

我选择回答的问题是：＿＿＿＿＿＿＿＿。（填序号即可）

学习的基本路径是：＿＿＿＿＿＿＿＿。

7. 请你用合适的方式，梳理表述到目前为止，你在初中阶段学过的所有数学知识。（并不需要说出某个具体的数学知识内容，说出相应名称即可）

第四节 "不学也会"的课如何教

——对七上"字母表示数"一课的设计与思考①

《义务教育数学课程标准（2011 年版）》（以下简称《课标》）指出："数学中有一些重要内容、方法、思想是需要学生经历较长的认识过程，逐步理解和掌握的……因此，教材在呈现相应的数学内容与思想方法时，应根据学生的年龄特征与知识积累，在遵循科学性的前提下，采用逐级递进、螺旋上升的原则。"初中，许多数学内容就是建立在小学基础上螺旋上升的，从小初衔接过渡的角度看，这些内容在小学阶段就已经安排了相关的学习，但现在作为初中阶段螺旋上升的起点，可能看起来就显得特别简单，似乎学生不学也会。那么，这些数学内容究竟要如何教呢？笔者以北师大版《义务教育教科书·数学》七年级上册第三章第 1 节《字母表示数》为例，通过自己的教学设计，提出一点个人的思考，供大家参考。

一、教学设计

（一）内容及其解析

《字母表示数》是北师大版七年级上册第三章《整式及其加减》的章起始课，内容属于"数与代数"领域，是在小学学习了用字母表示数、列式表示简单实际情境中的数量关系和简单方程的基础上，进一步研究用含字母的式子表示实际问题中的数量关系，进一步体会用字母表示数的意义，是小初衔接过渡的一个支点，也是初中研究从算术到代数的起点，是后续进一步学习整式知识的直接基础。用含字母的式子表示数量关系，体现了由特殊到一般、从具体到抽象的数学思想，对发展学生的符号意识具有重要意义。

本节课的教学重点是：进一步理解字母表示数的意义，正确分析实际问题中的数量关系并用含有字母的式子表示关系或一般规律，感受其中抽象的数学

---

① 本文发表于《中国数学教育》（初中版）2020 年第 7 期。

思想。

（二）目标及其解析

（1）借助具体问题的情境，能用含字母的式子表示问题中的简单数量关系和变化规律。

（2）在具体情境中进一步理解用字母表示数的意义，形成初步的符号意识。

（3）经历探索规律并用含有字母的式子表示规律的过程，感受从具体到抽象的思考方式。

达成目标（1）的标志是：学生在搭火柴棒的活动中，能说明火柴棒根数与正方形个数之间的规律，并能用含字母的式子把规律表示出来。

达成目标（2）的标志是：学生会用字母表示数，认识到字母和数一样可以参与运算；在具体的事例中，能够自觉使用含字母的式子规范表示数量关系；感受到用含字母的式子表示数，式子更具有一般性。

达成目标（3）的标志是：学生体会面对一些较复杂的问题寻找规律时，先从一些特殊的具体的情况入手，再扩展推广到一般情况；了解到从具体到抽象、从特殊到一般是数学常用的探究模式。

（三）教学问题诊断

学生在此前的学习主要是数的有关概念和运算，从"数"到"式"的过程是一个抽象的过程，虽然学生在小学有过相关的学习，对含字母的式子不算陌生，但他们对用字母表示数的意义理解还不够清晰，对在具体问题情境中用含字母的式子符号表示数量关系还会感到困难。教学中，教师需要结合一些典型事例加以引导。

本节课的教学难点是：正确分析实际问题中的数量关系，用式子表示数量关系。

（四）教学过程设计

1. 生活游戏，导入新课

（1）如图 3 – 4 – 1 所示，指出下列生活中常见的字母表示的意义。

图 3 – 4 – 1

（2）回忆在小学数学课中学习过的用字母表示数的例子。

（3）数字小游戏：随便想一个自然数，将这个数乘以 5 减去 7，再把结果乘以 2 加 14，无论开始想的自然数是什么，只要告诉我计算结果，我都能说出你心中一开始所想的那个数。

（4）展示教材在章首页出示的本章学习目标。

师生活动：教师引导学生思考并回答问题，归纳出用字母表示数具有简洁的特征，通过游戏激趣，拉近与学生的距离。

设计意图：从生活中特定字母表示特定的意义过渡到在小学阶段学习过的用字母表示数的具体事例，再通过师生间的数字小游戏互动，引出章节学习主题。一方面是回顾小学学习过的用字母表示数的例子，总结用字母可以表示任意数具有简洁的特征（这是用字母表示数的第一层意义），唤醒学生已有的学习经验；另一方面，在小初衔接的基础上，通过游戏奥秘的设疑，激发学生进一步学习的兴趣。

2. 规律探究，经历抽象

搭一个正方形需要 4 根火柴棒，如图 3 – 4 – 2 所示。

图 3 – 4 – 2

（1）按上图的方式，搭 2 个正方形需要_____根火柴棒，搭 3 个正方形需要_____根火柴棒。

（2）搭 10 个这样的正方形需要_____根火柴棒。

（3）搭 100 个这样的正方形需要多少根火柴棒？你是怎么想到的？和你的同伴交流。

（4）如果要搭更多的正方形，火柴棒根数将满足什么规律？请尝试将此规律表达出来。

（5）做一做：

① 根据你的计算方法，搭 200 个这样的正方形需要_____根火柴棒。

② 通过刚才的活动，我们得到多种不同的表示方法，用 200 代替式子中的 x，结果一样吗？用字母表示数的意义是什么？

师生活动：（1）（2）通过和学生对话直观完成，（3）采用小组讨论的形式，重点研究是如何想的。小组充分讨论后，小组代表展示小组讨论结果。教师对于（3）不同的结果形式，合理的即给予肯定，结合学生的讨论成果，把相应结果填入表 3 – 4 – 1。在此基础上，再引导学生用字母表示（4）中发现的规律，并允许有多种不同的表现形式。引导学生归纳总结之后，再以（5）来验证规律的正确性。

表 3 - 4 - 1　正方形个数与火柴根数列表

正方形个数	1	2	3	…	10	…	100	…	
火柴棒根数					…			…	

设计意图：用字母表示数量关系具有一般性的特征，这是让学生"进一步理解用字母表示数的意义"的第二层，通过这个典型的"正方形火柴棒根数规律"的探究活动，引导学生经历从具体到抽象、从特殊到一般的抽象思维过程，感受到用字母表示数量关系的式子能够代表任何一种特殊情况，不仅具有高度的概括性、简洁性，而且具有一般性。这个过程也集中体现了从具体到抽象、从特殊到一般的数学研究方法。

3. 课堂小练，巩固提升

（1）小明去文具店为好朋友买了 6 本练习册，每本练习册为 x 元，则他要付 _____ 元。

（2）小文开车到某地，他以 a km/h 的速度行驶了 b h，则他行驶的路程为 _____ km。

（3）长方形的面积是 a cm²，长为 3cm，则宽为 _____ cm。

（4）老师去水果店买水果，苹果 3.5 元一斤，梨 5 元一斤，老师买了 a 斤苹果和 b 斤梨，总共花费了 _____ 元。

思考：①用字母表示数的书写规范是什么？②请你再赋予"$6x$"一个实际意义。

师生活动：学生先独立完成，教师巡视，通过投影校正学生答案，规范代数式的书写，学生举例说明同一个代数式代表的不同意义。

设计意图：从数到字母，虽然字母代表数，可以类似数一样进行运算，但含有字母的式子表述仍然具有相对一致的书写规范，掌握这些书写规范是后续学习单项式、多项式的必备基础。同时，教学是在学生练习之后对代数式书写表述有所体验的基础上完成的，而不采取直接讲授灌输的方式。后面赋予"$6x$"新的含义，可以使学生再一次体会到含有字母的式子具有一般性的特点，发展学生的符号意识。

4. 归纳小结，展望未来

（1）通过本节课的学习，你对用字母表示数有什么新的认识？

（2）类比数的学习路径，请你猜想一下，接下来我们将学习什么内容？

师生活动：教师提出问题，学生思考回答。对于（2），教师先引导学生梳理

105

有理数的学习思路（数的概念→性质→运算→应用），再让学生类比猜想，教师补充。

设计意图：通过小结，引导学生梳理本节课所学内容，再次明确用字母表示数的意义主要体现在简洁性、概括性和一般性上，对用字母代表数的第三层意义即字母能够参与运算的感悟还需要在后面更进一步体会；同时，类比数的学习历程，展望后续的学习，感悟知识的整体性，理解数学知识与知识之间的紧密联系。

（五）借力微课，拓宽视野

教师自制或选取合适的微视频资源，主要讲述人类从算术到代数经历了漫长的历史发展阶段，通过数学史的相关史料，扩大学生视野。

师生活动：播放微视频，学生观看。

设计意图：从算术到代数是人类文明发展的重要飞跃，从文辞代数的纸草文书，到韦达的符号代数，数学经历了几千年的历史发展，这不仅仅是数学故事，更是人类智慧递进的历程。通过视频，让学生从数学史中汲取丰富的养分，扩大他们的视野，激发他们学习数学的热情。

二、教学思考

（一）关注章前引言，注重小初知识的衔接

从教材的编排顺序来看，许多"不学也会"的内容大多出现在教材各章节的第一课时，所以，从章前引言的角度思考是教学设计的起点。为了促进学生更有效地学习，防止知识之间的相互干扰，美国教育心理学家奥苏贝尔提出了"先行组织者学习策略"，即在呈现具体知识内容之前，先呈现一些密切相关的包含范围广泛而又非常容易理解和记忆的内容。各版本教材都会设置章前图及章前引言，以引入本章内容，其功能也就是"先行组织者"，目的是使学生了解本章内容的概况，了解本章的主要思想方法、内容等。北师大版教材还会提出一系列问题，展示本章学习目标，以使学生在学习具体知识材料时，对学习进程做到心中有数。本课时章前引言教学的设计，从发现生活中常见的用字母符号表示特定的事物对象开始，到回忆数学中小学阶段学到的用字母表示数的具体事例，再通过与学生数字游戏的互动，结合关键词，呈现本章的学习目标与期待，其中所经历的逻辑顺序如图3-4-3所示。

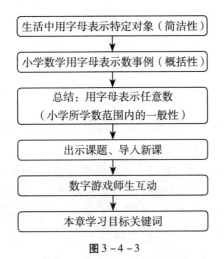

图 3 - 4 - 3

我们期望通过这个过程，唤醒学生曾经体会到的用字母表示数的意义的学习经验，自然地衔接生活与数学、小学与当下、本章与本课时内容之间的联系，以构建一个前后一致、逻辑连贯的学习结构，为后续进一步的探究营造一个良好的学习氛围。章建跃博士曾指出：起始课应把"基本套路"作为核心目标。对于"不学也会"的内容，没什么东西可讲，也没什么难点，不愁完不成教学任务，但这仅仅是指陈述性知识目标的实现，通过章引言的教学，沟通与小学数学相关的知识，以唤醒学生小学相关知识的学习经验，以达到"交代问题背景、引入基本概念、构建研究蓝图"的核心目标，为后续进一步学习导航。

（二）放慢探究归纳、经历知识形成的过程

忆旧是为了迎新，在"不学也会"的知识中，也有新的意义。本课时摆正方形所需火柴棒根数的规律探究活动说起来不过就是 $3x+1$ 的事情，看起来极其浅显易懂，但我们究竟要教什么呢？其实我们要教的并不只是这个结果，更为重要的是这个用字母表示数量关系的结果自然而然被抽象出来的过程，让学生经历这个活动过程，感悟数学思想方法，学会数学地思维，这比数学知识本身更为重要。针对本课时"借助具体问题的情境，能用含字母的式子表示问题中的简单数量关系和变化规律"的教学目标，为学生提供以自主探索、合作交流等方式进行主动式的学习活动。有意义的数学学习不能单纯地依赖模仿与记忆，《课标》指出："动手实践、自主探索与合作交流同样是学习数学的重要方式。学生应当有足够的时间和空间经历观察、实验、猜测、计算、推理、验证等活动过程。"在教学设计中，我们构想先从特殊情形开始，由简单的摆 2 个正方形、3 个正方形，直观地得到火柴棒根数，到跳一跳摆 10 个正方形，再到不能完全实操只能探寻规律思考的摆 100 个正方形的稍复杂的特殊情形，一步一步引导学生理性思考"你是怎样得到的？"通过小组交流研讨，鼓励学生从不同的角度拆解正方形，采用不同的方法研究所需火柴棒的数量。在活动过程中，使学生自然地感受到探寻一般规律的必要性，并体会到用含字母表示的式子能代表所有不同的具体情形，使规律描述不仅变得简洁，而且高度概括，具有一般性。设计的表格（表3-4-1）可以清晰地呈现整个研究过程，使规律的归纳、概括过程变得清晰和可视化，使学生在探究过程中获得一种在一般观念上的点拨和提升，从而达成"进一步理解用字母表示数的意义"的教学目标。

章建跃博士多次在讲座中指出：引导学生经历对具体事例的归纳概括过程，特别是让学生自主探究、交流，给学生表达的机会，从表达中把握学生的思维过程，捕捉生成性教学资源，并用"你是怎么想的？""你是怎么想到的？""能把你的想法说得更清楚一些吗？"等问题促进学生思考，逐步培养学生用概念解释数学对象、通过归纳发现数学规律的能力与习惯，促使学生深层次参与课堂教学。沿着这样的教学思考，在"不学也会"的内容教学设计中，充分重视在探究活动中体现"让学生经历归纳地发现、归纳地论证的过程，把实质性的归纳机会留给学生"的教学主张，让归纳过程慢下来。

（三）规范数学语言，学会数学的语言表达

"不学也会"的内容有时会呈现出研究角度和规范表述要求上的变化。《课标》"课程内容"中指出，与本课时内容相关的要求之一是"能分析具体问题中的简单数量关系，并用代数式表示"。这里的"用代数式表示"就包含"规范表示"代数式的教学要求。在课堂"巩固小练，总结提升"环节中，通过设置四个小题，让学生先独立用含字母的式子表示具体问题的数量关系，接着拟采用直接投影校正学生答案的教学形式，一方面总结代数式书写时数学符号语言的规范表达，另一方面渗透了用字母表示数的第三个意义——字母可以运算。同时，通过让学生对代数式$6x$赋予实际背景的举例，使学生更进一步感受到用字母表示的式子的概括性和一般性，体会数学与现实世界的联系，增强学生的符号意识。所以，进一步规范数学符号语言，使学生学会用数学的语言表达世界，这也是课堂中落实数学学科核心素养的要求。

（四）树立整体观念，展现小结，见树也见林

《课标》指出："数学知识的教学，要注重知识的'生长点'与'延伸点'，把每堂课教学的知识置于整体知识的体系中，注重知识的结构和体系，处理好局部知识与整体知识的关系，引导学生感受数学的整体性，体会对于某些数学知识可以从不同的角度加以分析、从不同的层次进行理解。"章建跃博士认为：数学是一个整体，思维是一个系统，课堂教学应注重整体性设计，提升学生系统思维

水平。"不学也会"的内容绝不是独立存在的，相反，在初中范围内，它一定是后续深入学习的起点。

在本节课的小结环节，我们设计在梳理本节课核心知识的基础上，类比数（有理数）的学习历程（从概念→性质→运算→应用），引发学生思考，让学生猜想后续研究内容（概念→性质→运算→应用），以此让学生见树也见林，理解数式通性，并在较高的层次上进一步把握式的学习套路。《用字母表示数》课时学习的结束仅仅是式的学习的开始，这种基于数学整体性的教学小结强化了知识间的内在联系，为学生搭建了一个前后一致、逻辑连贯、迁移能力强的数学认知结构提供了可能。

"不学也会"的课也要有课堂小结，学生小结也可以有多种不同的形式，让学生在小结中树立数学的整体观念，以促进学生系统思考所学的知识，这是使学生既见到树木，也见到森林的重要途径。

（五）借力微课，以数学史来拓展教学

"不学也会"的内容，表面上看起来内容浅显，但实则张力很强，知识的历史渊源深厚，这就为我们从数学史的角度来拓展教学提供了可能。本课时的设计借力微课形式，呈现了人类用字母表示数的代数符号的发展历史，体现了数学的文化价值，有助于激发学生学习数学的兴趣，扩大他们的知识面，使他们受到数学的历史和文化的熏陶，提高他们的数学素养。微课形式既丰富了课堂，使课堂具有了一定的开放性，也体现了信息技术与课堂的有机融合。

章建跃博士曾指出：在简单的内容上展现出数学味道，这才叫真功夫。要想达到这种功夫，就需要我们养成认真研究数学教学内容的习惯，即使是面对"不学也会"的内容，也要努力挖掘内容背后蕴含的数学思想、体现数学思维价值的生长点，从整体观念立意，思考构建教学的全过程。

第五节　既见树木，又见森林

——对"等腰三角形性质与判定"一课的设计与思考①

《义务教育数学课程标准（2011 年版）》指出："数学知识的教学，要注重知识的'生长点'与'延伸点'，把每堂课教学的知识置于整体知识的体系中，注重知识的结构和体系，处理好局部知识与整体知识的关系，引导学生感受数学的整体性，体会对于某些数学知识可以从不同的角度加以分析、从不同的层次进行理解。"章建跃博士曾多次指出：日常教学中，概念是一个个地教，定理是一个个地学，容易迷失在局部，见木不见林。长此以往就会导致学生坐井观天、思路狭窄、思维呆板，局限于一招一式的雕虫小技而不能自拔。那么，怎样在教学中把握好知识的整体性，引导学生既见树木，又见森林呢？笔者结合人教版《义务教育教科书·数学》八年级上册 13.3.1《等腰三角形》的内容，阐述整体构建本节内容的教学立意，并给出教学建议与思考。

一、《等腰三角形的性质与判定》教学设计

（一）教学目标

（1）了解等腰三角形的概念，探索并证明等腰三角形的性质定理和判定定理。

（2）经历观察、实验、归纳、论证的认识图形的全过程，为进一步整合实验几何与论证几何积累经验。

（3）进一步感受数学的整体性，了解研究一个平面图形的一般套路。

（二）教学重点

等腰三角形的性质定理、判定定理。

---

① 本文发表于《中国数学教育》（初中版）2019 年第 11 期。

（三）教学准备

各小组准备一个等腰三角形纸片模型。

（四）教学设计

环节一：忆旧迎新

问题1 前面我们已经学了许多关于三角形的知识，你能总结一下研究思路吗？

问题2 你能类比抽象三角形概念的过程，给出完整的等腰三角形的概念吗？

师生活动：学生思考，交流发言，学生有困难的时候，教师引导学生说出定义、组成要素和相关要素，梳理三角形的研究思路，即定义—性质（判定）—应用，并用文字语言描述等腰三角形的定义、结合图形给组成要素命名。

板书：三角形（定义）—性质—应用。

等腰三角形（定义）：有两条边相等的三角形是等腰三角形（图3-5-1）。

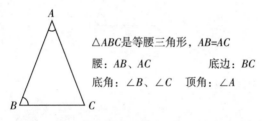

图3-5-1

设计意图：等腰三角形是特殊的三角形，对它的研究是以一般三角形为基础的，其研究思路与一般三角形的研究思路相一致；回顾是为了给学生研究等腰三角形搭建一个研究框架，进一步完善学生的知识体系；同时，从三角形分类的角度引出等腰三角形的定义及对其组成要素的命名。

环节二：探究新知

问题3 等腰三角形有什么性质？折叠等腰三角形纸片，你发现还有什么它特殊性质？

师生活动：学生思考，相互交流。教师引导学生有序思考，让学生从一般性质入手，明确其具有一般三角形在边、角、"三线"方面的所有性质，之后，借助等腰三角形纸片模型，折叠，从轴对称的角度思考等腰三角形具有的特殊性质。

性质：具备三角形在边、角、"三线"方面的一般性质，是轴对称图形。

特殊性质1：等腰三角形两底角相等。

问题4 如何证明发现的等腰三角形的性质？

（1）你能根据命题，画出图形，写出已知、求证吗？

（2）你认为证明两底角相等的思路是什么？

（3）如何构造全等三角形？

师生活动： 引导学生经历命题证明的全过程——画出图形，写出已知、求证，并在教师问题串的启发下，获得证明思路，即构造全等三角形，证两底角所在的三角形全等。请一名学生板书一种证法，其他学生在学案上完成，学生交流，教师反馈，并在学生板书的基础上，重点精讲构造全等三角形的另外两种不同方法。

例 1 已知：如图 3 – 5 – 2 所示，△ABC 中，$AB = AC$。求证：$\angle B = \angle C$。

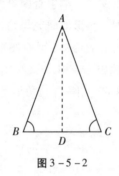

图 3 – 5 – 2

证明： 作底边中线 AD

……

证法 1：作顶角 $\angle BAC$ 的角平分线 AD。

证法 2：作底边 BC 上的高 AD。

设计意图： 让学生经历观察、实验、归纳、证明的认识图形的全过程，为逐步从实验几何向论证几何过渡积累活动经验。同时，详略得当地呈现三种不同的构造方法，为发现特殊性质 2 做铺垫。

问题 5 折叠等腰三角形纸片，使折痕两侧重合，你发现折痕在等腰三角形中的特殊性了吗？

师生活动： 学生思考交流，结合特殊性质 1 的论证过程，归纳线段 AD 集"三线"于一身：底边中线、顶角平分线、底边上的高。对称轴为"三线"所在的直线。

特殊性质 2： 等腰三角形的"三线合一"——底边上的中线、顶角平分线、底边上的高相互重合。

设计意图： 通过对线段 AD 的反刍，引导学生发现线段 AD 的特殊性，归纳总结出特殊性质 2。

问题 6 接下来，我们对等腰三角形，还需要研究什么？根据你的经验提出你的猜想。

师生活动：引导学生由性质定理得到逆命题，猜想判定三角形是等腰三角形的命题。

设计意图：分类是为了理顺后续研究的逻辑顺序，从一般走向特殊。只有特殊图形，才需要研究判定方法，而判定方法是由性质定理"生长"得到的，可以帮助学生理解性质与判定之间的互逆关系。

问题7 根据命题证明的形式，证明猜想。

师生活动：学生画出图形，写出已知、求证，借助性质定理证明的经验，思考证明方法，并在学案上写出证明过程；相互交流，反馈不同的证明方法。对于有学生思考作底边上中线的证法，可能会出现"边边角"来证明三角形全等的错误，需要教师点拨指导。

设计意图：让学生再一次经历命题证明的全过程，发展学生的推理论证能力，同时通过一题多解，发散学生的思维，体现学生在探究活动中的自主性。

环节三：巩固应用

例2 如图 $3-5-3$ 所示，$\angle A = 36°$，$\angle DBC = 36°$，$BD = BC$，则 $\angle C = $ ____，$\angle ABD = $ ____，图中是等腰三角形的有 ____。

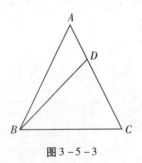

图 $3-5-3$

例3 如图 $3-5-4$ 所示，AC 和 BD 相交于点 O，且 $AB /\!/ CD$，$OA = OB$，求证：$OC = OD$。

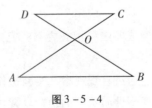

图 $3-5-4$

师生活动：学生先独自完成练习题，再小组交流讨论。对第一小题判断哪些是等腰三角形，教师鼓励学生先直观观察，再思考论证，口述其判断依据。对第二小题学生完成证明后，教师要规范学生的证明过程，最后，如果时间允许，可展开图形变式，如将图形变为如图 $3-5-5$ 的形式，再让学生思考并口述表达。

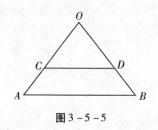

图 3 - 5 - 5

设计意图：让学生在性质定理和判定定理学习之后，通过两道练习题，使学到的性质定理与判定定理及时得到巩固。两道练习题都需用到等腰三角形的性质与判定知识，从而使训练更高效。

环节四：小结提升

问题8 本节课我们学习了哪些知识？你能用一个框架图描述一下吗？

问题9 你能说说等腰三角形的研究思路、研究内容和研究方法吗？

师生活动：先让学生自己归纳，然后请学生回答，梳理本节课所学知识内容，形成框架式知识结构图，如图 3 - 5 - 6 所示。

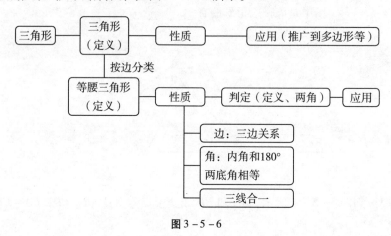

图 3 - 5 - 6

研究思路：定义→性质→判定→应用。

研究内容：通过图形的组成要素和相关要素研究边、角、"三线"方面的数量关系和位置关系。

研究方法：一般→特殊。通过直观观察、实验操作发现结论，提出猜想，通过演绎推理证明猜想，通过考察性质定理的逆命题提出判定，通过演绎推理证明判定。

设计意图：通过小结梳理知识，使学生站在整体的高度来看待本节课的内容，形成一个完整的研究图形的认识思路。

二、教学思考

（一）用数学整体观整合教材

章建跃博士认为：数学是一个整体，思维是一个系统，课堂教学应注重整体性设计，提升学生系统思维水平。系统思维就是把认识对象作为系统，从系统和要素、要素和要素、系统和环境的相互联系及相互作用中综合地考查、认识对象的一种思维方法。这种思维方法可以使人具有整体观、全局观，是逻辑抽象能力强的集中表现。基于这种理念，有很多同行开始着力整合教学内容，开展单元教学。单元教学是根据知识发生的规律、内在的联系、学生学习的基础、学生可以达到的高度，将教材进行有机整合，编制成一个个学习单元。本节课的设计就是基于数学整体观，打破通常一节课讲性质、一节课讲判定的习惯定式，将等腰三角形的性质与判定融合在同一课时中进行整体设计，展现了等腰三角形在三角形知识体系中的内在联系，凸显了知识生长的路径，使学生的思维得到自然生长，直观想象、逻辑推理等核心素养得到进一步发展和提升。

（二）知识没有巩固好，行吗？

数学教材是按知识块螺旋上升的模式进行编排的，教学又把每个知识块切分成若干个知识点安排在每一个课时中，其学习路径可用下面的模型（图 3 - 5 - 7）呈现。

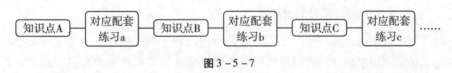

图 3 - 5 - 7

在这样的设计中，知识点与对应巩固练习以串联方式展开，使得课堂结构以一两个知识点为主体，分成探究新知、巩固运用两大板块，看起来很符合循序渐进的教学原则，小步稳走、步步为营。但在这样的课堂里，我们也看到，知识点与知识点之间因为巩固运用，被人为地阻隔，"连线"拉长，难以形成有效的沟通，课堂上所学知识只是零散的局部知识，学生很难较好地感受到知识间的联系，难以形成有效的知识网络和系统。

数学整体观的教学设计，就是要改变这种现状，强化知识间的内在联系，构建一个前后一致、逻辑连贯、迁移能力强的数学认知结构。本节课的设计将彼此有紧密联系的等腰三角形的定义、性质、判定知识整合在同一节课中学习探究，而将知识的训练巩固后置，其呈现的学习路径可以用下面的模型（图 3 - 5 - 8）表示。

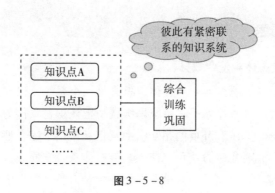

图 3 - 5 - 8

　　一节没有巩固运用环节的探究课是一节不完整的有缺陷的课吗？融合课时教学内容，将认识图形的全过程作为一个整体，适当延展深入探究活动的时间，让学生充分经历探究的过程，其立意就是使学生养成全面思考问题的习惯，避免"见木不见林"的现象，进而使他们在面对数学问题时，能把解决问题的目标、实现目标的过程、解决过程的优化以及对问题的拓展、深化等作为一个整体进行研究。只有这样的课堂教学才能将"使学生学会思考，成为善于认识和解决问题的人才"落到实处。这样的课时设计，只是等腰三角形知识学习的一段历程，课时的结束也并不意味着学习的结束，知识的巩固训练，并不是不需要，当堂训练并不是一定要永远遵循的原则，置于下一课时，进行有层次的综合训练教学也未尝不可。

（三）重视等腰三角形的对称性

　　章建跃博士说，几何中，空间基本性质的刻画工具有两个：一是空间的平直性，二是空间的对称性。人教版教材配套的《义务教育教科书教师教学用书·数学·八年级·上册》指出："等腰三角形是一种特殊的三角形，它除了具有三角形的一般性质外，还具有一些特殊性质。因为等腰三角形是轴对称图形，所以，借助轴对称来研究等腰三角形的一些特殊性质。这也正是教科书把等腰三角形的相关内容编排在轴对称内容之后的重要原因。""教学中要充分注意这一点，将图形的变化与图形的性质有机整合，利用图形的变化得到图形的性质，再通过推理证明这些结论。"我们赞成这个观点，甚至认为，学习轴对称这种图形变化，本质上就是为学习三角形特例——等腰三角形而做准备的。在本设计中，我们也以此为研究等腰三角形性质的起点，通过引导学生实验操作，折叠等腰三角形纸片，发现边角等组成要素的等量关系，并通过对折痕（对称轴）的追问，发现等腰三角形"三线合一"的特征。这个探究过程就是在深刻理解数学、理解教学、理解学生的基础上设计出来的。

　　总之，在教学中，我们要敢于打破旧有观念，从"以培育学生的理性精神，发展学生的逻辑思维能力为核心，使学生在掌握数学知识、学会数学思考的过程中，成为善于发现和提出问题、分析和解决问题的人才"要求出发，在数学概念教学和定理、公式、法则等数学原理的教学中，树立数学整体观，使我们的课堂教学见树木，更见森林，成为培养学生数学学科核心素养的主阵地。

第六节　借助基本图形　凸显"点睛"路径①

谈到复习教学，我们很认同这样一种观点：在数学教学中，新授课是"画龙"，复习课是"点睛"。而在实际教学中，单元复习课又应如何"点睛"呢？不同的教师往往会有许多不同的观点和教学实践，本文结合《中学数学教学参考》2017 年第 3 期刊发的陈军晓老师的《图形的相似》单元复习课课例，谈谈我们的认识和思考，供大家参考。

一、复习课课例的架构亮点

（一）自主梳理，构建知识网络

江苏的卜以楼老师说："不论哪一种复习课，彰显知识的结构，都应是其功能之一，也是其教学价值之一。"单元复习课是一个单元或章节结束后的阶段复习，其首要任务就是将新授时较为分散、零碎的数学知识进行梳理、归纳、整合，形成章节部分的知识结构网络，就如华罗庚所说的把书读薄一样。将章节知识内容集成、浓缩成为有机联系的网状态，应是复习点睛教学设计的初始招式。

陈老师的课例，是采用课前学生自主绘制本章节思维导图的方式完成这个招式的。这样设计可以激发学生的复习热情，培育他们的创新意识，同时为提高他们对教材的归纳整合能力提供了机会和可能。比如视频中我们看到，分享的两个学生采用了不同的形式从不同的角度进行了整理。女生注重形象思维，以不同的边、角色彩在图形中再现相似三角形的三种判定方法；男生更有抽象概括能力，以极富创意的金字塔造型呈现出相似三角形常见的三类基本图形，恰好为后续即将展开的重点研究做了一个较为自然的铺陈和牵引。这种由学生自主构建的知识网络，映照了他们对本章内容的理解，远胜于教师的越俎代庖。由于学生的能力差异和水平限制，结网可能会有瑕疵，不尽完善和全面，因此，在课堂复习交流的过程中，需要教师再适当引导，和学生一起互相补充，加以完善，并做出恰当

---

① 此文发表于《中学数学教学参考》（中旬）2017 年第 10 期。

评价，既使学生的视角覆盖到本章的全部内容，包括比例线段、性质、应用、位似等，也为他们以后进行类似的数学活动积累经验。

（二）错例回首，强化基本技能

要想"点睛"位置精准，力道有度，在复习面向全章知识结构的基础上，一定要将复习重点投向核心知识深化理解和正确运用。课例中，陈老师以新授时产生的三道典型错题的架构设计，在修正的过程中，达到解法的完善，实现思维方法和解题水平的提升，从而使复习课成为新授课的延续和回顾。撷取的三道错例独具匠心，分别以"斜交相似"、"A字相似"、正三角形中的"一线三等角"等基本图形为核心，由浅入深地展现了相似三角形的判定与性质等本章核心知识的综合运用；通过学生重做、交流，教师精析点拨等多种形式，揭示了问题的分析方法，突破了错题的思维难点。通过视频，我们还看到，学生讲解表述的过程还是一个自我校正、自我完善的过程。比如，学生讲述错例2时，对第二种情况 PQ 不平行于 BC 的分类研究中，其所算出来的 AQ 与第一种情况的 AQ 都是3，讲解中，发现不正确后调整为 $\frac{4}{3}$。

（三）模型归纳，提升解题能力

罗增儒教授在《数学解题学引论》中曾写道，"如果我们着手解答一道习题，那么，第一件事就想知道：这是道什么题？它是什么形式，属于哪种类型？换句话说，就是需要识别给定习题的类型。……要知道，识别了习题的类型，在多数情况下，我们就得到了解题的方法，因为在数学教材里，对于许多类型的习题都有它们的一般法则"。在复习教学中，对已学习过的知识进行综合研究，可以使相互联系的知识模块化，对一些基本思路、基本方法或基本结论相同的问题进行模型归纳，在模式识别、一模多变的过程中，打通学生的思维通道，提升他们分析问题和解决问题的能力。

对错例3的研究，陈老师以退为进，先通过矩形中"一线三直角"的特殊情况，轻松地得到相似三角形的简单示例，再以其他特殊情况如"一线三60°角""一线三50°角"的变式情形，逐渐推广拓展到一般情况，并在直观动态演示中猜想、验证，探索运动变化中的不变量，归纳总结出"一线三等角"的模型图式。之后，又将模型运用于新情境加以强化，进一步促进学生知识、方法的融会贯通，实现学生分析问题和解决问题能力的提高。

（四）精致联结，拓展网络结构

数学知识的结构体系一方面源于它本身的结构；另一方面源于数学知识的外部，即数学学科内部知识的来龙去脉。比如相似三角形这一章节的知识结构，既要有本章节所涉及的定义、判定定理、性质、应用等知识结构，因为这是几何教材中所展现的图形学习研究的一般路径，还应当有与相似三角形相关的相似图形、全等图形、位似图形等图形变换的知识联网，成为一个统一的整体。所谓精致，章建跃博士曾在著作《数学教育心理学》一书中讲道："在概念学习中，'精致'的实质是对概念的内涵与外延进行尽量详细的深加工，对概念要素进行具体界定，以使学生建立更清晰的概念表象，获得更多的概念例证，更加准确地把握概念的细节，理解概念的各个方面，获得概念的某些限制条件等。"与此类似，《相似三角形》章节复习课的精致就是把学生所学的相似三角形纳入一个学生已有的更大的数学认知结构，把它和以前的与之相关的知识联系起来，使之形成一个更广范围内、更高层面上图形研究的数学结构网络。当然，陈老师的单元复习课，展示课例只是第一课时，还看不到这一点，但个人仍然期望我们的复习课教学能给学生展现出这样的效果。

二、商榷与建议

从课例视频录制环境可以看出，陈老师的这节课不是公开课，也不是那种多次精心打磨的比赛展示课，整节课例充满了浓浓的"家常风味"。但作为研讨，我们仍然觉得有一些地方值得商榷。

（一）开放题活动，设计处理不够恰当

在结网之后，陈老师设计了一个"在方格纸中画出两个相似但不全等的三角形"的动手操作活动，其意图是通过设计简单的数学活动，让所有学生都能参与其中。学生在画图的过程中必然要思考满足什么条件才能判定两个三角形相似，从而复习三角形相似的定义和判定方法。然后通过小组讨论和学生代表展示明确本节课复习的重点内容。对于这个活动，我的理解是，这是一个开放的活动，但并不简单。我们不难预测，学生所画的相似三角形应当大多属于特殊类型的三角形，如两个相似的直角三角形、两个相似的等腰三角形、两个相似的等腰直角三角形等。要想他们画出的三角形"A 字相似"或"反 A 相似"，有相当的难度。比如，上台展示的学生所画的"平行相似"，其实是不符合要求的，因为三角形的顶点 C 不在格点上。遗憾的是，陈老师在点评时并没有指明这个漏洞。如果想利用方格纸引导学生寻找画出两个不等边的相似三角形，那又会比较费时，对后面重点内容的教学造成不利影响。所以，这个活动的设计只能说"想象很美好，现实很骨感"，这个设计用在下一课时的复习课中研究相似三角形的性质与判定定理的综合应用会更好。

（二）教学目标设定，不太符合单元复习预期

这是一节章节单元复习课吗？由原文教学目标（1）可以看到，陈老师把本

节课定位为"两个相似三角形的三种判定方法的理解掌握"，所以在观看视频的过程中，我们一直有一个错觉——这是一节单元习题课教学，而不是一节单元复习课教学。作为单元复习课，面向的应当是整章节内容。虽然在错例教学以及后面的拓展提升中包含了相似三角形的性质运用内容，但在实际教学中，因为时间原因，基本上没有完成，所以我们以为本节课的教学目标定位让人感觉视野不够，目标模糊，不足以担起整章单元复习的"重任"。

（三）课堂调控能力，有待加强提升

陈老师为本节课的录制当然做了大量的前期准备工作，但通过视频，我们仍然看到了一些明显的瑕疵。比如，投影的过程中，课件多次自动呈现出后面的教学内容，影响了学生的学习；又如，展现四个纸质相似三角形时，陈老师在黑板前面犹豫不决地试摆了很长时间，这充分表明，教师的课前准备还存在漏洞。更深层的问题是，陈老师摆弄纸片的时候，正是学生在展示介绍自己的思维导图成果的时候。如果学生发现，连老师都没有倾听他的介绍，不知他内心会做何感想？老师不但没有倾听，反而因为在黑板前摆弄纸片，引起了一部分学生的注意，干扰了他们的倾听。试想，这样的行为能够有效激发和串联出生生对话的空间吗？

此外，视频中还有一些值得思考的地方。比如，教师的某些语言表达，如"作为老师，我当时做它，也花了5分钟的时间"是否恰当？我想，即使想表达"此题很难，学生做不出也情有可原"，也用不着如此自谦吧？再如，在视频中，坐在课室后排的两三个男生游离于课堂之外的表现，就特别刺目，令人痛心。我们应当如何把控和管理好这些学力不强的学生？所有这些都值得我们深入研究，不断反思，以不断改进我们的教学。

第七节 对勾股定理的一个无字证明的研究[①]

华师大版九年义务教育教科书八年级上册第 121 页 14.2《勾股定理的应用》的"做一做":

如图 3-7-1 所示,以 $Rt\triangle ABC$ 的三边为边分别向外作正方形,其中一个正方形划分成四个形状与大小都一样的四边形。试将图中 5 个带色的图形拼入大正方形中,填满整个大正方形。

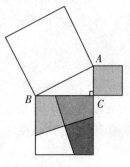

图 3-7-1

与教材配套的教师教学用书中对该编排的设计意图有如下解读:"可让学生通过剪纸拼图来实际操作,让学生明白这其实也是一种勾股定理的验证方法。"教学中,我们备课组经过讨论,认为这个操作说明的"其中一个正方形划分成四个形状与大小都一样的四边形"文字表述及配图存在着模糊不清的地方。如果课堂上学生操作不当,就容易出现 5 个带色的图形无法镶嵌拼入大正方形并填满整个大正方形的问题,从而导致定理验证教学过程失败。

一、对课本说明的文字解读

"其中一个正方形划分成四个形状与大小都一样的四边形",结合课本配图,

---

① 本文发表于《数学教学》2008 年第 4 期。

一般思维认为，这种划分的方法就是取两条互相垂直于正方形中心的线段。剪切之后，所分得的四块都是可以完全重合的形状和大小都一样的四边形。然而，这样分割并不一定能保证下一步的拼图成功，我们不妨用一特殊情况来说明这一点：

如图 3－7－2 所示，我们把这个正方形划分成四个形状与大小都一样的小正边形，那么这四个小正方形连同前面的以 AC 为边的较小的正方形共五个小正方形，它们是不可能镶嵌拼成一个大正方形的。

图 3－7－2

一般地，在将正方形划分为四个四边形的过程中，如果 $MN \neq AB$ 时，四个四边形拼入正方形后，就会出现如图 3－7－3 所示的失败的结果。

图 3－7－3

二、到底应当如何来剪切正方形验证勾股定理呢？

我们不妨按如下分析试试。假设以较长直角边为边的正方形（边长为 a）按图 3－7－4（甲）剪切后和以另一直角边 b 为边的正方形可以拼入以斜边 c 为边的正方形，如图 3－7－4（乙）所示。为表述方便，我们选其中一个四边形 OFEN 来研究。

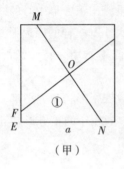 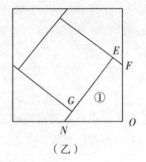

（甲）　　　　　　　　　　　　（乙）

图 3 - 7 - 4

由图 3 - 7 - 4（甲）可知：$ON = OF$，$EF + EN = a$

由图 3 - 7 - 4（乙）可知：$ON + OF = c$，$EN - GN = EN - EF = b$

$\therefore EN = \dfrac{a + b}{2}$　　　$EF = \dfrac{a - b}{2}$　　　$MN = c$

由此可知，只有当我们把较大直角边为边所作的正方形，按图 3 - 7 - 5 剪切时，才可保证拼接成功。

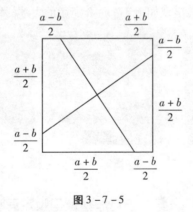

图 3 - 7 - 5

三、为什么必须如此剪切才可成功？

如图 3 - 7 - 6 所示，我们可以平移其中一条剪切线为虚线 MN，则 $MC = \dfrac{a + b}{2} - \dfrac{a - b}{2} = b$，即 $MC = AC$，因为 $BC = NC$，故 Rt$\triangle ACB \cong$ Rt$\triangle MCN$。

由此可知，我们可以这样来理解：之所以这样剪切，是为了保证两个三角形全等。

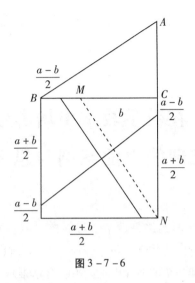

图 3 - 7 - 6

四、对教材改进的建议

建议教材做如下修改：以直角三角形的三边（$c \geqslant a \geqslant b$）为边分别向外作正方形，把边长为 a 的正方形按如图 3 - 7 - 7 所示分成四个形状与大小都一样的四边形。试将图 3 - 7 - 7 中 5 个带色的图形拼入大正方形，填满整个大正方形（图 3 - 7 - 7）。

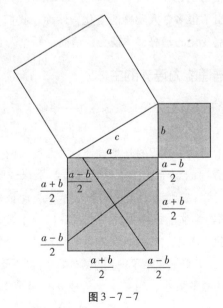

图 3 - 7 - 7

第八节 在数学教学中培养学生合情 推理能力的案例与思考

对学生推理能力的培养始终是数学学习的核心内容之一,数学课程标准提出,学生通过义务教育阶段的数学学习,经历观察、实验、猜想、证明等数学活动,发展合情推理能力和初步的演绎推理能力。合情推理是根据已有的知识和经验,在某种情境和过程中推出可能性结论的推理。归纳推理、类比推理和统计推理是合情推理的三种重要形式。以前的数学教学一直强调数学的严谨性,过分渲染逻辑推理的重要性而忽视了生动活泼的合情推理。后来,人们认识到数学需要演绎推理,更需要合情推理,学生获得数学结论应当经历合情推理—演绎推理的过程。于是在新课程背景下,各版本的新教材几乎都充实了大量的培养学生合情推理能力的素材,并相对延迟了学生接触掌握演绎推理的时间段,逐步达标等,使数学课堂教学呈现出了很多令人欣喜的变化。然而,我们也看到了有些数学课堂呈现出向另一个极端变化的趋势,体现为合情而"矫情"的现象。

一、谁是合情推理能力培养的主体?

案例1:某校教学开放日公开课片段描述——华师大版七年级(下)《不等式的简单变形》

首先教师引导学生回顾了方程的基本性质:"方程的两边都加上或减去同一个数或同一个整式,方程的解不变;方程的两边都乘以或除以同一个不为零的数,方程的解不变。"然后教师借助天平实验演示,类比推理得到了不等式的基本性质1:不等式的两边都加上或减去同一个数或同一个整式,不等号的方向不变。接着教师提出问题"不等式的两边都乘以或除以同一个数,不等号的方向是否也不变呢?"并顺手在屏幕上出示了一组填空题:"将不等式 $9 > 4$ 两边都乘以同一个数,比较所得的数的大小,用' $>$、 $<$ 或 $=$ '号填空: 9×3 ___ 4×3,9×0.2 ___ 4×0.2,9×1 ___ 4×1,9×0 ___ 4×0,$9 \times (-1)$ ___ $4 \times (-1)$,$9 \times (-0.2)$ ___ $4 \times (-0.2)$,$9 \times (-3)$ ___ $4 \times (-3)$,……你能把上面

的式子进行分类吗？从中你能发现什么？"学生在稍稍分类之后归纳得出不等式的性质2、3："不等式两边都乘以或除以同一个正数，不等号的方向不变；不等式两边都乘以或除以同一个负数，不等号的方向改变。"……

思考：该案例整个过程似乎行云流水，水到渠成，但从另一个角度来看，我们却又想到了另外一个问题：究竟凭什么决定性质1就用天平实验来探索，而性质2与性质3就用分类归纳的推理方法呢？难道使用了天平，就真的直观了、好理解了吗？难道性质1不能也用类比等式，通过一些计算比较归纳得出来吗？（北师大版新教材八下第一章倡导的方式正是这种）这种推理方式的选择究竟是学生独立选择的，还是教师个体所决定的？或是教师和学生共同协商决定的？这个问题的结果是次要的，重要的是引导学生领悟运用合适的方式去验证。假如我们在课堂中忽略学生的主体地位，使学生只是配合完成教师预设的方式方法，那我们又有什么理由相信这种关注合情推理能力的过程可以达成提升能力，发展学生创新思维的教育初衷呢？

二、"高浓度"的数学实验能否培养学生的合情推理能力？

案例2：某中年教师课堂片段描述——华师大版八下《等腰三角形的性质》

首先，教师以教材中的"做一做"引导学生实验探索：让学生做一张等腰三角形的半透明纸片，每个人的等腰三角形的大小和形状可以不一样，把纸片对折，让两腰 AB、AC 重叠在一起，折痕为 AD（图3-8-1）。接着，教师提问：你能发现什么现象吗？

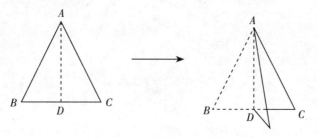

图3-8-1

学生在动手操作之后，发现了两个部分是可以重合的，教师引导学生得出了"等腰三角形是轴对称图形"的结论。教师开始追问："你们还发现了什么呢？"学生便一脸茫然，把手中的纸片展来折去，不明所以：不就是重合吗？哪还会有什么别的结论呢？课堂陷入了沉默，教师着急了，开始引导学生："点 B 与点 C 怎么样？"生："重合。""∠B 与∠C 也重合吗？""重合。""所以我们可以得到 ∠B = ∠C。"师生归纳总结出"等腰三角形两底角相等"的结论。之后，教师又问："你们还可以得到什么结论吗？"学生这下就更加不知所云了，课堂又恢复了沉默。最后考虑到本节课的教学任务，教师只好采用直接讲授的形式完成了等腰三角形"三线合一"性质的教学环节。

思考：一个充满了个体色彩的单纯简单的动手折叠操作，竟要求总结归纳出如此丰富的等腰三角形的性质。如此"高浓度"的操作，对于刚刚接触几何知识的学生来说，无疑是极其困难的。其结果是像这位教师一样，挂着实验操作的旗帜，却无奈地大费口舌讲授等腰三角形的性质。如此，起初设计的以实验操作来"合情"地归纳推理就成了一次没有多大实效的形式。同时，学生对"三线合一"这一性质容易忽略的问题，也并没有在其源头教学中引起教师的重视，没有得到有效纠正和改进。实验过程并没有给课堂带来生动活泼的景象，相反，与推理结论彼此脱节的教学设计反而使课堂多了一份做作。

三、合情推理教学的组织过程怎么做？

案例3：某校内公开课课堂片段描述——华师大版七下《平移的特征》

首先，教师请一个学生上黑板演示使用推移三角板的方法画平行线，分析得出：平移后的图形与原来的图形的对应线段平行且相等，对应角相等，图形形状与大小也没有发生变化。之后，教师出示学生动手操作练习："如图3－8－2所示，观察△ABC沿着PQ的方向平移到△A′B′C′的位置，除了对应线段平行并且相等以外，你还发现了什么现象？"

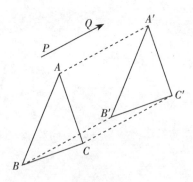

图3－8－2

学生随即开始了动手操作，教师穿梭巡视。我们观察到学生出现了分化，有些学生并没有动起来，而是直接看书后，走了捷径。接下来，教师让学生动手操作："将△A′B′C′沿RS方向平移，其平移的长度为线段RS的长度。"这时，有更多的学生或装着在抽屉里寻找三角板之类的作图平移工具的样子，或在草稿纸上胡乱写写画画，显得漫不经心，甚至还有的学生干脆什么也不干，看着旁边的同学动手操作，坐享其成……

思考：在课堂中加入动手操作、归纳推理等一些体现新课程理念的活动或者游戏教学环节，其实对教师的素质水平提出了更高的要求。教师课堂的驾驭水平、动手操作的组织形式、学生的参与面、学生的准备工作等都会直接影响数学教学的成败。教师要做好充分的准备：对于实验活动的步骤、时间，活动前后所提出的问题，学生可能存在的错误认识，对于如何把学生分组，学生在活动中的种种表现以及如何应对等，教师都要有妥当的思考。同时，选择较为便于操作的合适的素材。便于归纳统计的合情推理的载体也直接关系着"合情推理"能力培养的实效性。

四、教学启示

（一）能力的发展培养应有机地融合在数学教学的过程中

能力的形成是一个缓慢的过程，有其自身的特点和规律，它不仅使学生"懂"了"会"了，而且让学生自己"悟"出道理、规律和思考方法。对一个问题，不管是演绎也好，还是合情也好，其实重要的都在推理，重要的是学生对推理方式方法的理解运用。在数学教学活动中，我们首先要为学生提供有利于领悟，有利于促进合情推理能力生成的空间和时间，组织引导学生经历不同角度的观察，谋求多种方式的实验验证猜想，把学生合情推理能力的培养有机地融合在以学生"悟"为主题的教学过程之中。

（二）培养合情推理能力

培养合情推理能力的数学教学过程需要精心组织，合理设计实验程序，激发学生的思维。在教学中，要注意选取学生熟悉的生活情境发展学生的推理能力。同时，要注意能力培养的层次性和差异性，不能把效果建立在课堂表面的气氛热烈或者部分学生出色的探索活动上。教学要力求面向全体，充分考虑到班级学生的身心特点和认知水平，关注学生的差异，适当采取小组合作的方式，让学生在小组互动中交流彼此的方式方法，研究结果不同的表述形式，以提高实验操作的实效性，发展、提升学生的合情推理能力。

第九节 三种数学教材中的"勾股定理"的比较研究

一、源于这样的理由

一个令人惊奇的事情：现代人为了探索外星文明的存在，一直尝试以一些可能与外星文明共通的东西，如电波、数字和声音等"宇宙语言"，来和外星人交流与沟通。我国数学家华罗庚就建议，把我们古代的青朱出入图也作为礼物，送给外星人，理由是这个图形所具备的数形关系是普遍存在于整个宇宙之中的，他期望外星人能够看图识字，弄懂我们的意思。19 世纪，大数学家高斯也提出一个想法：在西伯利亚画出一个大的直角三角形种小麦，然后在以三边（比例依勾股定理设为 3∶4∶5）为边长的三个正方形中种松树。由于这个图案体现的是勾股定理，不可能天然生成，所以外星人看到了，就会知道地球上有人的存在，主动来和我们联系。

勾股定理在几何体系中有着极其特殊的地位，被称为几何的基石，是两千多年来数学发展的重要出发点。在不同的历史时期在不同地方的不同的人，如历史上记载的公元前 19 世纪的古巴比伦人、公元前 11 世纪的古中国人以及公元前 550 年的古希腊人等都先后发现了这个定理。这个定理的证明是任何其他定理都无法比拟的，有着丰富的思想方法和文化内涵，充满了无穷的魅力。勾股定理的证明方法据不完全统计，目前有 400 多种。1940 年，美国数学家鲁姆斯编辑整理其证明方法，在著作《毕达哥拉斯定理》中收录了 370 种，并对这些方法进行了分类。

从某种意义上说，勾股定理的教与学是我国数学教育改革的晴雨表：从 20 世纪五六十年代数学课程中的严格论证，到后来提倡的"量一量、算一算""告诉结论""做中学"，再到现在所努力倡导的探究式等，在勾股定理的教学中都有不同程度的体现。自开始使用新教材以来，个人原因，笔者凑巧先后几年分别经历了由北师大版、华师大版、人教版的义务教育教科书中勾股定理相关章节的教学。笔者根据自己的一些教学感悟，比较三个版本的数学教材，提出一些思考，供大家讨论交流。

二、教材比较

（一）学段分布，课时建议

三个版本教材均将勾股定理安排在八年级学习。这是学生由形象思维向抽象思维转折的重要发展阶段，运用具备数形结合的数学材料，无疑会较好地促进学生数学思维的发展。不同的是，各版本安排的时间并不完全一样。北师大版将勾股定理放在八年级上册第一章，实数概念之前，学习课时 5 课时；华师大版放在八年级上册中段的第 14 章，学习课时 7 课时；人教版则放到了八年级下册中段的第十七章，学习课时 8 课时。后两版均在实数概念之后。北师大版的安排尽管顺应了历史上先发现勾股定理后发现实数的时间先后，但也局限了勾股定理的学习层次，学生的计算水平使之始终只能以勾股数或其简单变化的特殊数值出现。而人教版则明显计算要求较高，许多习题解答都需要借助计算器。

（二）章节导图及导语

三个版本都很重视导图、导入语。华师大版以 2002 年北京国际数学家大会的会标作为导入语，展示的却是弦图，尽管两者本质上是一致的，但色彩背景的差别让初学者感觉它们似乎是两个图形，这可能会影响导图的效果。这种导入语注重历史，却少了趣味性。相反，人教版教材就非常生动地以当时大会主席台一角的彩色图片呈现会标，同时以导入语简要地解读了本章结构，提出问题，使学生一目了然。北师大版教材导语则完全采用前面的外星故事、人类发现勾股定理的历史点题，意在激发学生兴趣。然而因为星星、地球、宇宙以及方格形的勾股定理图形的场景铺满整个页面，显得十分复杂，难以引起学生的注意。

（三）定理的发现与证明

三个版本的教材都比较重视定理的发现和证明。各版本都采用"脚手架"的活动来发现定理。在方格纸中首先以等腰直角三角形各边的正方形面积之间的关系为特例切入，进而推广到用三边为 3、4、5 的直角三角形来探究，由此发现勾股定理。不同的是北师大版教材先要求学生"在纸上做出若干个直角三角形，分别测量它们的三边长，看看三边长的平方之间有什么样的关系，与同伴交流"，初步感受之后再借助方格纸进行探究（实际操作时，学生所画的直角三角形往往因边长非整数，计算之后对判断并没有多少帮助）。华师大版教材和人教版教材编写风格迥异，前者采用比较缓慢的节奏研究各种情形，效率低。而后者以一个探究活动，希冀可以快捷地得出结论，但往往教学中学生似乎表现得探究后和探究前一样。

三个版本的教材都把勾股定理的证明当作一个激发学生思维、渗透数学史的极好机会,对其颇为看重。华师大版前前后后一共讲了 4 种方法,人教版讲了 5 种,北师版则讲了 6 种,其中利用弦图、总统证法、利用四个全等的等腰直角三角形拼接法等为共选,而北师大版和人教版中有毕达哥拉斯证法和青朱出入图法,北师大版甚至还介绍了比较繁杂的达·芬奇方法和更难以拼接成功的"风车证法"。令人感到奇怪的是华师大版在《勾股定理的应用》部分中突兀地以"做一做"的形式出现了"风车证法",教材不仅没加任何细节指导,甚至连教师用书中也只用一句"可让学生通过剪纸拼图来实际操作,让学生明白这其实也是一种勾股定理的验证方法"带过。教学中,为突出"应用"的重点,这里通常被教师整合掉。

三个版本的教材都在勾股定理之后编排了根据勾股数画三角形等探究呈现勾股定理逆定理的章节,人教版还采用叙述的形式,呈现了逻辑推理的证明。

(四)定理的应用

三个版本的教材都极其重视勾股定理的应用,北师大版和华师大版分别以一小节专题研究其应用,人教版虽没有专题章节,但其应用穿插在整章之中。就篇幅而言,人教版和北师大版所涉猎的内容更多,题材更广。两版均以例题、习题共计 17 题的容量揭示了勾股定理在生产生活共计 12 个方面的应用,华师大版的应用仅有 10 题共涉及 8 个方面。三个版本的教材中均出现了一些典型问题,如"电线杆拉线""梯子""蚂蚁最短路线"等,另以《九章算术》中"折竹抵地""引葭赴岸"等趣题为平台,渗透了我国古代的数学趣题、名题。同时,各版本中另有一些较个性的题材,如北师大版的电视机屏幕尺寸、高速路线长等,人教版的工厂零件尺寸、育苗棚、航海方位角等。另外,北师大版和华师大版教材都利用勾股树来注意增加教材的趣味性。

就整体难度而言,北师大版教材因为受学生知识水平的限制,所有计算均限定在可以不用计算器的范围内,题目浅显易算。人教版的计算量要求较大,17 道小题中有近一半需要借助计算器取近似值完成。思维量较大的就数华师大版了,如 120 页蚂蚁爬行最短路程、教材 121 页所出现的例 2 卡车过半圆形的厂门问题就是两道难度很大的题,再如 126 页梯子下滑问题等都不简单。

三、对教学及教材编写的建议

(一)勾股定理的探究发现应做铺垫设计

在教学中,我们感到,无论哪个版本的教材编写都有一定的局限性,"脚手架"的效果并不显著。其主要原因就是两个教学难点交织在一起——"计算以斜边为边长的正方形的面积""由特殊举例归纳发现勾股定理",干扰了学生体验感悟勾股定理的视线,使其难度增加,使探究容易流于形式,最后还是以教师讲解结束。相比较,笔者更倾心于顾泠沅教授在《教学改革的行动与诠释》一书中所提出的方法——添加一个铺垫:计算方格纸中正方形的面积:

在方格纸内斜放一个正方形 ABCD,正方形的四个顶点都在格点上,每个小方格的边长为 1 个长度单位,怎样计算正方形 ABCD 的面积?如图 3-9-1、图 3-9-2、图3-9-3 所示。

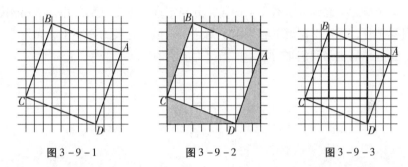

图 3-9-1   图 3-9-2   图 3-9-3

引导学生运用图形割补原理将正方形转化成如图 3-9-2 的形式求面积,同时,笔者认为可以补充一些其他转化方法,如将正方形转化成如图 3-9-3 所示的形式。

笔者发现三个版本的教材都不约而同地采用一个大写字母表示一个正方形,笔者是不赞成这样表示的。此前教材上没有这样表示过,现在突然冒出来,很容易诱导学生出现如"$A=9$"的错误表达式,无形中又增加了一个障碍。

(二) 面向全体学生,控制难度

繁难的计算毫无疑问会降低学生学习的兴趣,人教版教材25页,要求刚刚接触勾股定理的学生探究"木板能否通过门""梯子底端下滑距离"等难度较大、计算量较大的问题,在教材27页第三课时要求学生在数轴上表示无理数的点,还有教材28页所出现的习题中大量存在结果要取近似值的练习等,都容易把学生的视线引导到繁难计算层面,使学生忽略对直角三角形这种数形关系本身的理解。再如华师大版教材120、121页《勾股定理的应用》,要求在一课时内完成例1、例2的教学以及风车证法的"做一做"活动验证过程。教学实践表明,这些要求都有待科学调整。

(三) 探究的适度与范式的平衡

探究式教学无疑有利于培养学生的创新精神与创新能力,但过度的探究或者"探究一统天下"的教学也是应该引起我们警惕的。比如,北师大版 13 页的"蚂蚁怎样走最近"的问题的编排，编者想通过 3 个小问题来引导学生思考，连续设置了 5 问，却每一问均不展示供学生校正参考的答案。再如教材 13 页的"做一做"也是如此（其实很多的"做一做"都有这个问题）。这种"只管问，不管答的探究"教材，依笔者看来，其实并不利于学生特别是中下水平的学生的自主学习，与学生不能构成互动，忽略了解决问题中的过程性评价的价值。从例题的角度来看，三个版本的教材中，华师大版有 6 个例题：四道勾股定理的应用，2 道逆定理的应用。每道例题均有完整的解答过程。人教版只在讲解勾股定理逆定理时配有 2 个例题。北师大版有 2 个例题，分属定理与逆定理的应用。教材例题缺失一种示范性，学生对问题的思维水平到位了，但表达能力跟不上，书写逻辑性不强，这种矛盾也是我们平时教学应当努力解决的。

第十节　成果报告：学科大概念引领的初中数学深度课堂设计与实施①

2019 年，中共中央国务院在《关于深化教育教学改革全面提高义务教育教学质量的意见》中指出："强化课堂主阵地作用，切实提高课堂教学质量。""引导教师深入理解学科特点、知识结构、思想方法，科学把握学生认知规律，上好每一堂课。"本项目以促进学生深度学习，发展学生思维能力，提高课堂教学质量为目标，以落实立德树人根本任务，以实现学科育人为宗旨，在 10 年的探索实践中逐步形成了学科大概念引领的初中数学深度课堂教学成果，促进了一批又一批初中生的思维发展，推动了学校办学质量的提高，培养了一大批省市级骨干教师，引起了省内外业界同行的广泛关注，为当下初中数学课堂教学提供了一个可供参考和研究的范本。

一、问题的提出

（一）现时需要：数学课程标准有效实施

2001 年 7 月，教育部颁发《全日制义务教育数学课程标准（实验稿）》，教育工作者经过 10 年的探索实践，积累了非常宝贵的经验。2012 年 1 月，《义务教育数学课程标准（2011 年版）》（以下简称《课标（2011 年版）》）正式颁布。在《课标（2011 年版）》中，"数学教学"与"数学学习"合并为"数学教学活动"，"双基"变成"四基"，即"基本知识、基本技能、基本思想和基本活动经验"，提出了"四能"——培养学生发现和提出问题、分析和解决问题的能力，并修改扩充了代表数学学科典型特征的关键词。在这种背景下，精准把握《课标（2011 年版）》的基本精神，促进课标先进理念在课堂落地，是义务教育数学学科教学现实的需要。

---

① 由作者主持的本成果报告获得 2021 年广东省基础教育教学成果奖二等奖。

（二）当下困境：数学课堂教学改革遭遇瓶颈

实施新课改以来，各地中小学校课堂教学改革十分火热，各种教学模式、教学技术、教学策略层出不穷。2012 年 12 月，东莞市召开推进中小学"高效课堂工程"建设工作会议，随之，各校大张旗鼓地开始了本土化的高效课堂教学改革。但一段时间以来，各校比较常见的做法有以下几种：①翻转课堂。发挥学生的主体作用，倡导先学后教。②学案教学。编制学案辅助教学。③小组合作。这些举措极大地促进了学校教师教育教学观念的转变，激发了学生自主学习的热情，改变了以往秧田式的桌椅排列方式，促进了学科教学与信息技术的有机融合，使学校教学焕然一新。

然而随着时间的推移，我们也逐渐发现了许多异化的现象：①知识碎片化。教师放弃了对学科知识本质的解读与点拨，学生很难从更高层次去俯瞰和理解学科知识，他们通过反复训练，得到的仅是一些孤立而零散的知识。②取向知识化。先学的本意是假定学生对待学内容有独立的思考和钻研，但学生的能力和时间都很难满足这种假设，往往跳过知识的发生发展过程直接占领知识，这就导致学生的学习如"夹生饭"，知其然而不知其所以然，无法理解知识背后蕴含的学科本质和思想方法，教学也就不能有效提高学生的思维能力。③活动表演化。在教学活动中，小组合作、课堂展示的环节，久而久之变成了少数优秀学生的表演，而学力较弱的学生很难获得类似的机会，从而加剧了学生学业水平的分化。④助长了应试教育。各校学案编制水平良莠不齐，自编的、采购的、引进的……数量众多，既加重了学生的学业负担，又降低了课堂教学效益，使广大师生都陷入刷题获取高分的恶性循环。从根本上改变这些异化现象，突破课堂教学改革的瓶颈，已经成为当下的迫切需要。

（三）未来挑战：数学学科育人

数学教育的核心任务是育人。著名数学家陈建功先生在《二十世纪的数学教育》一文中指出："论理即指逻辑。数学具有特殊的方法和观念，组成有系统的体系……数学不但其内容的事实有价值，其所用之方法，也具有教育上的价值。""推理之成为论理的体系者，限于数学一科。数学具有这样的教育价值，称之为论理的价值……忽视数学教育论理性的原则，无异于数学教育的自杀。"数学教育既要使学生掌握现代生活和学习中所需要的数学知识和技能，又要发挥数学在培养人的思维能力和创新能力方面不可替代的作用。由此可见，未来数学教育的发展也必然是聚焦数学学科本质，聚焦促进学生思维能力的发展的。所以，以数学学科基础知识和基本概念为核心，挖掘内隐于学科知识体系之中的数学思想方法、一般观念（学科大概念），提升教学的发展性，将是数学学科教学永远的使命。

（四）拟解决的主要问题

（1）以学科育人为目标，探索聚焦数学学科本质的初中数学课堂教学，解决目前数学教学问题碎片化、活动浅表化、取向知识化等问题。

（2）指向学科育人的初中数学深度课堂应如何组织、实施和评价？

（3）初中数学深度课堂需要什么课程资源来支撑？

二、解决问题的过程与方法

项目组自 2011 年以来，经过长达 10 年的初中数学课堂实践，致力于探寻这些问题的答案，努力为初中数学课堂教学更好地落实数学课程标准，实现学科育人提供一个可以推广的范本。解决问题的过程如图 3－10－1 所示。

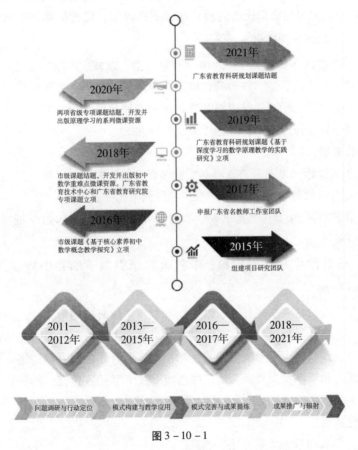

图 3－10－1

（一）问题调研与行动定位阶段：充分调研，锚定问题（2011—2012 年）

结合本人进入新课改以来使用多种版本初中数学教科书执教的实践，针对初中数学课堂教学中存在的问题，通过问卷、访谈以及大量的课堂观察，锚定问题，收集整理相关文献，厘清影响初中数学课堂教学效益的相关要素。

（二）模式构建与教学应用阶段：构建深度课堂教学模式（2013—2015 年）

加入学校高效课堂领导小组，反思课堂教学实践，学习教育部下发的有关文件及其他文献资料，梳理有关专家学者的观点，构建初中数学深度课堂教学模式。申报东莞市名师工作室，组建项目研究团队，对项目研究的目标、任务，作出初步的规划。

标志性成果：

（1）多篇论文在《中学数学教学参考》上发表，并有一篇被《复印报刊资料·初中数学教与学》全文转载。

（2）成功申报东莞市名师工作室，组建项目研究团队。

（三）模式完善与成果提炼阶段：加强实践检验，完善提炼初中数学深度课堂理论成果（2016—2017 年）

结合《中学数学教学参考》2016 年年度计划，以概念课型为重点，开展初中数学深度课堂教学流程的实践检验，申报市级课题。结合有关学科核心素养与深度学习等相关文献的学习，并由概念课型延伸到原理课型、复习课型等，不断完善、提炼初中数学深度课堂的理论体系及评价方式。

标志性成果：

（1）市级课题《基于核心素养初中数学概念教学探究》立项。

（2）项目组成员参加 2016 年广东省片段教学比赛获省特等奖。

（3）在核心期刊《中学数学教学参考》上发表《为揭示数学的本质而教》等多篇研究论文。

（四）成果推广与辐射阶段：学科大概念引领下的初中数学深度课堂（2018—2021 年）

从工作室成员所在学校开始，以工作室专项主题研修的形式，逐步面向全市推广成果，确定成果检验学校，开发支撑成果系列微课资源，加强与其他工作室的融合联动，以学科大概念统摄课堂，和相关团队合作，以专题讲座、课例研讨的形式，承办和举办重大教研活动，探索线上线下联动宣传推广的路径，将成果辐射到市内外、省内外。

标志性成果：

（1）三项省级课题先后立项、结题。

（2）在《中学数学教学参考》《中国数学教育》《中学数学》等杂志上发表多篇研究论文，其中有两篇被《复印报刊资料·初中数学教与学》全文转载。

（3）个人被评为广东省名教师工作室主持人，正高级教师，应邀到省内外各地进行专题讲座，展示公开课教学50余场次，培养省、市级骨干教师50余人。

解决问题的方法（图3-10-2）：

07 总结反思
06 过程调控
05 行动检验
04 形成预案
03 锚定问题
02 调研分析
01 文献学习

图3-10-2

三、成果的主要内容

学科大概念引领下的初中数学深度课堂成果根植于10年的探索实践，形成的主要成果有学科大概念层级结构模型、学科大概念引领下的初中数学深度课堂的理论体系、设计与实施、评价、信息技术资源支撑等五大内容。

（一）构建了学科大概念知识层级结构模型，探索了初中数学学科大概念清单及学科大概念引领的初中数学知识分类、结构框架图谱

学科大概念是指学科领域中最精华、最有价值的核心内容，是有组织、有结构的知识或模型，是联结学科知识的纽带，具有少而精的特征。在新课标里，各学科课程内容都是以学科大概念为核心构建的，它可以帮助学生将碎片化、零散的知识和技能整合起来，成为彼此联系的有机整体。

1. 学科大概念知识层级结构模型

学科大概念是相对的，在不同的学段，大概念的数量、层级并不完全相同。这些不同层级的大概念共同构成了学科课程内容的总体框架。学科大概念又具有统摄性。解构学科大概念，可以凸显知识体系中若干主题概念和小概念；而在微观的课堂教学活动中，又可以依据学习内容和学生的认知水平，不断融入大概念思想，一步一步概括、抽象出具有普遍意义的大概念。所以，获得学科大概念的过程也是学科核心素养形成的过程。根据此认识，项目组构建了如下学科大概念知识层级结构模型（图3-10-3）。

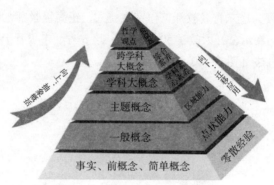

图 3 - 10 - 3

2. 初中数学学科大概念清单

学科大概念通常表现为一个有用的概念、主题，有争议的结论或观点，反论，理论，基本假设，反复出现的问题、理解和原则等，它可以表现为一个词、一个句子或一个问题。一般认为，学科大概念有以下三种表现形式：概念、观念、论题。项目组结合初中数学的内容，梳理出初中数学学科大概念清单（表3 - 10 - 1）。

表 3 - 10 - 1 初中数学学科大概念清单

类型	初中学段数学学科大概念清单	解构的主题概念
概念类	实数	有理数、无理数
	代数式	整式、分式、根式
	方程	一元一次方程、二次一次方程（组）、一元二次方程、分式方程
	不等式	一元一次不等式（组）
	函数	一次函数、二次函数、反比例函数、正比例函数
	平面图形	三角形、四边形、圆
	全等图形	全等三角形
	相似图形	相似三角形
	图形变换	轴对称、旋转、平移
	统计概率	抽样调查、集中趋势、离散程度、随机事件、概率
观念类	数感、符号意识、空间观念、数据分析观念、几何直观、运算能力、推理能力、模型思想、随机思想、分类讨论、数形结合、转化、类比、归纳、数式通性、从特殊到一般、从一般到特殊、从具体到抽象、从简单到复杂、化斜为"直"……	

续　表

类型	初中学段数学学科大概念清单	解构的主题概念
论题类	研究一个几何图形的一般方法，数系扩充的基本思想、过程及结构。 $\frac{1}{2}n\,(n-1)$ 具有什么意义？几何问题中，如何作辅助线？……	

3. 学科大概念引领的初中数学知识分类、结构框架图谱

项目组以"电脑"的隐喻来体现学科大概念引领的初中数学知识分类（图 3 - 10 - 4），并构建了数学概念、原理的结构框架图谱。

图 3 - 10 - 4

概念是思维的细胞，数学概念是数学本质的反映，数学原理是数学概念之间的联系。项目组在学科大概念引领下，按照数学概念、原理的逻辑生长顺序，构建了数学概念、原理逻辑结构框架图谱。（图 3 - 10 - 5 至图 3 - 10 - 7）

学科大概念引领下的初中数学代数知识概念、原理逻辑结构框架图谱

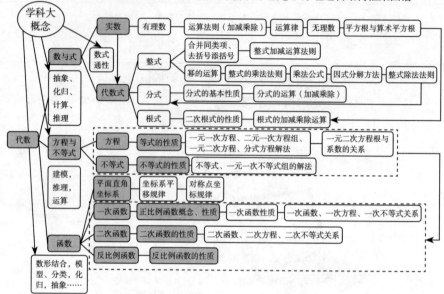

图 3－10－5

学科大概念引领下的初中几何概念、原理逻辑结构框架图谱

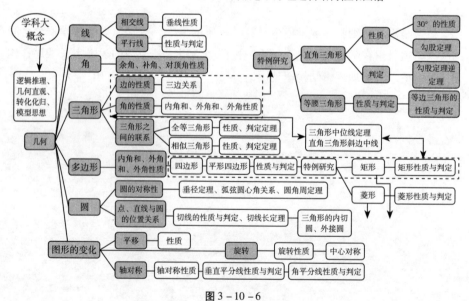

图 3－10－6

学科大概念引领下的初中数学统计与概率知识概念、原理逻辑结构框架图谱

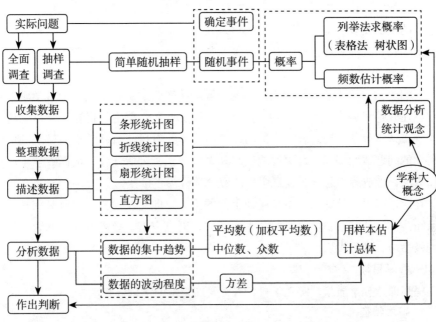

图 3 - 10 - 7

（二）构建了学科大概念引领的初中数学深度课堂的理论体系

学科大概念引领的初中数学深度课堂理论框架如图 3 - 10 - 8 所示。

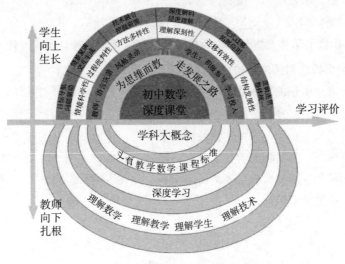

图 3 - 10 - 8

1. 教学理念——为思维而教，走发展之路

数学教学，首先要高举思维大旗，激活学生思维，发展学生的思维能力，促进学生的全面发展。师生如同一棵大树，通过数学学习，学生要像树干一样，努力向上生长，教师要像树根一样，深深地向下扎根，成就学生的发展。

2. 内涵界定

我们建构的"学科大概念引领的初中数学深度课堂"是指在初中数学学习过程中，在教师"四个理解"、深度学习和学科核心素养理论的指导下，以学科大概念统摄课堂教学，通过教师诙谐的语言和灵动的教风，引领学生积极主动地经历科学的问题情境探究，有深度地理解和掌握知识，灵活迁移，把握数学本质和思想方法，形成理性思维，发展学生的数学学科核心素养。

在此过程中，教师和学生是一种手性的关系，即对映异构，相对又相辅，相离又相连。教师基于自己深厚的学术理解力，语言诙谐，教风灵动，同时，学生要积极参与，学习投入。

3. 教学目标

提高课堂教学质量，实现学科育人，发展学生的学科核心素养。

4. 基本特征

情境科学性、过程批判性、方法多样性、理解深刻性、迁移有效性、结构发展性。

5. 教学策略

目标导航、问题驱动、情境复演、交互生成、技术融合、挖掘资源、深度解码、层进理解、变式迁移、拓展应用、逻辑连贯、整体统一。

（三）构建了学科大概念引领的初中数学深度课堂设计与实施流程

1. 学科大概念引领的初中数学深度课堂设计

学科大概念引领的初中数学深度课堂设计，首先需要教师对数学内容的理解既有能够用高观点解释初等数学的能力，即自上而下的理解力，又能够在教学组织上精心设计教学活动，引导学生经历由下而上，将分散孤立的知识逐渐抽象概括，形成有组织、有结构的学科大概念，同时，能够由上而下，展开学科大概念的解构、迁移和应用，形成整体的认知结构。为此，项目组构建了两种不同形式的初中数学深度课堂设计：

（1）正向单元目标整体设计（图 3 – 10 – 9）。

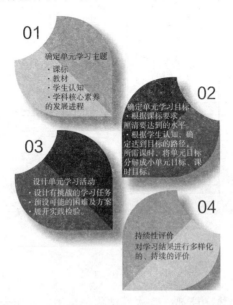

图 3 – 10 – 9

（2）逆向主题整合性设计（图 3 – 10 – 10）。

图 3 – 10 – 10

2. 学科大概念引领的初中数学深度课堂教学组织流程

对应上面两种形态的设计，我们构建了学科大概念引领的初中数学深度课堂教学流程（图 3 – 10 – 11）。

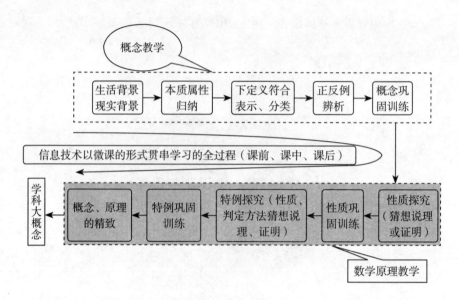

图 3 – 10 – 11

此流程符合"整体—局部—整体"结构，采用正向单元目标整体设计的形式，如同把一个章节视为一个单元。在此流程中，既有概念教学环节，也有原理教学环节，它们构成了一个在学科大概念引领下，逐渐趋近于学科大概念的闭环，适用于平时的教学。

针对单节复习课或主题学习课，我们可以选择采用逆向主题整合性设计，从学科大概念出发，解构大概念，精选典型问题，使大概念从内隐的问题情境中凸显出来。（图 3 – 10 – 12）

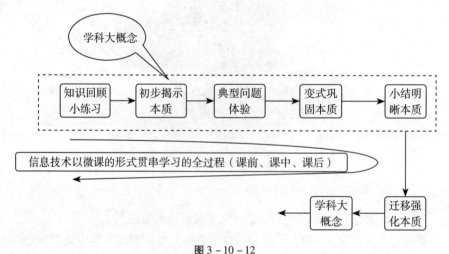

图 3 – 10 – 12

（四）构建了学科大概念引领的初中数学深度课堂评价量表

学科大概念引领的初中数学深度课堂显然并不满足于只对数学知识的掌握。项目组经过文献学习，认同有些学者提出的观点。例如，有学者认为，教师与课堂教学高度相关的五个指标分别是教师的讲授内容对学生有价值，教师善于激励学生学习，教师营造愉快的学习气氛，教师有效地与学生交流和沟通以及教师关心学生的学习。美国学者鲍里奇教授也指出，有效的课堂教学应体现为五个特征：清晰的教学思路，多样化的教学方法，任务导向明确，学生投入，成功率高。而对于学生的投入，项目组赞同有些学者提出的学生主体参与的评价标准：学生能够全体参与，学生能够主动建构，学生与教师能够多向互动，学生能够积极体验，学生能够自我反思。由此，我们设计了学科大概念引领的初中数学深度课堂教学评价量化表，从学生、教师、效果三个视角，以共计 19 个三级指标展开对课堂教学效益的评价。（表 3－10－2）

表 3－10－2　学科大概念引领的初中数学深度课堂教学评价量化表

授课教师：		授课班级：				听课时间：		
课题								
一级指标	二级指标	三极指标	等级					得分
学生行为	课前表现 （5分）	1. 学生学习准备是否充分？（包括学习用品、课前自学情况等）	5	4	3	2	1	
	课堂表现 （25分）	2. 学生能否全体参与课堂活动？	5	4	3	2	1	
		3. 学生能否主动建构整体知识体系？	5	4	3	2	1	
		4. 学生能否自然充分与老师、同学多向互动沟通交流？	5	4	3	2	1	
		5. 学生是否勇于探索、积极体验、思维活跃？	5	4	3	2	1	
		6. 学生能否自我反思？	5	4	3	2	1	
教师行为	教学设计 （20分）	7. 教学目标是否明确、具体？	5	4	3	2	1	
		8. 教学思路是否清晰？	5	4	3	2	1	
		9. 教学资源准备和选择是否有适切性？	5	4	3	2	1	
		10. 教学选例是否典型？迁移变式是否充分？	5	4	3	2	1	

追寻数学教育的内在力量

续 表

一级指标	二级指标	三极指标	等级					得分
教师行为	课堂表现 （30分）	11. 教师课堂教学基本功是否扎实（语言是否诙谐？板书等其他表现）	5	4	3	2	1	
		12. 教师课堂是否充满激情？	5	4	3	2	1	
		13. 课堂结构及各环节任务导向是否合理、明确？	5	4	3	2	1	
		14. 概念、原理教学是否追求使学生知其所以然？	5	4	3	2	1	
		15. 教师是否运用了多样化的教学方法？	5	4	3	2	1	
		16. 教师是否关注到学生个性学习行为？	5	4	3	2	1	
效果	教学效果 （20分）	17. 重难点微课资源利用效果是否突出？	5	4	3	2	1	
		18. 学科大概念的提炼与领悟是否达成？	5	4	3	2	1	
		19. 当堂知识检测反馈情况是否成功？	5	4	3	2	1	
总评		总得分						

（五）开发出版了学科大概念引领的初中数学深度课堂系列微课支撑资源

随着信息技术的迅猛发展，项目组抓住时代热点，集中力量开发了学科大概念引领的初中数学深度课堂信息化微课资源。选取初三数学复习中"方程与不等式"内容板块，研发并出版了符合学生学情的初中数学重难点微课教学资源25个。资源在疫情期间免费供广大学校与学生使用，产生了很好的社会效应。之后，又选取了核心数学原理20个，研发出版了精品微课资源。每项资源包括微课视频、配套练习、教学PPT、教学素材等四项内容。

四、效果与反思

（一）学生发展

本项目达到了改进初中数学课堂教学，促进学生思维发展，培养发展学生的学科核心素养，学科育人的目标。

1. 提升了数千名学生的数学素养

自2015年起，数学科组在初中数学深度课堂的设计与实施中，改变学生在教

148

学中的角色定位，改变学生接受型的学习习惯和学习心理，培养其主动追求知识、善于协作、勇于创新的精神，全面提升了学生的数学学科素养和数学思维能力。近年来，还有越来越多的外校学生参与到我校的数学深度课堂学习中。

2. 增强了学校数学文化底蕴

除了国家课程外，我校数学科组还积极开发校本课程和参加一年一度的科技节，以增强学生学习数学的兴趣，增强学生数学文化底蕴。学校每年都坚持开设的校本课程有面向高中的数学、数学奥赛基础、好玩的数学、趣味数学以及数学实验等，科技节的保留项目有《数独王讲座》《数独比赛》和《最强大脑——趣味数学知识竞赛》，使学生的能力得到了很大的提升。活动后，学生纷纷留言：

很荣幸能参加这次趣味数学知识竞赛活动，我们小组稳扎稳打，齐心协力取得了一等奖的好成绩，希望以后会有更多机会参加这样有意义的活动。（潘洋）

这次的竞赛精彩刺激，我最大的感受就是不能死板地学习数学，要灵活，要创新……（刘粤闻）

这次趣味数学知识竞赛真是高手如云，我们组以 190 分的成绩夺冠，我很感谢我的数学老师（注：项目组成员周小莹），她教学有方，上课灵活，她有趣的授课方式让我热爱数学。（邝志强）

3. 培养了一批数学拔尖人才

这几年，从我校初中部升读重点高中的人数稳中有升，这也证实了学科大概念引领的初中数学深度课堂的实施效果（图 3 - 10 - 13、表 3 - 10 - 3）。

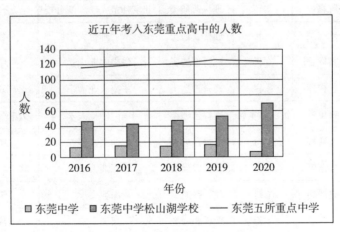

图 3 - 10 - 13

表 3 - 10 - 3　东莞中学松山湖学校学生考取重点大学专业统计表（2018—2020 年）

年份	学生姓名	批次	计划类别	院校名称	专业名称
2018 年	李想	本科	理科普通类	黑龙江大学	数学与应用数学
2018 年	汤禧浚	本科	理科普通类	华南农业大学	统计学
2018 年	钟展洋	本科	理科普通类	华南农业大学	统计学
2018 年	程俊鹏	本科	理科普通类	深圳大学	统计学
2019 年	黄凯欣	本科	理科普通类	湖北大学	数学类
2019 年	康寓	本科	理科普通类	暨南大学（中外合作办学专业）	数学与应用数学
2019 年	张含冰	本科	理科普通类	陕西师范大学	数学类
2019 年	蔡凯杰	本科	理科普通类	深圳大学	数学与应用数学
2019 年	李泽林	本科	理科普通类	天津师范大学	数学与应用数学
2019 年	刘浩贤	本科	理科普通类	中南大学	数学类（数学物理类）
2019 年	郭凌轩	本科	理科普通类	中南大学	数学类（数学物理类）
2020 年	陈嘉禧	本科	理科普通类	北京师范大学珠海分校	金融数学
2020 年	刘嘉慧	本科	理科普通类	河北师范大学	数学类
2020 年	黎颂委	本科	理科普通类	华南农业大学	统计学
2020 年	曾控翔	本科	理科普通类	华南农业大学	统计学
2020 年	梁申懿	提前批本科	理科普通类	华南师范大学	数学与应用数学
2020 年	王凯旋	本科	理科普通类	汕头大学	统计学
2020 年	吴东轩	本科	理科普通类	深圳大学	数学与应用数学
2020 年	赵严钊	本科	理科普通类	深圳大学	统计学
2020 年	江逸舒	本科	理科普通类	深圳大学	统计学
2020 年	方俊月	本科	理科普通类	天津师范大学	数学与应用数学
2020 年	欧阳馨	本科	理科普通类	西南交通大学	数学与应用数学
2020 年	蒋紫妍	本科	理科普通类	浙江师范大学	数学类

2012届初中校友麦炜乐同学从小聪明好学，来到我校初中后，在项目组冯强泉老师的影响下，他对数学学习产生了浓厚的兴趣，初中毕业，考入我校高中，毕业后又去加拿大读预科，考取了知名的多伦多大学，攻读理论数学，曾获得数学学院的年度优秀学生奖学金，研究生考取了香港大学。

张胜杰，2021年毕业的学生，他拿到深圳市国际交流学院高中的录取通知书时，欣喜若狂，第一时间就把这个消息告诉了张老师。他说："跟着张老师学习数学的这三年，让我获益良多。老师在讲课的时候善于引导学生思考，在讲解公式、定理等知识的时候，能够细致地剖析它们的由来，不生搬硬套、照本宣科。并且老师会精心筛选典型例题，引导我们自主探索，思考并灵活运用所学知识解决问题。"

4. 帮助数千名学生取得优异的数学中考成绩

我校连续10年中考成绩位于同类学校前列，每年都会获得全市初中教学质量一等奖，而学生的数学成绩也位居东莞前列（图3-10-14）。

图 3 - 10 - 14

（二）形成了"课题引领，主题研修"的工作室骨干教师培养模式，一批教师专业成长显著

本项目同样促进了学校教师的专业成长。项目主持人所在的学校，近五年来，先后有8名初中数学教师进入工作室跟岗，其中有6人被评为市级教学能手，大家撰写教研论文，参加有关比赛，都取得了不错的成绩。统计显示，只有23人的初中数学科组，在4年内就有多达172人次获市级奖项，专业化水平显著提高。

参与成果试验的学校，如东莞市石碣中学、横沥中学、中堂实验中学，在应用项目组开发的资源教学，应用本项目成果组织教学后，在中考和义务教育质量监测中，都有很好的表现，教师的专业化水平、学校的教育教学质量都有明显的

提升。（图3 – 10 – 15）

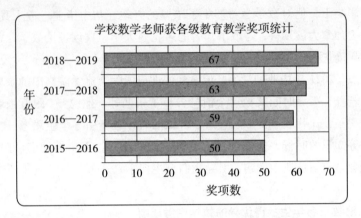

图 3 – 10 – 15

项目组的每一位成员都是张青云工作室省、市级学员。近几年，先后到工作室跟岗的省、市级学员有50余人。在工作室主持人张青云老师的带领下，工作室以课题为引领，围绕着数学深度课堂、整体教学、概念教学、原理教学等主题，开展了各种形式的研修活动，学员专业化成长很快，其中，有1人被选为东莞市工作室主持人，3人成为东莞市学科带头人，15人成为东莞市教学能手，有3人获得了广东省片段教学比赛特等奖，有1人代表广东省参加全国青年教师优秀课展示获得全国一等奖。在本项目组成员中，张青云老师被评为中小学正高级教师，陈建平、杨运标被评为东莞市学科带头人，张继晓被评为市教学能手，多次承担大型公开课教学展示，周小莹、冯强泉多次承担公开课研讨课教学展示。项目组共有22篇教研论文在国内主流专业期刊上发表，其中有3篇被《复印报刊资料·初中数学教与学》全文转载，3篇列为索引。有23篇论文获省市级奖项，有19项微课资源出版或获奖，工作室成为远近闻名的省市级骨干教师专业成长的基地。

（三）形成了"工作室＋"区域融合联动教研模式，推广辐射到省内外，强有力地推动了地区区域性教研发展

工作室主持人张青云老师将省、市工作室学员融合，混合编组，和市内外其他各级工作室联合，组织开展了多项教研活动，逐渐形成了富有东莞特色的"工作室＋"区域融合联动教研模式，受到了省内外众多专家的点赞和肯定，如中国教育学会中学数学教学专业委员会理事长章建跃博士、广东省中数会徐勇老师都曾表扬工作室。近五年来，项目组成员受邀到省内外各地进行成果专题讲座、示范课教学，项目组共开展了成果研修活动省级36次，市级22次，公开课67节，面向全省推广成果应用。2019 年 9 月，项目组成员应《中学数学教学参考》杂志社邀请，赴成都进行了项目成果的课例展示和主题发言，受到了与会代表的一致肯定，反响强烈。2020 年 9 月，主持人张青云老师受邀到内蒙古自治区等地进行相关主题的讲座，受到了广大教师的一致好评。

（四）反思及未来发展

反思本项目的研究，虽然历时 10 年，但还存在着许多不足，如对于初中数学学科大概念的提炼还有待加强，资源开发建设还没有形成系列，资源应用于课堂教学的形式也还有待进一步探索，这些都需要我们努力在学科大概念引领的初中数学深度课堂教学研究的道路上继续前进。

第四章

中考问题研究

第一节　基于核心素养的复习课设计：线段、角、相交线与平行线①

一、复习目标

（1）复习线段、角、对顶角、余角、补角、平行线的概念，熟练掌握相关的性质（包括公理）和判定方法。

（2）通过线段和角的运算，进一步感悟类比思想、模型思想，增强、发展学生的逻辑推理、数学建模、直观想象等核心素养。

二、学情分析

直线、线段、角是最基本的几何图形，也是平面几何学习的起点，相交线与平行线是平面几何内容中最基础的部分，其相关性质（包括公理）和判定方法是学生一定要掌握的重要的基础知识，属中考必考内容之一。本节课设计面向全体学生。

三、教学过程设计

（一）单元知识结构梳理

问题1　按照几何图形的研究思路、研究内容、研究方法，梳理本节知识结构框架图。

功能分析：基于核心素养的复习课首先要让学生建立数学是一个彼此联系的整体的观念，引导学生从知识的整体、思维的系统上把握本单元知识结构，用一般观念引领学生积累几何图形学习的活动经验。

教学示范说明：教师要引导学生一起整理，组织学生一起交流，讨论补充，不断修正完善，得到下面的知识结构框架图（图 4 - 1 - 1）。

———————————————

① 此文发表于《中学数学教学参考》（中旬）2019 年第 1 期。

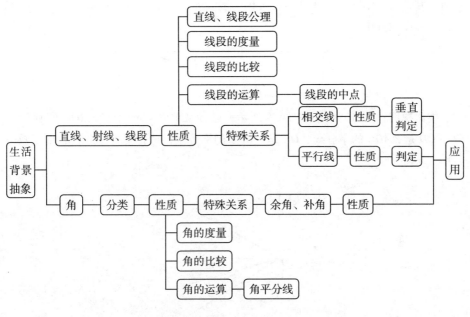

图 4 - 1 - 1

研究思路：从特殊到一般，背景—概念—分类—性质—判定—应用。

研究内容：几何图形的位置、大小、形状特征。

研究方法：类比思想、从一般到特殊。

（二）教材内容核心呈现

问题 2

（1）如图 4 - 1 - 2 所示，已知 $AB = a$，点 C 是线段 AB 的中点，则 AC = _____。

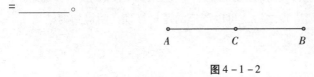

图 4 - 1 - 2

（2）如图 4 - 1 - 3 所示，已知 $AB = a$，点 C 是线段 AB 上任意一点，点 D 是线段 AC 的中点，点 E 是线段 BC 的中点，请用含 a 的式子表示 DE 长，并说明理由。

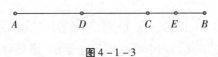

图 4 - 1 - 3

一般推广：（3）如图 4 - 1 - 4 所示，在上题中，当点 C 是直线 AB 上任意一点时，其他条件不变，上述结论是否仍然成立？如成立，请写出推理过程；如不成立，请说明理由。

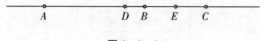

图 4 - 1 - 4

类比探究：（4）如图 4 - 1 - 5 所示，已知 $\angle AOB = 90°$，在 $\angle AOB$ 外有射线 OC，OD 是 $\angle AOC$ 的平分线，OE 是 $\angle BOC$ 的平分线，请直接写出 $\angle DOE$ 的度数。

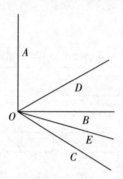

图 4 - 1 - 5

功能分析：中考复习要回归教材，并对教材相关知识、相关数学问题进行整合，以体现"依纲靠本"的原则。本问题以问题串的形式，由浅入深地研究动态图形中"线段双中点模型"，再类比归纳"角双平分线模型"，让学生在变化中体会运动的不变性，凸显几何学习过程中的逻辑推理和数学建模的核心素养。

教学示范说明：学生独立探究，小组合作交流，教师重点点拨，运用几何画板度量功能，让学生直观观察，感悟运动之中的不变性，归纳提炼出"线段双中点模型"（"角双平分线模型"）之后，再以严谨的逻辑推理证明得到的结论。

解答：（1）$\frac{1}{2}a$。

（2）$DE = \frac{1}{2}a$，推理略。

（3）结论仍然成立，$DE = \frac{1}{2}a$，推理略。

（4）45°。

问题 3 如图 4 - 1 - 6 所示，点 A、O、B 在同一条直线上，射线 OD 和射线 OE 分别平分 $\angle AOC$、$\angle BOC$，图中哪些角互为余角？哪些角互为补角？

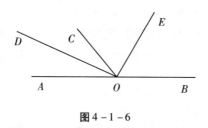

图 4 - 1 - 6

功能分析：角是本单元的一个重点，特别是角的特殊关系研究。本问题属教材改编，以增强学生对余角、补角概念本质的理解。余角、补角是从两角的数量关系上定义的特殊关系，学生极易错误理解成位置上的某种关系，导致在寻找互余、互补的过程中，产生遗漏。

教学示范说明：教师不要直接讲题，应让学生先独立研究，寻找具有互余、互补关系的角，再让学生小组合作交流，相互补充，教师点拨强调证明 $\angle DOE = 90°$ 这个关键点，可以看作"角双平分线模型"的应用，同时提醒学生余角、补角概念的本质是数量关系。在研究完本例之后，教师还可带领学生进一步研究当 $OC \perp AB$ 时的特例，以进一步理解"同角或等角的余角或补角相等"的性质。

解答：互余的角：$\angle DOC$ 与 $\angle COE$、$\angle AOD$ 与 $\angle BOE$、$\angle AOD$ 与 $\angle COE$、$\angle COD$ 与 $\angle BOE$ 共 4 组。

互补的角：$\angle AOD$ 与 $\angle BOD$、$\angle DOC$ 与 $\angle BOD$、$\angle AOC$ 与 $\angle COB$、$\angle AOE$ 与 $\angle BOE$、$\angle AOE$ 与 $\angle COE$ 共 5 组。

（三）中考真题范例设计

例 1 （2018·恩施自治州）　如图 4 - 1 - 7 所示，直线 $a /\!/ b$，$\angle 1 = 35°$，$\angle 2 = 90°$，则 $\angle 3$ 的度数为（　　）。

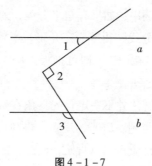

图 4 - 1 - 7

A. 125°　　　　　　　　　　B. 135°

C. 145°　　　　　　　　　　D. 155°

功能分析：这是中考卷中很常见的一类题，背景都是以平行线为基础。本例蕴含了平行线的"Σ"形基本图形，即图 4 – 1 – 8，当 $a/\!/b$ 时，有 $\angle 1 + \angle 3 =$ $\angle 2$ 成立，这是由平行线的性质与判定定理推得的一个基本结论。本例设计的目的是增强学生对这类基本图形及结论的理解，应用它解决角度计算的问题。

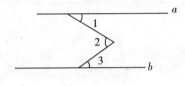

图 4 – 1 – 8

教学示范说明：学生讲述答题过程，他们可能有多种方法获得结论，包括画辅助线得到三角形，运用三角形外角的知识等，教师无须反对，但要引导学生评价各种方法的优劣，体会到抽象出"Σ"形基本图形方法的优越性，达到解答快捷算法自动化的程度。

解答：A。

例2（2018·青海） 如图 4 – 1 – 9 所示，直线 $AB/\!/CD$，直线 EF 与 AB、CD 相交于点 E、F，$\angle BEF$ 的平分线 EN 与 CD 相交于点 N。若 $\angle 1 = 65°$，则 $\angle 2 =$ _____。

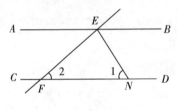

图 4 – 1 – 9

功能分析：在平行线问题中，如果有角平分线，通常可以推理得到一个等腰三角形，即"平行线 + 角平分线"得等腰三角形。本例就体现了这种情形，利用平行线内错角的性质、角平分线 EN，即可推得 $\triangle EFN$ 为等腰三角形，再由三角形内角和定理，求得 $\angle 2$ 的度数。

教学示范说明：学生的解法并不一定首先聚焦在 $\triangle EFN$ 上，可能先由内错角推得 $\angle BEN$ 的度数，进一步得到 $\angle BEF$ 的度数，再利用平行线同旁内角互补的性质得到结论。教师对这种思路应当加以肯定，同时，需要强调"平行线 + 角平分线"组合，培养学生几何直观的核心素养。

解答：50°。

例3（2018·海南） 将一把直尺和一块含 30° 和 60° 角的三角板 ABC 按如图 4 – 1 – 10 所示的位置放置，如果 $\angle CDE = 40°$，那么 $\angle BAF$ 的大小为（ ）。

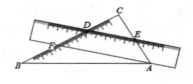

图 4 - 1 - 10

A. 10°   B. 15°

C. 20°   D. 25°

功能分析：三角板、直尺都是学生常用的学习用具，取学生实际生活中常见的器具作为试题背景，有利于提高他们的数学学习兴趣，也便于他们实践操作，激发他们思考，培养他们的数学建模核心素养，使他们形成用数学的意识。

教学示范说明：针对本问题，对于思维不够清晰的学生，教师可引导学生动手操作，观察思考，将直尺抽象成两条平行线，利用平行线的性质，将已知角与未知角联系起来。

解答：A。

例4（2018·潍坊） 把一副三角板放在同一水平桌面上，摆放成如图 4 - 1 - 11 所示的形状，使两个直角顶点重合，两条斜边平行，则∠1 的度数是( )。

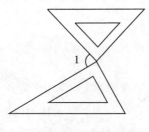

图 4 - 1 - 11

A. 45°   B. 60°

C. 75°   D. 82.5°

功能分析：和例3一样，取学生最熟悉的工具来展开问题。一副三角板按照不同的位置摆放，可以呈现出多种变化，本例中三角板的摆放比较别致，是共直角顶点的形式，需要厘清的是两个三角板相对的直角边并不在同一条直线上，也就是说∠1 并非直角。当然，此问题还有利于激发学生拓展思路，采用多种解法解决问题。

教学示范说明：∠1 是不是直角？这是首先要解决的问题。特别是对于思辨能力不够强的学生，教师要指导他们动手摆一摆，观察两三角板相对的两直角边是否在同一直线上，确认之后，引导学生思考解决方法。在思路上，教师要引导学生抓住两斜边相互平行的特征，可以如例 1 一样，提炼出"Σ"形基本图形，也可以延长某三角形的一条直角边与另一三角形斜边相交，如图 4 - 1 - 12 所示，利用三角形的外角性质得到结论。

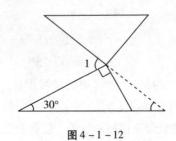

图 4 - 1 - 12

解答：C。

例5 （2018·衢州） 如图 4 - 1 - 13 所示，将矩形 *ABCD* 沿 *GH* 折叠，点 *C* 落在点 *Q* 处，点 *D* 落在 *AB* 边上的点 *E* 处，若∠*AGE* = 32°，则∠*GHC* 等于（   ）。

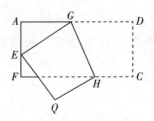

图 4 - 1 - 13

A. 112°   B. 110°

C. 108°   D. 106°

功能分析：折叠问题本质是轴对称问题，变换的载体也比较复杂，在这里受平行线的局限，折叠仅限于矩形的折叠，所涉及的也只是角度方面问题的研究。

教学示范说明：引导学生对比折叠前后的图形，运用折叠性质——折叠前的角与折叠后的角对应相等，再利用平行线性质得到结论。

解答：D。

四、设计说明

本单元知识总体难度不大，在中考卷中主要以选择填空题型为主，属于基础知识、基本技能部分，内容设计指向逻辑推理、数学建模、直观想象等核心素养。《普通高中数学课程标准（2017 年版）》指出："逻辑推理是指从一些事实和命题出发，依据规则推出其他命题的素养。主要包括两类：一类是从特殊到一般的推理，推理形式主要有归纳、类比；一类是从一般到特殊的推理，推理形式主要有演绎。"在复习线段与角的相关内容时，需要让学生再次感悟线段与角这两种基本几何图形之间的可类比性，抽象提炼出一些基本图形，获得一些基本结论，以便在分析问题和解决问题的过程中，达到模式识别自动化的熟练水平。

在复习过程中，既要防止因为感觉内容简单导致轻视不在意的行为，也要防止依靠过多低层次的刷题，要抓住线段和角的运算、平行线的性质与判定这两个重点，构建有利于学生思考的空间，有针对性地开展复习教学，特别是要关注学力较弱的学生，以典型例题为重点，做到做一题通一类，帮助他们有效提高复习效益。

五、精选练习

1. （2018·深圳）如图 4 - 1 - 14 所示，直线 a，b 被 c，d 所截，且 $a/\!/b$，则下列结论中正确的是（　　）。

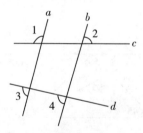

图 4 - 1 - 14

A. $\angle 1 = \angle 2$ B. $\angle 3 = \angle 4$

C. $\angle 2 + \angle 4 = 180°$ D. $\angle 1 + \angle 4 = 180°$

2. （2018·济南）如图 4 - 1 - 15 所示，AF 是 $\angle BAC$ 的平分线，$DF/\!/AC$，若 $\angle 1 = 35°$，则 $\angle BAF$ 的度数为（　　）。

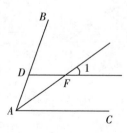

图 4 - 1 - 15

A. $17.5°$ B. $35°$

C. 55°   D. 70°

3. （2018·荆门）已知直线 $a / / b$，将一块含45°角的直角三角板（$\angle C = 90°$）按如图 4 – 1 – 16 所示的位置摆放，若 $\angle 1 = 55°$，则 $\angle 2$ 的度数为（   ）。

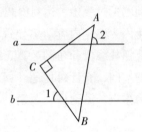

图 4 – 1 – 16

A. 80°   B. 70°

C. 85°   D. 75°

4. （2018·衡阳）将一副三角板按图 4 – 1 – 17 放置，使点 A 落在 DE 上，若 $BC / / DE$，则 $\angle AFC$ 的度数为_____。

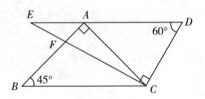

图 4 – 1 – 17

5. （2018·德州）如图 4 – 1 – 18 所示，将一副三角尺按不同的位置摆放，下列方式中 $\angle \alpha$ 与 $\angle \beta$ 互余的是（   ）。

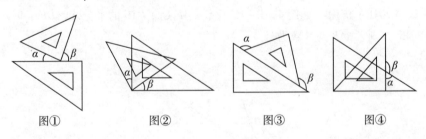

图①   图②   图③   图④

图 4 – 1 – 18

A. 图①   B. 图②

C. 图③   D. 图④

解答：1. B；2. B；3. A；4. 75°；5. A。

第二节 函数考查要回归本质

——对近两年广州市中考数学第 25 题的思考

广州市中考数学第 25 题的设计一直以来都颇具特色，近两年来，都是以含参二次函数为主体，无图呈现的综合压轴题。解决这类问题应当如何寻找思路的突破口？给我们的教学带来怎样的思考？笔者以 2019 年、2020 年的问题解答为例，谈些自己的思考，供大家参考。

一、2019 年原题呈现

已知抛物线 G：$y = mx^2 - 2mx - 3$ 有最低点。

（1）求二次函数 $y = mx^2 - 2mx - 3$ 的最小值（用含 m 的式子表示）。

（2）将抛物线 G 向右平移 m 个单位得到抛物线 G_1，经过探究发现，随着 m 的变化，抛物线 G_1 顶点的纵坐标 y 与横坐标 x 之间存在一个函数关系，求这个函数关系式，并写出自变量 x 的取值范围。

（3）记（2）所求的函数为 H，抛物线 G 与函数 H 的图象交于点 P，结合图象，求点 P 的纵坐标的取值范围。

（一）思路分析

函数综合题需要学生冷静分析试题中的每一个条件，根据解题的需要，自行绘出函数的图象，运用数形结合的方法分析问题。

对于此题的题干条件，含参数 m 的二次函数有最低点，可以判定二次项系数 $m > 0$，在（1）中求二次函数的最小值，可以运用公式法，也可以运用配方法，而运用配方法将函数解析式转化成顶点式更好。

第（2）问中，将抛物线平移，根据坐标系平移特征，平移 m 个单位后的抛物线 G_1 可以表示，其顶点坐标也可以表示，利用消元思想求函数解析式。

第（3）问，研究抛物线 G 与一次函数 H 之间的交点 P，一般思路是将两函数解析式联立组成方程组，解方程组，但面对一个含参的方程组，消元后，得到 $mx^2 + (-2m+1) x - 1 = 0$，在不能使用因式分解的情况下接下来要用公式法解，计算量显然会很大，是不是要硬着头皮进行呢？一时思维受阻。根据题目提示："结合图象，判定点 P 的纵坐标的取值范围"，尝试性地画函数图象，但由于抛物线 G 含有参数 m，图象似乎也很难准确确定。当然，还是可以确定一些相关要素的，如抛物线对称轴为 $x = 1$，与 y 轴交点坐标 C 为（0，-3）。画出示意图，观察图象，可知抛物线过点 C 的对称点 D（2，-3），得到交点 P 的纵坐标肯定小于 -3，而大于 $-m - 3$。接下来要更精确地锁定点 P 纵坐标的取值范围，这是有一定挑战的。发现点 E，借助于点 E 的纵坐标是关键。

（二）解答参考

（1）由题意得 $y = mx^2 - 2mx - 3 = m(x^2 - 2x) - 3 = m(x - 1)^2 - m - 3$

∵ 抛物线有最低点

∴ $m > 0$，二次函数的最小值为 $-m - 3$

（2）由题意得，$G : y = m(x - 1)^2 - m - 3$ 向右平移 m 个单位后得 $G_1 : y = m(x - 1 - m)^2 - m - 3$ $(m > 0)$

∴ 顶点坐标为（$1 + m$，$-m - 3$）

则 $\begin{cases} x = 1 + m \\ y = -m - 3 \end{cases}$，消去 m，得 $y = -x - 2$

∵ $m > 0$

∴ $x = 1 + m > 1$

即随着 m 的变化，顶点的纵坐标与横坐标之间存在的函数关系式为 $y = -x - 2$，且取值范围是 $x > 1$

（3）由 $y = mx^2 - 2mx - 3$ 可知：对称轴为 $x = 1$，与 y 轴交点坐标为 C（0，-3），由抛物线的对称性可知，其图象必过对称点 D（2，-3）

∴ 抛物线的顶点坐标为（1，$-m - 3$）

对于函数 $H : y = -x - 2$ $(x > 1)$

当 $x = 1$ 时，$y = -1 - 2 = -3$

∴ 点 F（1，-3）

当 $x = 2$ 时，$y = -2 - 2 = -4$

∴ E（2，-4）

∴ 函数图象交点 P 必在线段 EF 之间，即点 P 纵坐标 y_P 取值范围是 $-4 < y_P < -3$

二、2020 年原题呈现

在平面直角坐标系 xOy 中，抛物线 $G : y = ax^2 + bx + c(0 < a < 12)$ 过 A（1，

$c-5a$），B（x_1，3），C（x_2，3），顶点 D 不在第一象限，线段 BC 上有一点 E，设 $\triangle OBE$ 的面积为 S_1，$\triangle OCE$ 的面积为 S_2，$S_1 = S_2 + \dfrac{3}{2}$。

（1）用含 a 的式子表示 b。

（2）求点 E 的坐标。

（3）若直线 DE 与抛物线 G 的另一个交点 F 的横坐标为 $\dfrac{6}{a}+3$，求 $y = ax^2 + bx + c$ 在 $1 < x < 6$ 时的取值范围（用含 a 的式子表示）。

（一）思路分析

这也是没有图形呈现的函数综合题，需要仔细分析问题题干给出的条件，尽可能地寻找解决问题的突破口。

第（1）问要用含 a 的式子表示 b；二次函数解析式含 a、b、c 三个参数，所给的 A、B、C 三点坐标也都残缺不全，刚开始并不一定很明确要如何走，但可以尝试着将点 A 的坐标代入解析式，结果化简时消去了 c，得到一个关于 a、b 的关系式，问题得到解决。

第（2）问是在第（1）问基础上进一步研究。题目已知 C，B 两点的横坐标不确定，但纵坐标相同，可知 B、C 两点是抛物线上关于对称轴对称的点，（1）的结论实质是研究抛物线的对称轴，得到对称轴为 $x=3$，再研究 $\triangle OBE$、$\triangle OCE$ 的面积，这是两个不同底，但高都为 3 的三角形，由题目中 S_1、S_2 的关系式，可转化得到 $BE = CE + 1$。如何认识这个关系式是一个难点，可放在数轴上，也可由线段及中点的知识推导。

如图 4-2-1 所示，线段 BC 及中点 M，得到 $BM = MC$。

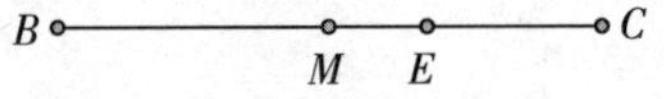

图 4-2-1

$\because BE = EC + 1$

$\therefore BM + EM = EC + 1$

$\therefore MC + EM = EC + 1$

$\therefore MC + EM - EC = 1$

$\therefore EM = \dfrac{1}{2}$

在坐标系中，点 M 坐标为（3，3），由此推理得到点 E 的坐标，当然，需要注意的是点 B 不一定在左边，所以点 E 的位置在坐标系中，可能在对称轴右边，也可能在左边，分两种情况。

第（3）问，肯定是问题的制高点，首先还是要确定一下图象，哪怕是某些元素不确定的大致图象。这一问中，点 D 是顶点，点 F 的横坐标 $\frac{6}{a}+3$，说明点 F 在对称轴右边，所以点 E 只能是对称轴右边的点。接下来如何思考呢？由于 D、E、F 三点的横坐标都已确定或可表示，所以，思考这三点的纵坐标，构造由平行线组成的两三角形相似来寻找突破口。经过运算之后，可得到 c、a 之间的关系式 $c=9a$，这样二次函数解析式就可以都用含 a 的式子表示，再由对称轴为 $x=3$，研究 $1<x<6$ 可知，这是需要研究抛物线上非对称区间 y 的取值范围，分别求出界点（$x=1$、$x=6$ 时）对应的函数值，再综合得到函数值的取值范围。

（二）解答参考

（1）由 A（1，$c-5a$）代入解析式 $y=ax^2+bx+c$，得到 $a+b+c=c-5a$

$\therefore b=-6a$

（2）由题意，可得对称轴 $x=-\dfrac{b}{2a}=-\dfrac{-6a}{2a}=3$；再由 B（x_1，3），C（x_2，

3）可知 $BC\,/\!/\,x$ 轴，且关于对称轴对称。由 $S_1=\dfrac{1}{2}BE\times3$，$S_2=\dfrac{1}{2}CE\times3$

$\because S_1=S_2+\dfrac{3}{2}$

$\therefore \dfrac{1}{2}BE\times3=\dfrac{1}{2}CE\times3+\dfrac{3}{2}$

$\therefore EB=CE+1$

再由对称性可知，点 E 到对称轴的距离为 $\dfrac{1}{2}$

$\therefore E$（$\dfrac{5}{2}$，3）或（$\dfrac{7}{2}$，3）

（3）由交点 F 的横坐标为 $\dfrac{6}{a}+3>3$，可见点 F 在对称轴右边，如图 $4-2-2$ 所示

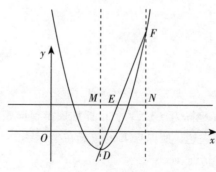

图 $4-2-2$

$\therefore E$ $(\dfrac{7}{2}, 3)$，过点 F 作 $FN \perp x$ 轴交直线 BE 于点 N

当 $x = \dfrac{6}{a} + 3$ 时，$y = a(\dfrac{6}{a} + 3)^2 - 6a \times (\dfrac{6}{a} + 3) + c = \dfrac{36}{a} - 9a + c$

$\therefore FN = \dfrac{36}{a} - 9a + c - 3$，$EN = \dfrac{6}{a} + 3 - \dfrac{7}{2} = \dfrac{6}{a} - \dfrac{1}{2}$　$ME = \dfrac{1}{2}$

由（1）可知，当 $x = 3$ 时，$y = 9a - 18a + c = c - 9a$

$\therefore D$ $(3, c - 9a)$，$MD = 3 - c + 9a$

由题意可得 $\triangle MDE \backsim \triangle FEN$

$\therefore \dfrac{MD}{FN} = \dfrac{ME}{EN}$，得到 $\dfrac{3 - c + 9a}{\dfrac{36}{a} - 9a + c - 3} = \dfrac{\dfrac{1}{2}}{\dfrac{6}{a} - \dfrac{1}{2}}$

化简得到 $c = 9a$

$\therefore$ 抛物线的解析式为 $y = ax^2 - 6ax + 9a$

$\therefore$ 由 $1 < x < 6$，$a > 0$，对称轴为 $x = 3$，可知，当 $x = 3$ 时，y 最小为 $c - 9a = 0$；

当 $x = 6$ 时，$y = 36a - 36a + c = 9a$

$\therefore 0 \leqslant y < 9a$

三、试题思考

（一）关注函数压轴题，考查回归本质

长期以来，充斥于中考卷中二次函数类的综合压轴题，大都是把函数图象与几何图形结合起来，考查图形的属性，这类试题因过分注重技巧套路，有将未来高中要学的解析几何的有关研究放在初中探究的倾向，不够自然，偏离了函数研究的本质，其命题导向一直饱受诟病。什么是函数？函数就是刻画现实世界运动变化规律的一种数学模型，在初中范围内，函数本质是"变量说"，指向的是两个变量之间的一种单值对应关系，而函数的单调性，才是中学学习的函数最基本、最核心的性质。所以，在初中数学领域，最重要的知识就是函数的概念、图象和性质，最重要的思想就是模型思想、变化和对应的思想。考查的重点就是利用数形结合的研究方法，既从解析式来确定图象的意义，又从图象来获取对应与变化的规律。广州市这两年函数综合题可谓回归本质，从所涉及的知识点来看，主体是二次函数，专注于二次函数的顶点、对称轴、交点坐标、函数图象平移特征等基础知识。前一题从抛物线顶点坐标变化规律的角度，研究纵坐标与横坐标两个变量之间的对应关系，并应用函数图象，直观想象研究交点纵坐标的变化规律；而后一题，则以图象上若干点的坐标之间的依赖关系，研究抛物线上一部分

点的变化规律。这种考查抓住了函数的本质，体现了知识之间的内在联系。

（二）回应当下的命题趋势

函数中含参问题是近年来各地中考数学试题的一个亮点。研究这两年各地的中考试题不难发现，以含参数的形式来研究数学问题的命题有增多趋势，如 2019 年的扬州卷第 27 题、宜昌卷第 24 题、泰州卷第 26 题、天津第 25 题、浙江舟山卷第 24 题，2020 年上海卷第 24 题、北京卷第 26 题、长沙卷第 24 题、扬州卷第 28 题，等等。其实，广州卷早在 2016 年中考中就有类似的设计，2018 年中考卷第 24 题也是如此。参数问题，其抽象不具体、参变量不确定而引起图象相应地产生某些变化特征，对学生解题能力要求较高，一直以来都是学生不易把握的难点，但这也是初、高中知识衔接的一个切入口。广州卷坚持这种导向，既是对当下命题亮点趋势的一种回应，也是对教学导向的一种坚守。

四、教学启示

（一）坚持数学学科核心素养的深度教学

从数学学科核心素养的角度来说，文中的两道综合题都重点考查了学生的数学运算、逻辑推理、直观想象、数学抽象等核心素养。首先是学生的运算能力。解决有关综合题，没有高超的运算能力，肯定是行不通的。而参数的加入，使得对运算要求变得更高了。含参的顶点坐标、含参的交点坐标、含参的点的坐标、含参式子的因式分解等，都会增加运算的难度，影响学生运用运算结果进行推理、归纳和发现，阻隔学生的思维。当然这也说明，在初一、初二的代数教学中，其实也需要适当渗透一些字母运算。

其次是数形结合的研究方法受到了挑战。参数的加入，使得连画函数图象都成了一件很困难的事情，题目中没有图象呈现，自然就会影响学生观察图象、直观想象的能力。因此，在平时的教学过程中，教师仍然要立足数学学科的核心素养，坚持抓住函数本质教学，运用图形和空间想象的意识，发展学生的数学抽象、逻辑推理、规范表达能力，使学生形成一般性思考、程序化思考问题的习惯，发展学生的思维。

（二）加强含参二次函数解题反思

含参数的二次函数综合题难度往往很大，但也有其相应的学习方法。首先，在日常教学中，教师要引导学生深入探究问题的本质特征，加强解后反思，如追问"三个一"，即一题多解、一题多变、多题归———"你知道一道与它有关系题目吗？""你能在别的什么题目中利用这个结果或这种方法吗？"而不是盲目追求解题的数量。其次，要深刻理解含参数的二次函数中各参数的含义，克服参数的不确定性带来的困难，寻找其变化中的不变量，这通常就是问题的切入点。比如，可以尝试通过含参二次函数的解析式进行"图象六追"（抛物线的开口方向有没有变化、对称轴有没有变化、顶点坐标有没有变化、增减性有没有变化、有没有过某个定点、与坐标轴的交点坐标有没有变化等），从而挖掘其中的隐含信息，寻找不变量，把握图象的变化规律，并注意积累解题经验。实际上，对于含参二次函数 $y = ax^2 + bx + c$，如果 a、b、c 之比为定值，与 x 轴交于定点，如果 a、b 的比为定值，对称轴或顶点横坐标一定不变，解析式如果能够因式分解成两个一次式的乘积，就意味着对称轴以及与 x 轴两交点间的距离可研究。观察解析式，看有没有哪组值代入，刚好令相关参数全部消除，如果有，就说明图象过某个定点。

第三节　聚焦核心素养　凸显能力选拔

一、试题呈现

（广东卷第 25 题）如图 4 – 3 – 1 所示，二次函数 $y = \dfrac{3+\sqrt{3}}{6}x^2 + bx + c$ 的图象与 x 轴交于点 A，B，点 A、B 分别位于原点的左、右两侧，$BO = 3AO = 3$，过点 B 的直线与 y 轴正半轴和抛物线的交点分别为 C，D，$BC = \sqrt{3}CD$。

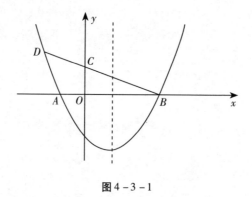

图 4 – 3 – 1

（1）求 b，c 的值。

（2）求直线 BD 的函数解析式。

（3）点 P 在抛物线的对称轴上且在 x 轴下方，点 Q 在射线 BA 上，当 $\triangle ABD$ 与 $\triangle BPQ$ 相似时，请直接写出所有满足条件的点 Q 的坐标。

二、试题评价

（一）试题设计简练

本题为广东卷的压轴题，但命题设计处处惜墨如金，极其简练。问题配图，除了抛物线及直线 BD 外，再没有任何多余的线条图形干扰，也没有备用图。题干文字部分，连同式子字符在内，也都只有区区 170 字。在问题结构设计上，是常见的三小问，从确定二次函数待定字母系数，到研究一次函数解析式，再到研究相似三角形点的坐标，问题由浅入深，层次分明。特别是第（3）问，在答题要求上以一种类似填空题的形式直接写出结论即可，这种人文关怀，使得学生可以跳过解题过程的文字表述，大量节省答题时间，从而使复杂的问题简洁化。当然，已知的二次函数解析式中二次项系数 a 看起来特别与众不同，会给部分学生带来一些心理上的压力，但这里的暂时困难其实是为第（3）问更简洁地处理相似问题所做的准备。

（二）聚焦核心素养

一直以来，压轴题都是以"四基""四级"为核心，聚焦数学学科核心素养的一个窗口。从本题来看，仍是以二次函数为背景，围绕二次函数的解析式、图象及点的坐标等基础知识展开，综合考查数形结合、分类讨论等数学思想方法，将数学运算、几何直观、空间观念、逻辑推理等数学学科核心素养融为一体。章建跃博士常说：推理是数学的"命根子"，运算是数学的"童子功"。在本题图形简洁的情况下，数学运算很自然地就成为联结的焦点。能否熟练进行二次根式的化简运算，会不会灵活运用适当的方法解方程或方程组，能不能敏锐地发现三角形的特殊性并进一步研究发现其中的边角对应关系，以数解形、以形助数等，都直接决定着学生答题的水平和层次，从而让试题成为了解考查学生数学学科核心素养培养发展情况的试金石。

（三）突出能力选拔

近些年来，中（高）考等一些选拔性考试，在一些舆论压力下不断降低难度，追求稳定，使得选拔性考试题目越来越趋向于简单化、水平化、模式化，考核的知识点与题型连年保持不变，接近固化，这种现象也促使学生的学习变成刷题，学生通过连续不断地重复训练来减少出错，提高考试分数，结果是高分通胀，大大降低了考试的区分度，破坏了考试选拔人才的功能。同时，教育部要求各地取消考试大纲的第一年，在这种时代背景下，压轴题的命题一定要有所突破，以充分体现数学学科思维能力选拔功能。本题背景朴素，入口宽泛，但梯度明显，适合不同能力的学生展示不同的思维，同时，最后落点的能力要求又很高，特别是比较集中地考查学生的运算能力、几何直观和空间观念等数学素养，考查他们在限时紧张的环境下能否有序有据地剖析问题，寻求解决之道。而最后一问无须详细过程，则更加强化了专于思维，突出考试的选拔功能。

三、试题解法研究

本题三小问组合，难度拾级而上，下面逐一分析。

（1）求 b、c 的值，实质就是求抛物线的解析式，虽然同是待定系数法，但受二次项系数 $\dfrac{3+\sqrt{3}}{6}$ 的影响，不同的思路，计算量会表现出很大差异。

思路 1：由条件 $BO = 3AO = 3$ 得到 A、B 两点坐标之后，分别代入抛物线的解析式，得到一个关于 b、c 的二元一次方程组 $\begin{cases} \dfrac{3+\sqrt{3}}{6} - b + c = 0 \\ \dfrac{3+\sqrt{3}}{6} \times 9 + 3b + c = 0 \end{cases}$，显然这个方程组有点令人望而生畏，但运用加减消元法也一样可以迅速得到方程组的解，即 $b = -\dfrac{3+\sqrt{3}}{2}$，$c = -\dfrac{3+\sqrt{3}}{2}$。

思路 2：点 A、B 是抛物线与 x 轴的交点，由这两点坐标，实际上考虑用交点式 $y = a(x - x_1)(x - x_2)$ 更快，根据已知的抛物线解析式的一般形式，从而写出抛物线的解析式为 $y = \dfrac{3+\sqrt{3}}{6}(x-3)(x+1)$，化简后对应得到 b、c 的值，相比而言，这种思路显然更胜一筹，计算量减小了，也有效地降低了出错的概率。

（2）求直线 BD 的函数解析式，一样也采用待定系数法，关键是要由 $BC = \sqrt{3}CD$，确定点 D 的坐标，解决策略是"化斜为直"，具体也有两种思路。

思路 1：如图 4 - 3 - 2 所示，过点 D 作 $DE \perp x$ 轴于点 E，根据平行线分线段成比例定理，将 BC、DC 的数量关系转化为坐标系中 OB、OE 的数量关系，进而求得 OE 长为 $\sqrt{3}$，再由抛物线解析式求得点 D 坐标 $(-\sqrt{3}, \sqrt{3}+1)$，之后运用待定系数法求得直线 BD 的函数解析式：$y = -\dfrac{\sqrt{3}}{3}x + \sqrt{3}$。

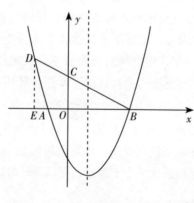

图 4 - 3 - 2

思路 2：如图 4 - 3 - 3 所示，过点 D 作 $DE \perp y$ 轴于点 E，由相似三角形的判

定与性质定理，可确定 DE 的长，以下与思路 1 雷同。

从本质上说，这两种思路基本原理一致，都是将坐标系中"倾斜"的线段比转化成与坐标轴平行的线段比，难易程度相当。

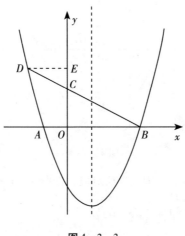

图 4 - 3 - 3

（3）这是本题的制高点，虽然题目要求直接写出结论，无须过程表述，但其实每一个结论都不容易获得。对相似三角形的分类讨论，因为点 P、Q 的不固定，显得不易把握。我们的解题思路是控制变量法，即针对 $\triangle PQB$ 各顶点的对应点展开讨论。

由问题图形可直观发现 $\triangle ABD$ 是一个确定的钝角三角形，并且 $\triangle PQB$ 的 $\angle PBQ$ 不可能为钝角。所以，可首先考虑 $\triangle PQB$ 的顶点 B 与 $\triangle ABD$ 的顶点 B、D 对应的两种可能，即 $\angle PBQ$ 与 $\triangle ABD$ 的 $\angle ABD$ 或 $\angle ADB$ 为对应角。

如果控制 $\triangle PQB$ 的顶点 B，使之与 $\triangle ABD$ 的顶点 B 对应，即 $\angle PBQ = \angle ABD$ 时，再按相似三角形的对应边来进一步分两种情况讨论，即 AB 与 BQ 对应、AB 与 PB 对应。

① 当 AB 与 BQ 对应时，BD 对应 PB，即有 $\dfrac{AB}{BQ} = \dfrac{BD}{PB}$，如图 4 - 3 - 4 所示，由题意可求得 AB、BD 的长，代入即可得到 BQ 与 PB 之间的数量关系：$\dfrac{BQ}{PB} =$

$\dfrac{4}{2\sqrt{3}+2}$。再由 $\angle PBQ = \angle ABD = 30°$，$BG = 2$，得到 $PG = \dfrac{2}{\sqrt{3}} = \dfrac{2\sqrt{3}}{3}$，$PB = 2PG =$

$\dfrac{4\sqrt{3}}{3}$，代入即得 $BQ = 4 - \dfrac{4\sqrt{3}}{3}$，由此得到点 Q_1（$\dfrac{4}{3}\sqrt{3} - 1$，0）。

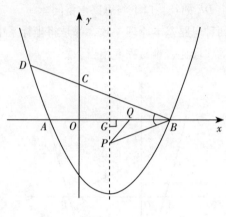

图 4 – 3 – 4

② 当 AB 与 PB 对应时，BD 与 BQ 对应，如图 4 – 3 – 5 所示，类似可得 $BQ =$ $2 + \dfrac{2\sqrt{3}}{3}$，由此得到点 Q_2 $(1 - \dfrac{2}{3}\sqrt{3}, 0)$。

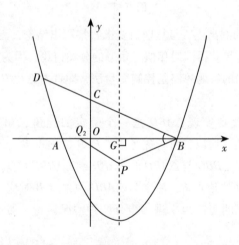

图 4 – 3 – 5

接下来讨论，如果控制 $\triangle PQB$ 的顶点 B，使之与 $\triangle ABD$ 的顶点 D 对应，即当 $\angle PBQ = \angle ADB$ 时，再细分两种情况，即 BD 对应 PB、BD 对应 QB 逐一讨论。当然，这里的关键是发现 $\triangle ABD$ 的特殊性，即 $\angle ADB = 45°$、$\angle ABD = 30°$，$BD = 2\sqrt{3} + 2$，$DA = 2\sqrt{2}$。

如图 4 – 3 – 6 所示，由相似三角形性质，可得到 BQ 与 PB 之间的数量关系：$\dfrac{BQ}{PB} = \dfrac{2\sqrt{2}}{2\sqrt{3} + 2}$。再由 $PB = 2\sqrt{2}$。得到 $BQ = \sqrt{2}$ $(\sqrt{6} - \sqrt{2}) = 2\sqrt{3} - 2$，由此得到点

Q_3 $(5 - 2\sqrt{3},\ 0)$。

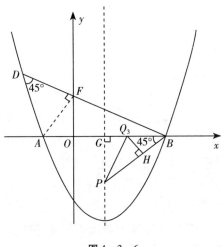

图 4 - 3 - 6

如图 4 - 3 - 7 所示，可得到 $\dfrac{BQ}{PB} = \dfrac{2\sqrt{3} + 2}{2\sqrt{2}}$ 得 $BQ = 2\sqrt{3} + 2$，由此得到点

Q_4 $(1 - 2\sqrt{3},\ 0)$。

由此一共可以得到四个符合要求点 Q，分别是 Q_1 $(\dfrac{4\sqrt{3}}{3} - 1,\ 0)$、$Q_2$ $(1 - \dfrac{2\sqrt{3}}{3},\ 0)$、$Q_3$ $(5 - 2\sqrt{3},\ 0)$、Q_4 $(1 - 2\sqrt{3},\ 0)$。

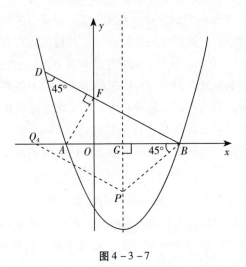

图 4 - 3 - 7

四、教学导向分析

（一）落实数学学科核心素养的课程目标

数学学习就是通过数学活动，使学生理解掌握数学的基本知识，理解数学知识产生和发展过程中蕴含的数学思想方法，养成会用数学的眼光发现和提出问题、会用数学的思维分析和解决问题、会用数学的语言表达和交流问题的习惯。这也是数学学科育人的课程目标，表现在初中学段就是《义务教育数学课程标准（2011 年版）》指出的十个核心词：数感、符号意识、运算能力、空间观念、几何直观、推理能力、模型思想、数据分析观念、应用意识、创新意识。我们的课堂教学不能简单地以传授知识为唯一目的，要坚持引导学生经历数学知识发生、发展和应用的全过程，在活动过程中，让学生形成相应的数学思维方式；要培养发展学生的运算能力，在学生理解算理的前提下，通过适当的训练形成优质的算法，发展他们的运算素养。

（二）捕捉问题中的特殊元素，积累解题经验

数学学习离不开解题，但解题绝不是模式化地大量刷题。在数学学习中，要注意通过典型问题的解决过程，学会厘清问题的逻辑结构，梳理问题常见的变式类型和拓展方向，把握问题的一般规律，形成解决此类问题的基本套路和思想方法。教师要鼓励学生不局限于一种思路，敢于通过观察、操作、归纳、类比等多种活动得到数学问题的猜想，获得问题解决的方向。在本题的问题解决中，敏锐地捕捉到隐藏在抛物线图象之中的 $\triangle ABD$ 边角元素的特殊性，就是问题解决的关键所在，特别是对 $\angle ADB = 45°$ 的发现，直接决定了对第二类相似情况研究的难易程度。所以在解题教学中，教师要注意培养学生对特例的直观敏锐性，如不仅注意到含 30°、含 45° 的直角三角形，也要注意到两直角边的比为 1∶2、1∶3 的直角三角形，还要注意到同时含 30°、45° 的三角形，它们不是直角三角形，但可以很便捷地转化成有特殊角的直角三角形。再如直线在平面直角坐标系中的倾斜角有没有特殊性？矩形的两条对角线是否恰好构成 60° 的交角等，共性寓于个性之中，通过对特殊元素的直观感知，大胆猜想，以计算或推理小心求证，积累解题经验。

（三）设置有挑战性的活动，提升良好的心理品质

中考考场是一个特定环境下的极有挑战性的场所，绝大多数学生在解答中考压轴题时都是一边尝试一边摸索着往前走（就算是教师其实也是这样），那些相信自己一定能够顺利解答出压轴题的人毕竟是极少数的。从一般情况来看，和其他学科相比，数学选拔考试本身对学生来说就有压力，而做数学的压轴题，对考

生造成的心理压力之大是可想而知的，这也就造成了很多考生有畏难情绪，稍有思考不顺就主动缴械弃题转场的现象。我们认为，在应考技巧上懂得取舍，固然是必要的，但敢于迎难而上，勇于攻坚克难的意志是不可或缺的。教师在平时的教学中要多设置一些有挑战性的活动，使学生在冥思苦想中不断体会到豁然开朗的乐趣，逐渐发展他们的好奇心、求知欲和学好数学的自信心，感受数学探索与创造的过程，发展学生良好的数学学习情感、态度和价值观。

参考文献

姚高文 . 简约藏深邃　妙解显精彩 ［J］. 中学数学教学参考（中旬），2019（10）：60 - 62.

第四节　2020 年广东中考数学试题的启示

2020 年广东中考落下帷幕，从全省各地中考成绩来看，较之前出现了不同程度的下降。以东莞为例，公开的资料显示，全市 5.8 万考生数学平均分仅为 73.77，得分率为 61.5%，与 2019 年市平均分 88.63 相比，下降接近 15 分。这对于广大在疫情中走过中考复习阶段的初三学子们而言，似乎显得有些不近人情，但从长远来看，2020 年的中考数学命题导向明确，意义重大，有利于引领未来课堂更好地落实数学学科核心素养。

一、以往的试题过于求稳，区分度低

2020 年的考试命题相关文件指出：预设难度为 0.55 左右，根据难度计算公式，预设全省平均分为 66。这在近几年的广东中考中是从来没有的"低分"目标了。为什么要这样？其实我们可以从教育测量专家戴海崎教授等的著作《心理与教育测量》中找到理论依据。书中指出："1965 年艾伯尔的测验实验表明：当难度集中在 0.5 附近时，分数的分布范围较广，方差较大，而当难度集中在两端时，则不是太难，就是太容易，分数分布范围最小。由此得出，考试难度分布要呈正态分布，且平均水平保持在 0.5 左右，这样才能把各种水平的人都区分开来，并且区分得比较细。"

近几年，受某些舆论压力影响，学校在组织开展的各级各类考试中，有时为了追求稳定或整体分数上的好看，有意地降低了题目难度，使得学生学习水平的区分度越来越不明显，考试逐渐成为一种过关检测、达标检测，从而削弱了考试的选拔功能。几年前，有教育专家指出，中高考题目的难度降低，使得试题区分度下降，对高一级学校的人才选拔弊大于利。所以，增加中考命题考试的区分度，是 2020 年广东中考数学命题的首要目标导向。

现在的中考命题几乎变成了一种稳定的套路：只要是身在初三的教学教师，对哪道题会考什么，考到什么程度，似乎都有了比较明确的答案。为什么会这样？其实，这就是多年中考试题模式化带给人的一种惯性思维。以试题的第 17、

18 题为例:

（2014 年广东第 17 题）计算：$\sqrt{9} + |-4| + (-1)^0 - \left(\frac{1}{2}\right)^{-1}$。

（2015 年广东第 17 题）解方程：$x^2 - 3x + 2 = 0$。

（2016 年广东第 17 题）计算：$|-3| - (2016 + \sin30°)^0 - \left(-\frac{1}{2}\right)^{-1}$。

（2017 年广东第 17 题）计算：$|-7| - (1 - \pi) + \left(\frac{1}{3}\right)^{-2}$。

（2018 年广东第 17 题）计算：$|-2| - 2018^0 + \left(\frac{1}{2}\right)^{-1}$。

（2019 年广东第 17 题）解不等式组：$\begin{cases} x - 1 > 2 \\ 2(x+1) > 4 \end{cases}$。

（2014 年广东第 18 题）先化简，再求值：$\left(\frac{2}{x-1} + \frac{1}{x+1}\right) \cdot (x^2 - 1)$，其中 $x = \frac{\sqrt{3}-1}{3}$。

（2015 年广东第 18 题）先化简，再求值：$\frac{x}{x^2-1} \div \left(1 + \frac{1}{x-1}\right)$，其中 $x = \sqrt{2} - 1$。

（2016 年广东第 18 题）先化简，再求值：$\frac{a+3}{a} \cdot \frac{6}{a^2+6a+9} + \frac{2a-6}{a^2-9}$，其中 $a = \sqrt{3} - 1$。

（2017 年广东第 18 题）先化简，再求值：$\left(\frac{1}{x-2} + \frac{1}{x+2}\right) \div (x^2 - 4)$，其中 $x = \sqrt{5}$。

（2018 年广东第 18 题）先化简，再求值：$\frac{2a^2}{a+4} \cdot \frac{a^2-16}{a^2-4a}$，其中 $a = \frac{\sqrt{3}}{2}$。

（2019 年广东第 18 题）先化简，再求值：$\left(\frac{x}{x-2} - \frac{1}{x-2}\right) \div \frac{x^2-x}{x^2-4}$，其中 $x = \sqrt{2}$。

从上面可以看出，广东卷第 17 题大多是实数运算、解方程或不等式（组），而第 18 题则是分式的化简求值，虽说都是在考查学生的数学运算核心素养，但过于标准化、模式化。这种考核的知识点与题型连年保持不变，接近固化的中考命题，使得广大师生都具有了一种"未考先知"的能力。在此影响下，复习备考就变成了一种刷题行为，10 题不行就 20 题，20 题不行就 30 题，通过连续不断地重复训练来减少出错，提高考试分数。这样做最后的结果往往有两种：要么整体分数扁平化，高分通胀；要么学生应变能力弱，稍有变化就不适应。

任何一道数学试题都会指向一定的数学知识，需要具备相关的能力和素养才能顺利解答，核心素养是学生通过某个阶段学习之后一种内化的结果，表现为学生在面对某一新问题时自然的行为方式，但标准化、模式化的试题考查，更多的是一种机械训练后的结果，并不能真正体现核心素养的形成和发展。

二、2020 年试题敢于突破常规

使用广东省卷的全省有 19 个地市近 120 万考生，地区发展不均衡，差异很大，所以，用同一份试卷来完成对各地学生的达标和选拔，其实并不容易。有人说，2020 年的数学试题是近八年来广东数学中考变化最大的一次，那么具体又有哪些变化呢？归纳起来有以下几点：

（1）连续考了 10 年的较大数的科学计数法没有了。

（2）连续 8 年的轴对称图形、中心对称图形判断问题没有了。

（3）连续 8 年的实数运算、解方程或不等式（组）没有了。

（4）连续 8 年的分式化简求值变成了整式的化简求值。

（5）连续 8 年的尺规作图操作解答题变成了填空题中尺规作图后研究角度的问题。

（6）连续 8 年的统计概率解答题由解答题（二）变成了解答题（一），分值变小，所含小题变少。

（7）连续 8 年的圆的综合题由次压轴题变成解答题（二），分值变小，所含小题变少。

（8）反比例函数成为问题的主背景，所含分量增加。

以上的这八点变化是不是更为科学，更能展现数学学科核心素养的形成水平，这是仁者见仁、智者见智的话题，可以做进一步对比研究。但这种变化首先展现了命题者在全国取消中考考试大纲，依据课程标准科学命题的时代背景下，敢于打破以往过于模式化的常规考法，不拘一格，勇于突破的决心，同时，必将引起广大师生的深入思考，改变以往过于功利化的目标单一的复习备考方式和学习方式，进一步促进学生在落实"四基四能"的学习过程中，以不变应万变，真正形成和发展数学学科核心素养，达到学科育人的终极目标。

第五节　平移背景下图形重叠部分的面积问题

一、内容与内容解析

（一）内容

平移背景下图形重叠部分的面积问题。

（二）内容解析

在中考压轴题中，动态图形的面积问题一直以来都是热点，在广东省卷的压轴题中，分别在 2007、2008、2009、2012、2013、2014、2015、2016、2017、2018 年都有相关设计。动态图形的表现方式有动点、动线、旋转和翻折等，本课时仅以平移背景下图形重叠部分的面积问题为研究主题。

平移的特征是图形在运动变化过程中，形状、大小不变，只是位置发生变化，但在位置发生改变的过程中，相关图形之间的重叠部分也会随之改变。研究这种变化，需要根据具体问题情境观察、分析、归纳、概括，从定性和定量两个方面，将重叠部分的面积问题化归为三角形或四边形的面积问题。其中，根据重叠部分的不同情况进行分类讨论，从特殊到一般，从一般到特殊，是分析问题和解决问题时常用的数学思想方法。

此类问题综合性强，能力要求较高，与三角形、四边形、相似形、函数等知识联系紧密，难度、区分度都很高。

基于以上分析，确定本节课的教学重点为平移过程中，图形重叠部分面积的函数表达式。

二、目标与目标解析

（一）目标

（1）进一步复习图形的平移、相似三角形的判定与性质、函数等基础知识。

（2）能根据具体问题情境，综合运用平移、相似、函数的知识，解决相关图形重叠部分的面积问题。

(二) 目标解析

达成目标 (1) 的标志是：能结合具体情境，准确描述、应用相关知识。

达成目标 (2) 的标志是：能根据图形变化情况，确定重叠部分的各种变化范围，运用函数知识对重叠部分的面积变化做定量分析，并能解答相关问题。

三、教学问题诊断分析

平移背景下图形的重叠部分虽然是一个阶段的变化进程，但每一个阶段，都需要将重叠部分进行定性分析，将不规则的图形转化为可求的规则图形来研究。学生虽然已经有一定的直线型图形学习的经验，但整个运动过程变化复杂，要求的知识综合水平高，易错点较多，对于各个阶段的一般情况，各个阶段之间临界点等特殊情况的研究，计算量通常都较大，能力要求很高。

本节课的教学难点是：重叠部分动态呈现的各种情况的分类，以及每一类面积的函数表达。

四、教学过程设计

(一) 教材题组先行预热

问题 1 完成下列各题。

(1) $\triangle ABC$ 是等边三角形，且 $AB = 10\,\mathrm{cm}$，则 $\triangle ABC$ 的面积是_____cm^2。

(2) (人教版九下 P58 第 11 题) 如图 4 - 5 - 1 所示，$\triangle ABC$ 是一块锐角三角形材料，边 $BC = 120\,\mathrm{mm}$，高 $AD = 80\,\mathrm{mm}$，把它加工成正方形零件，使正方形的一边在 BC 上，其余两个顶点分别在 AB、AC 上，这个正方形零件的边长是_____。

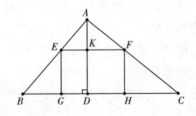

图 4 - 5 - 1

(3) (人教版九下 P44 第 14 题) 如图 4 - 5 - 2 所示，$\triangle ABC$ 中，$AB = 8$，$AC = 6$，$BC = 9$，如果动点 D 以每秒 2 个单位长度的速度，从点 B 出发沿边 BA 向点 A 运动，此时直线 $DE /\!/ BC$，交 AC 于点 E，记 x 秒时 DE 的长度为 y，写出 y 关于 x 的函数解析式，并画出它的图象。

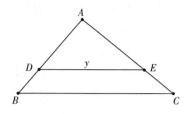

图 4 - 5 - 2

操作流程：先由学生独自完成，然后请不同学生投影交流讲解，教师强调方法，归纳总结题组的"相似"——共性特征。

设计意图：依纲靠本，坚持以课本教材为本的复习原则。以相似为知识内容主线，选取教材中几个相关问题组成题组，复习相似三角形的判定、性质、一次函数的图象与性质、正三角形的面积计算等相关知识，为即将展开的课时主问题的专题研究预热，也为分解主问题的难度做一个先行组织者的铺垫。

（二）问题重组探索新意

问题 2　（2016 年湖北省天门市中考题改编、2019 年广东省青年教师能力大赛试题）　如图 4 - 5 - 3 所示，矩形 $ABCD$ 两边 AB, BC 的长分别为方程 $x^2 - (4 + 4\sqrt{3})x + 16\sqrt{3} = 0$ 的两根（$AB > BC$），点 E 在 CD 上，且 $DE:EC = 2:1$，AC 交 BE 于点 F。平行于 AB 的直线 l 从点 A 出发，以每秒 1 个单位长度的速度沿 $A \to D$ 平移，到 D 点时停止；l 与线段 AC, BE 分别相交于 M, N 两点，以 MN 为边作等边 $\triangle MNP$（点 P 在线段 MN 的下方）。设直线 l 的运动时间为 t（秒），MN 的长为 y。

（1）$BC = $ _____ 、$EC = $ _____。

（2）求 y 与 t 的函数关系式，并求当 $t = 2$ 时，y 的长及等边 $\triangle MNP$ 的面积。

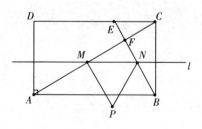

图 4 - 5 - 3

操作流程：采用问题串引导学生分析题意，学生完成解答，展示问题答案。

分析：

（1）一元二次方程如何求解？解是多少？

（2）如何理解 $DE:EC=2:1$？由此条件，可得到什么结论？

（3）在运动过程中，研究 MN 的长度，需要分类讨论吗？如果需要，应分成哪几类？

（4）运用函数工具，研究 MN 的长度，有哪些思路？哪一种更好？

（5）当 $t=2$ 时，这种具体情况的特殊性体现在哪里？

设计意图：这是本课时复习研究的主问题，也是为后续进一步研究相关图形重叠部分的面积搭建的脚手架。将问题置于矩形图形中，通过求解一元二次方程获取矩形相关边长的信息，在相似知识背景下，以直线的运动呈现 MN 的动态变化，分类研究两种不同情况下 MN 的变化规律。设计以"四基四能"为重点，突出分析问题和解决问题过程中数学方法的探寻与解决思路的决策，以及对 A 字形相似基本图形识别和提取的敏锐性，培养学生的数学抽象、数学运算、逻辑推理、直观想象等学科核心素养。突破疑难的关键是研究临界点 F 的特殊性，确定它到 AB、CD 的距离。

（三）纵向拓展深化理解

问题 3 如图 $4-5-4$ 所示，在上述运动过程中，设 $\triangle MNP$ 与 $\triangle ABC$ 重叠部分的面积为 S。

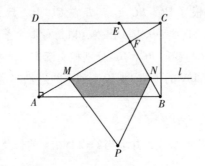

图 $4-5-4$

（1）求 S 与 t 的函数关系式。

（2）当 t 为何值时，S 值最大？最大值是多少？

（3）是否存在某一时刻，使得 $S=\dfrac{1}{2}S_{\triangle BCE}$？若存在，请求出此时 t 的值；若不存在，请说明理由。

操作流程：以问题（1）为重点，学生先独立完成，再小组交流研讨，教师围绕重点问题分析提问，三小题逐题完成，最后教师梳理总结解决此类问题的一般流程和方法。

重点分析：①重叠区域是梯形时，其面积如何表示？②重叠区域会一直是梯形吗？从什么时候开始发生变化？③当直线 l 越过点 F 后，重叠区域是什么形状？你是如何判定的？④你觉得解决这类问题的一般流程和方法是什么？（方法总结解答流程：分清几种情形→针对每种情形画草图帮助分析→各种情形之间临界点分析→依次解决各种情形的问题→答案）

设计意图： 对研究主问题进行结论发展型的纵向变式，通过对图形平移过程中相关图形重叠部分面积的研究，拓展深化在相同条件下得到的不同结论，突出二次函数、分类讨论、数学运算等数学重点内容。在分析和解决问题的过程中，理清重叠部分在各个阶段的形状变化是解决问题的关键，也是本课时疑难问题设计的依据，特别是第二种重叠区域是正三角形本身和第三种情况重叠区域是正三角形的一半，容易分清。

五、巩固练习，方法提升

（1）（2013·湖南娄底）如图 4 - 5 - 5 所示，在 $\triangle ABC$ 中，$\angle B = 45°$，$BC = 5$，高 $AD = 4$，矩形 $EFPQ$ 的一边 QP 在 BC 边上，E、F 分别在 AB、AC 上，AD 交 EF 于点 H。

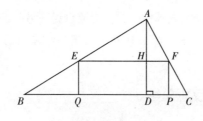

图 4 - 5 - 5

① 求证：$\dfrac{AH}{AD} = \dfrac{EF}{BC}$。

② 求设 $EF = x$，当 x 为何值时，矩形 $EFPQ$ 的面积最大，并求出最大面积。

③ 当矩形 $EFPQ$ 的面积最大时，该矩形 $EFPQ$ 以每秒 1 个单位的速度沿射线 DA 匀速向上运动（当矩形的边 PQ 到达 A 点时停止运动），设运动时间为 t 秒，矩形 $EFPQ$ 与 $\triangle ABC$ 重叠部分的面积为 S，求 S 与 t 的函数关系式，并写出 t 的取值范围。

（2）（2013 年·广东第 25 题改编）有一副直角三角板，在三角板 ABC 中，$\angle BAC = 90°$，$AB = AC = 6$，在三角板 DEF 中，$\angle FDE = 90°$，$DF = 4$，$DE = 4\sqrt{3}$。将这副直角三角板按如图 4 - 5 - 6（甲）所示位置摆放，点 B 与点 D 重合，直角边 BA 与 FD 在同一条直线上，现固定三角板 DEF，将三角板 ABC 沿射线 DF 方向平行移动，当点 A 运动到点 F 时停止运动。

①如图4-5-6（乙）所示，当三角板 ABC 运动到点 B 与点 F 重合时，则 $\angle EFC =$ _____度。

②如图4-5-6（丙）所示，在三角板 ABC 运动过程中，当点 C 经过 EF 时，求 FC 的长。

③在三角板 ABC 运动过程中，设 $BD = x$，两块三角板重叠部分面积为 y，求 y 与 x 的函数解析式，并求出对应的 x 的取值范围。

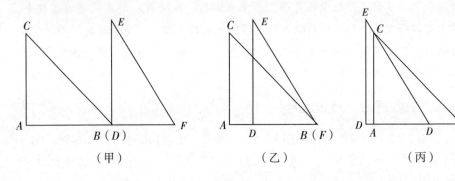

图4-5-6

操作流程：学生独自完成其中一题，交流研讨。另一题可作为作业。

设计意图：平移背景下，对平移产生的图形重叠部分的面积问题进行巩固训练。

六、小结归纳，反思总结

在本课时的学习中，分析平移引发的图形重叠部分的面积变化，你觉得解题的核心是什么？你获得了哪些解题经验？

方法总结：分类讨论解答流程——分清几种情形→针对每种情形画草图帮助分析→各种情形之间临界点分析→从易到难，依次解决各种情形的问题→答案。

设计意图：引导学生从知识内容的整体和重点两方面总结，特别是分类讨论分析重叠部分面积时的方法流程图要清晰，以积累基本活动经验。

第六节　遵循问题的本源，提高教师的素养

——2016 年广州市数学中考第 25 题思维突破与教学启示①

2016 年广州市数学中考第 25 题是一道很有见地的试题，有关它的讨论曾在一些 QQ 群里热度不减。笔者也很关注这一道试题，在此特做一梳理，并提出自己的一些思考，供大家研究参考。

试题　如图 4 – 6 – 1 所示，点 C 为 $\triangle ABD$ 外接圆上的一动点（点 C 不在 $\overparen{BAD}$ 上，且不与点 B，D 重合），$\angle ACB = \angle ABD = 45°$。

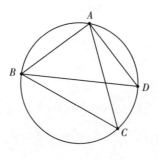

图 4 – 6 – 1

（1）求证：BD 是该外接圆的直径。

（2）连接 CD，求证：$\sqrt{2}AC = BC + CD$。

（3）若 $\triangle ABC$ 关于直线 AB 的对称图形为 $\triangle ABM$，连接 DM，试探究 DM^2，AM^2，BM^2 三者之间满足的等量关系，并证明你的结论。

一、思维突破

（1）由同弧可知 $\angle ADB = \angle ACB$，再由 $\angle ACB = \angle ABD = 45°$ 可得到 $\angle BAD = 90°$，由圆周角定理的推论不难得到 BD 是该外接圆的直径。

---

① 此文发表于《中学数学》2016 年第 9 期。

（2）从证明结论上看，本小题似乎不太容易，但实际上其证明方法很多。由 $\sqrt{2}AC$ 或由结论变化得 $\dfrac{BC+DC}{\sqrt{2}}$ 形式，联想到等腰直角三角形三边的比为 $1:1:\sqrt{2}$，可以尝试构造合适的等腰直角三角形。下面我们沿着这种思路介绍两条路径。

路径 1——构造以 BC、DC 为斜边的等腰直角三角形

如图 4-6-2 所示，作 $BE \perp AC$ 于点 E，$DF \perp AC$ 于点 F，由 $\angle ACB = \angle ADB = \angle ABD = \angle ACD = 45°$，可以得到 $\triangle ABD$、$\triangle CBE$、$\triangle DFC$ 都为等腰直角三角形。

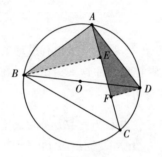

图 4-6-2

$\therefore BC = \sqrt{2}EC$，$DC = \sqrt{2}DF$

$\therefore \dfrac{BC+DC}{\sqrt{2}} = EC + DF$

另由已知可证 $\triangle ABE \cong \triangle ADF$，得到 $AE = DF$

$\therefore \dfrac{BC+DC}{\sqrt{2}} = EC + AE = AC$

即 $BC + CD = \sqrt{2}AC$

路径 2——构造以 AC 为直角边的等腰直角三角形

以 AC 为直角边的等腰直角三角形，意味着直角三角形是以点 A 或点 C 为直角顶点，由于等腰三角形的"朝向"分布不同，还可以产生四种可能的图形，如图 4-6-3 所示，但其实，每一种都可以达成目的。在此我们选择第一种情形简述。

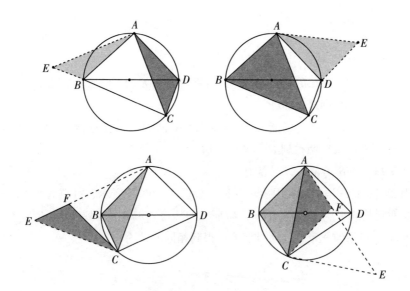

图 4 – 6 – 3

如图 4 – 6 – 3 所示，作 $AE \perp CA$，交 CB 的延长线于点 E，由 $\angle ACB = 45°$ 可知 $\triangle ACE$ 为等腰直角三角形。

$\therefore CE = \sqrt{2}AC$，再由 SAS 可证明 $\triangle ABE \cong \triangle ADC$，得到 $BE = DC$

$\therefore CE = BE + BC = DC + BC = \sqrt{2}AC$

（3）本小题当然最有挑战性。三线段的平方容易使人联想到勾股定理，所以解题的关键在于努力构造直角三角形。

思路 1：考虑选择三线段中的最长线段 DM 为斜边，构造直角三角形，如图 4 – 6 – 4 所示，延长 MB 交圆于点 E，连接 AE、DE。

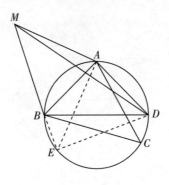

图 4 – 6 – 4

∵ *BD* 为直径，

∴ $\angle BED = 90°$

∴ $ME^2 + DE^2 = MD^2$

再由 $\angle BEA = \angle ACB = \angle BMA = 45°$ 可推得 $\triangle MAE$ 为等腰直角三角形

∴ $ME^2 = MA^2 + AE^2 = 2MA^2$

又由 $AC = MA = AE$，可证 $\angle MAB = \angle BAC = \angle EAD$，可以由弧、弦、圆心角定理或三角形全等来证明得到 $DE = BC = MB$

∴ $2MA^2 + MB^2 = MD^2$

思路 2：将线段 *DM* 利用旋转变换，如图 3 - 6 - 5 所示，过点 *A* 作 $AE \perp AC$，交 *CD* 的延长线于点 *E*，连接 *BE*，易证 $\triangle AMD \cong \triangle AEB$，得到 $MD = BE$，然后在 Rt$\triangle BCE$ 中运用勾股定理，通过变换可得到相同的结论。

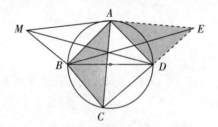

图 4 - 6 - 5

图 4 - 6 - 6 也是类似的旋转变换，在 Rt$\triangle BME$ 中运用勾股定理。

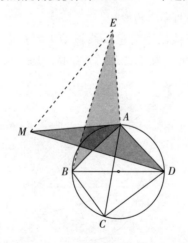

图 4 - 6 - 6

至于有人提出使用余弦定理或正弦定理等，通过恒等变换得到问题的结论，由于超出了初中学生的学力范围，在此不做推介。

二、教学启示

（一）对试卷压轴题的难度梯度做到知己知彼

本试题作为广州试卷的压轴题，带有明显的区分度特征肯定是理所当然的，特别是在 2016 年广州数学试卷整体表现平稳的情况下，本试题的选拔意味就更趋强烈。但即使这样，本试题依然存在着较大的可为空间。比如第（1）问多数学生应当问题不大，第（2）问应当也有不少学生可以解决。但实际上，很多学生在第（2）问便遇到了障碍，询问其原因，"所证结论不太常见，一时半会儿想不到方法""没时间细看"等占有很大比例。于是这些学生在"争分夺秒"的考场上，眼见所剩时间无几，便选择"战略性放弃"。这启发我们在教学中应明确告知学生压轴题设置的常见方式与各小问的难度梯度，并借助一定的典型示例训练感悟，让学生把握各小问的难度分配，做到知己知彼、有的放矢，增强攻克难关的自信。

（二）思考要遵循问题的本源

本试题的（2）（3）问较难，但再难的问题也要遵循本源去思考。遵循问题的本源，就是让解法自然产生，也就是从问题的结论或条件出发，自然而然地追寻解决之路径。第（2）问的本质是证两条线段的和等于另一条线段的问题，难点在于 $\sqrt{2}$ 的处理。$\sqrt{2}AC$ 也好，$\dfrac{BC}{\sqrt{2}}$、$\dfrac{DC}{\sqrt{2}}$ 也罢，关键是将它们转化为新的线段，由题目中丰富的 45°，很自然地联想到构造等腰直角三角形，利用其三边关系转化为 "$\sqrt{2}a = b + c$" 型证明问题，再运用"截长补短"的全等思想方法来解决问题。而第（3）问虽然难度较大，但仍然要凭对勾股定理的直觉思维，围绕 DM 来思考，构造以 DM 或者旋转后的 DM 等线段为斜边的直角三角形。当然，由结果回溯，我们依然看到了各小问之间千丝万缕的联系。所以，这种思考问题的方法就是自然解法，即在正常的情况下首先想到的思路和解法。所谓"道法自然"，教学中就是要遵循这样一种解题思想和策略，从解决问题最自然的思路出发，"顺理成章"地往思维更高处延伸。

（三）丰富自己的学科知识

有一定学科知识的教师都应该知道，本题第（2）问的实质是托勒密（Ptolemy）定理的特殊情况。托勒密定理：圆的内接凸四边形两组对边乘积的和等于两条对角线的乘积。以图 4 - 6 - 7 为例简证如下：

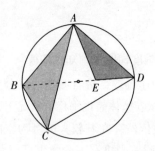

图 4 - 6 - 7

在对角线 BD 上找一点 E，使 $\angle DAE = \angle CAB$，则可得到 $\angle BAE = \angle CAD$，进一步可推得 $\triangle AED \backsim \triangle ABC$，$\triangle ABE \backsim \triangle ACD$，分别得到比例式：

$$\frac{AB}{AC} = \frac{BE}{CD}, \frac{BC}{AC} = \frac{ED}{AD}$$

即 $AB \times CD = AC \times BE$，$BC \times AD = AC \times ED$

两式相加可得

$$AB \times CD + BC \times AD = AC \times BE + AC \times ED = AC \times BD$$

本试题的第（2）问为其特殊情况，即有 $AB = AD$，且 $\angle BAD = 90°$

$\therefore BD = \sqrt{2}AB$

$\therefore AB（CD + BC）= AC \times BD$ 化简得到 $BC + CD = \sqrt{2}AC$

这个定理最初是由古希腊数学家克罗狄斯·托勒密（90—168）想出来的，所以叫作托勒密定理，其逆定理也成立。托勒密是一位博学多才的天文学家、地理学家、占星学家和光学家，他在著作《天文学大成》中构造的"地心说"的"完整"体系被中世纪的西方世界尊崇为天文学的标准著作，影响长达 13 个世纪。同时，这本著作作为三角学的进一步发展与应用奠定了坚实的基础。托勒密定理的价值是不可估量的，从它出发可以推导出正弦、余弦的和差公式及一系列的三角恒等式。以此为基础，托勒密给出了从 0° 到 90° 每隔 15′ 角的正弦值，创造了世界上第一张弦表。

这个定理在以前的人教版教材中是有渗透的，在一些初中数学竞赛的书籍中也有介绍，此外则是作为普通高中数学选学教材的一个内容呈现。在新课程改革的背景下，它逐渐淡出了我们的视野，久而久之，逐渐为人所遗忘。笔者以为，不教不学的，并不表示可以不知不晓。作为初中数学教师，我们要不断地提高自己的学科素养，尽力防止自己的学科知识随着岁月的流逝而消失，坚持保有足够丰富的学科视野，唯有这样，方能在教学中真正做到深入浅出、有的放矢。

三、写在后面的话

本试题三小问在逻辑关系上是层层递进，渐入佳境的，这对身处考场的学生是一种心理加思维的挑战，而对置身杏坛的我们，也不失为一种有益的提醒和鞭策。

参考文献

［1］张晓飞，邓迎春. 借助托勒密定理，构造圆内接四边形［J］. 中学数学：高中版，2014（11）：53 – 55.

［2］牟强，杨琦. 让自然解法绽放更多精彩［J］，中学数学教学参考：中旬，2016（6）：44 – 46.

第七节 2015 年广东省中考数学试卷的评析与教学启示①

2015 年广东省中考数学一直为人所热议，在一些微信群或数学 QQ 群遭到不少差评。笔者组织了东莞市中考的阅卷工作，对相关的情况有比较多的关注和了解，本文拟以东莞考生的答卷情况为样本，对中考数学试卷做一评析，提出自己的思考，供大家研究参考。

一、考试性质及背景

广东省中考被称为"初中毕业生学业考试"，目的是全面、准确地反映初中毕业生的学科学业水平，同时作为高中阶段学校招生选拔的依据。2015 年是数学学业考试采用《义务教育数学课程标准（2011 年版）》（以下简称《标准》）和配套课标教材的第一年，要求全面落实课标设立的课程目标，面向全体学生，既重视对学生学习数学知识与技能的结果和过程的评价，也重视对学生在数学思考能力和解决问题能力方面发展状况以及对数学认识水平等方面的评价。试题在全省除广州、深圳、佛山、珠海、梅州、汕尾等市之外的范围内使用，考生人数众多，影响深且广。

总体来看，2015 年的数学中考试题在保持试卷的结构和难度基本稳定的前提下，重点考查学生核心的数学基础知识和基本技能、基本的数学思想方法以及应用数学解决问题的能力等，特别突出强调发展学生的几何直观、运算能力和自主创新意识，强调发展学生的数学思维品质，并尝试在某些方面突破广东省卷历来的命题模式，探索创新。

---

① 本文发表于《中学数学》2015 年第 12 期。

二、试卷结构分析

（一）试卷结构

2015 年中考试题题型、分值均与 2014 年一致，分为选择题 10 道计 30 分、填空题 6 道计 24 分、解答题（一）3 道计 18 分、解答题（二）3 道计 21 分、解答题（三）3 道计 27 分，共 25 道 120 分。选择题是四选一型的单项选择题，填空题要求直接填写结果，解答题都应根据题目的要求，写出文字说明、演算步骤或推证过程。

（二）试卷知识归类

试卷以《2015 年广东省初中毕业生数学学科学业考试大纲》为指导，着重考查"数与代数""图形与几何""统计与概率"等核心内容，适当兼顾"综合与实践"领域。具体分布见表 4 - 7 - 1。

表 4 - 7 - 1　试题知识归类表

内容分布	数与代数			图形与几何		统计与概率	综合与实践（另计）
	数与式	方程与不等式	函数	图形的性质与证明	图形的坐标与变换		
题号	1、2、6、7、15、18	8、13、17、22	10、23、25	4、9、10、11、12、16、19（1）、21、24、25	5、14、19（2）、21、23、25	3、20	19、21、22、23、24
分值	22	20	$1+8+1=10$	$3+3+2+4+4+4+3+6+9+4=42$	$3+4+3+1+1+4=16$	$3+7=10$	22
	52			58		10	
权重（%）	43.3			48.3		8.3	
大纲规定	60 分占比 50%			50 分占比 41.67		8.33%	

［备注：第 10 题是函数图象的判断，但根据条件研究中间等边三角形的面积是前提，故划分时，2 分归几何、1 分归代数；第 23 题是代数综合题，主体是代数，但第（3）问包含最短路径问题，评分标准 1 分归几何；第 25 题是代数、几何综合题，但主体是几何知识，仅在第（3）问中有求二次函数解析式最大值，评分标准 1 分归代数。］

由表 4-7-1 可以看出，2015 年广东中考数学试卷基本覆盖了《标准》相关部分规定的课程内容，实现了考试预定的"以《标准》中的'课程内容'为基本依据，不拓展知识与技能的考试范围，不提高考试要求，选学内容不列入考试范围"的考试目标，但我们也看到，"数与代数""图形与几何"内容比例出现了前者分量反而比后者更少的倒挂，这与考试大纲规定有一定的出入，和人教版教材对应的知识教学课时比也不相符。

（三）试卷思想方法及能力考查情况

试卷在考查学生核心的数学基本技能、基本的数学思想方法以及应用数学解决问题的能力方面的情况见表 4-7-2。

表 4-7-2　试卷思想、方法及能力表

序号	项目类别	相关题号
1	数感	1、2、7、22
2	符号意识	1、8、15、16、18、20、25
3	空间观念	9、25
4	几何直观	10、16
5	数据分析观念	3、20、22
6	运算能力	1、6、8、18、21、23、25
7	推理能力	4、5、8、9、10、11、12、14、15、16、19、20、21、23、24、25
8	模型思想	16、22
9	应用意识	2、9、20、22
10	创新意识	9、15、20、25
11	动手操作	9、19、21
12	转化思想	16、21、24、25
13	方程思想	8、13、16、17、21、22、23
14	函数思想	10、23、25
15	数形结合	9、10、16、19、21、23、25

与原实验版课标不同，《标准》中特别提到了 10 个关键词：数感、符号意识、空间观念、几何直观、数据分析观念、运算能力、推理能力、模型思想、应用意识和创新意识。其中几何直观、运算能力、模型思想、创新意识为新增。从表 4-7-2 可以看出，作为使用《标准》为依据的第一年中考，试卷对新动向有

着非常清晰的回应。与此同时，我们没有看到与视图和分类讨论思想相关的设计。

（四）学生答卷情况

东莞近年来的教育教学质量逐年提高，中高考成绩在广东全省范围内均处于较高的水平。2015 年数学中考，东莞全市考生 41633 人，平均分 86.77 分，有 19241 人分数≥96 分，优秀率为 46.42%，有 33722 人分数 ≥72 分，合格率 81.35%，各项指标均位居全省第一，见表 4 - 7 - 3。

表 4 - 7 - 3　东莞考生答题情况表

题号	选择	填空	17	18	19	20	21	22	23	24	25	合计
分值	30	24	6	6	6	7	7	7	9	9	9	120
市平均分	27.2	20.32	5.17	4.85	4.36	6.34	5.04	5.09	4.69	2.17	1.54	86.77
得分率	90.67	84.67	86.17	80.83	72.67	90.57	72	72.71	52.11	24.11	17.1	72.31

按难易程度，试题分为基础题（得分率在 80% 以上）、中档题（得分率在 40%~80%）和较难题（得分率在 40% 以下）。从学生的得分情况来看，基础题计 73 分，中档题计 29 分，较难题计 18 分，各部分所占比例分别为 61%、24%、15%，基本达成中考大纲预定目标。与东莞市 2014 年市平均分 90.6 纵向比较显示，试卷整体难度较 2014 年有所上升。

三、试卷特点及教学启示

（一）注重基础是永远的基调

2015 年的试卷虽然饱受诟病，以致爆出了"广东十年来最难中考"的议论，但后来人们对照市均分发现其实结果并没有想象中的那样糟糕。究其原因，与试卷仍然坚持以基本知识和基本技能为考查主基调是分不开的。注重双基，在任何时候都是数学中考命题的第一原则。以前述东莞考生各题的得分率来看，整个试卷在个别试题较难的情况之下，仍然保证基础试题占到全卷的 60%，如选择题 1~8、填空题 11~15、解答题（一）（二）等，都是源于教材，立足基础的，这就保证了绝大多数考生都能够得到基础分。

教学启示：在教学或中考复习过程中，我们还是要坚持注重"双基"，突出主干知识的落实，强化学生对基本概念、定义、法则、定理的理解和运用，培养学生严谨审题和规范答题的思维习惯。比如，11 题：正五边形的外角和等于（　），批阅中发现有不少学生误答为内角和 540°；17 题：解方程 $x^2 - 3x + 2 = 0$，有近四成的考生出现选择方法不够简洁、步骤表达不规范、求根公式错误、配方出错、开方漏根等失误；20 题是画树状图求随机事件的概率，有不少学生没有任何步骤直接作答，或者对树状图的意义理解不深刻，出现"会画不会求"等情况。这些都告诉我们，教学要咬住"双基"不放松。

（二）回应新《标准》

《标准》相比原实验稿有一些明显的改变，如数学教育由"双基"变为"四基"——基本知识、基本技能、基本思想、基本活动经验。又如关键词，由原实验稿的6个，增编为10个。通过表4-7-2我们看到，这些变化都清晰地反映在试卷之中。比如10题、16题，直接探求都不轻松，很可能出现"小题大做"费力不讨好的结果，但考后交流时，许多考生讲到自己是凭着几何直观"蒙"对的。再如试卷明显加大了对运算能力的考查，既有常见的如18题的分式化简求值，21题利用勾股定理构造方程求解运算，更有如23题的二次根式 $\dfrac{\sqrt{3}-1}{1+\frac{1}{3}\sqrt{3}}$ 化简、25题的 $\dfrac{7-\sqrt{3}-2\sqrt{2}}{\sqrt{6}-\sqrt{2}}$ 等较难要求的化简，也正是这些较高要求的计算，使得很多学生和教师难以承受，引起一阵惊呼。

教学启示：教师要加强学习，深刻理解把握新《标准》的理念和目标，并将这种新变化新理念贯穿在自己的教学过程中，要重视对基本思想、方法的归纳、理解和运用，创造条件让学生参与数学学习的全过程，促进他们基本活动经验的积累与丰富。同时，教师要重视诸如几何直观、运算能力、模型思想、创新意识等新领域、新要求的教学，有意识地训练学生思维的灵活性与开放性，在提升学生思维品质上下功夫。

（三）加强创新求变

广东省的数学中考试卷近几年来一直在探索更完美的试卷结构。2015年的试卷在保持总体结构不变的情况下，加强了对传统固有定式突破的举措。比如，对解直角三角形的考查形式，以前多数都是以一道解直角三角形的实际应用题展开的，但2015年却将此知识点的考查散落在19题、25题中，将应用化作一种方法融入解决问题的过程，这既体现了重点考查学生运用数学知识分析问题和解决问题的能力，发展他们基本活动经验的命题理念，也使命题呈现出一定的多样性，使中考猜想不至于成为一场教师和学生都认为的"铁板钉钉"的游戏。再如，试卷中缺失了对三视图和分类讨论数学思想的考查，虽然我们对这一点持保留意见，但在没有偏离"核心概念、思想方法和常用的技能"的情况下，个别内容的缺失也不是不可以的事。

教学启示：从创新的角度看，套用一句话：没有什么不可以改变。在教学过程中，一方面，我们要踏踏实实，抓住主线，立足数学本质进行教学，以"不变应万变"；另一方面，我们要在学习过程中，大力鼓励并发展学生的发散思维，培养他们的反思与辩驳能力，提高他们的创新意识。同时，我们要注意，不可过于功利化，以考定教，考什么才教什么，或者听凭想象与经验投机，靠猜题押题应对。

四、几点商榷

（一）重复考查是突出重点吗?

仔细分析试卷，我们发现，试卷中有多题似乎陷入知识点重复考查的疑团之中。比如：

1 题（3 分） $|-2|=$（ ）。

A. 2   B. -2

C. $\dfrac{1}{2}$ D. $-\dfrac{1}{2}$

7 题（3 分） 在 0, 2, $(-3)^0$, -5 这四个数中，最大的数是（ ）。

A. 0   B. 2

C. $(-3)^0$ D. -5

评析： 1 题求有理数的绝对值，7 题考查零指数幂，并比较有理数的大小，虽然是从不同角度来考查，但两题从本质上都可归于实数，而且都过于简单。研究其他省市的中考题不难发现，有一些地区是以类似于 7 题的题作为试卷开篇第一题的。所以我们认为，7 题要么不该出现，要么放置的位置不对。

13 题（4 分） 分式方程 $\dfrac{3}{x+1}=\dfrac{2}{x}$ 的解是_____。

18 题（6 分） 先化简，再求值。$\dfrac{x}{x^2-1} \div \left(1+\dfrac{1}{x-1}\right)$，其中 $x=\sqrt{2}-1$。

评析： 这两题是从不同的角度来考查学生对于分式的学习情况。13 题要求会解可化为一元一次方程的分式方程，18 题要求会利用分式的基本性质进行约分和通分，进行简单的分式加、减、乘、除运算。两题合计 10 分，这在中考卷中是不太多见的设计。分式具有综合性，其计算要应用到整式运算，分式方程也要运用到解整式方程，是中考的必考内容之一。但要不要在同一份卷中既有分式的化简求值，又有解分式方程（应用题）？这个问题值得商榷。从知识覆盖面上讲，我们主张回避。

类似的还有 17 题、21 题、23 题都涉及解一元二次方程，22 题、23 题都涉及解二元一次方程组，23 题、25 题都涉及较为复杂的二次根式分母有理化等。诚然，知识彼此之间是相互联系的，有一些知识的确具有较强的综合性，但中考试卷毕竟不是单元检测，在中考涉及的《标准》中的 155 个知识内容条目中，一份中考试卷大约只能覆盖其中的 40 个左右，所以每个题每个知识点之间搭配要科学合理，平衡恰当。而这种对局部知识的重复考查设计让人感觉有浪费之疑。

（二）加强运算并不是重陷繁难

"代数学的根源在于代数运算。"《标准》指出："运算能力主要是指能够根据法则和运算律正确地进行运算的能力。培养运算能力有助于学生理解运算的算理，寻求合理简洁的运算途径解决问题。"加强运算能力，不是要重走以前那种繁、难、杂的传统笔算之路，相反，要大大降低运算的难度和复杂程度，使学生从大量的机械计算中解脱出来，把更多的时间和精力放在追求理解算理，根据问题寻求最优运算途径上。在本卷中，如果 23 题中需要运用到的形如 $\dfrac{\sqrt{3}-1}{1+\dfrac{1}{3}\sqrt{3}}$ 的化

简还可以接受，那么对于 25 题，需要多次反复用到 $\sin 15° = \dfrac{\sqrt{6}-\sqrt{2}}{4}$，$\sin 75° = \dfrac{\sqrt{6}+\sqrt{2}}{4}$ 的相关式子的计算，的确是为难学生了，这也是全市 4 万多人结果仅有 39 人获得小胜（9 分题获得 8 分）的原因，结果运算正确似乎变成了一个彩票中获奖一样的小概率事件。

（三）压轴设置并不是"堵死"学生

出于选拔性考试需要，在试卷中设置有一定难度的压轴题当然是必需的，但难度究竟要控制到什么程度？例如，本试卷 25（3）题需要针对所求的二次函数解析式研究其最大值，从知识内容上说，这个应当不难，但问题在于这个来之不易的解析式本身：$y = -\dfrac{\sqrt{6}-\sqrt{2}}{8}x^2 + \dfrac{7-2\sqrt{2}-\sqrt{3}}{4}x + 2\sqrt{3}$（$0 < x \leqslant 4$）。无论是采用公式法还是配方法，其计算量都胜于"登天"。笔者询问教师：你做出最后结论了吗？结果没有一个人有耐心做完。因此，东莞全市考生中，本题无一人获得满分。据了解，在全省其他各地市考生中，也是如此。压轴题作为考验学生综合能力的考题，的确不是所有学生都能解决的，但压轴并不是要"堵死"学生，无论怎么"压"，命题都要给部分学生留下一条通往顶峰的小径，让他们有机会问顶，有可能登峰。

参考文献

[1] 中华人民共和国教育部．义务教育数学课程标准（2011 年版）[M]．

北京：北京师范大学出版社，2012.

［2］项武义. 基础代数学［M］. 北京：人民教育出版社，2004.

［3］高厚良，陈耀忠. 2014 年安徽省中考数学试卷评析及教学启示［J］. 中国数学教育，2015（5）：59 - 63.

［4］张宁. 中考命题中存在的问题及建议——以 2014 年全国各地中考试题为例［J］. 中学数学杂志，2015（2）：60 - 63.

［5］钱德春. 试题编制，一门遗憾的艺术——2014 年泰州中考数学第 25 题的分析与反思［J］. 中学数学杂志：初中版，2014（4）：50 - 52.

第八节　最短距离常考常新

——2014 年广州市中考卷第 24 题的思路探讨与特点评析[①]

在平面图形中研究最短距离问题，是各地中考命题的热点。2014 年广州市中考卷第 24 题就以二次函数为背景，用存在性问题的方式，推陈出新，研究四边形的最短周长。本文尝试对该题进行一些探讨评析，供同行研讨。

一、考题展示与思路探讨

考题：已知平面直角坐标系中两定点 A（-1，0），B（4，0），抛物线 $y = ax^2 + bx - 2(a \neq 0)$ 过点 A、B，顶点为 C。点 P（m，n）（$n < 0$）为抛物线上一点（图 $4-8-1$）。

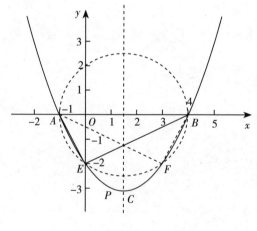

图 $4-8-1$

（1）求抛物线的解析式与顶点 C 的坐标。

（2）当 $\angle APB$ 为钝角时，求 m 的取值范围。

———————————

① 此文发表于《中学数学》2014 年第 12 期。

（3）若 $m > \dfrac{3}{2}$，当 $\angle APB$ 为直角时，将该抛物线向左或向右平移 t（$0 < t < \dfrac{5}{2}$）个单位，点 P、C 移动后对应的点分别记为 P'、C'，是否存在 t，使得首尾依次连接 A、B、P'、C' 所构成的多边形的周长最短？若存在，求 t 值并说明抛物线平移的方向；若不存在，请说明理由。

解法思路探讨：

（1）根据题意，直接把 A、B 两点坐标代入抛物线函数解析式，解得 $a = \dfrac{1}{2}$，$b = -\dfrac{3}{2}$，得到抛物线解析式：$y = \dfrac{1}{2}x^2 - \dfrac{3}{2}x - 2$。再由配方法或者顶点坐标公式，求得顶点 C 坐标为 $\left(\dfrac{3}{2},\ -\dfrac{25}{8} \right)$。

（2）由 P（m，n）（$n < 0$）可知点 P 在 x 轴下方，设抛物线与 y 轴交点为 E，点 F 是点 E 关于对称轴的对称点。由 A（-1，0）、B（4，0）、E（0，-2）可知，$OA = 1$，$OB = 4$，$OE = 2$。所以 $\dfrac{OA}{OE} = \dfrac{OE}{OB} = \dfrac{1}{2}$

$\therefore \triangle OAE \backsim \triangle OEB$

$\therefore \angle A = \angle BEO$

$\therefore \angle AEB = \angle OEA + \angle OEB = \angle OEA + \angle A = 90^\circ$

$\therefore$ 由抛物线对称性可知，点 F（3，-2），$\angle AFB = 90^\circ$

（备注：此处也可由 A、E、B 三点坐标求得三线段 AE、EB、AB 的长，再由勾股定理逆定理判断得到 $\triangle ABE$ 为直角三角形）

$\therefore$ 以 AB 为直径的圆一定经过点 E、F，且抛物线上点 A 到点 E、点 B 到点 F 的部分都在圆内

$\therefore$ 当点 P 在这两个部分上运动时，$\angle APB$ 为钝角

$\therefore$ m 的取值范围为 $-1 < m < 0$ 或 $3 < m < 4$

（3）$\because m > \dfrac{3}{2}$

$\therefore$ 点 P 一定在抛物线上顶点 C 到点 B 之间，当 $\angle APB$ 为直角时，由（2）可知，点 P 的坐标为（3，-2），如图 $4-8-2$ 所示，当点 C、P 随抛物线向左或向右平移 t 个单位后，$C'P' = CP$

$\therefore$ 四边形 $AC'P'B$ 周长 $AB + C'P' + AC' + BP'$ 中，可变化的线段长度为 AC'、BP'，即当 $AC' + BP'$ 最小时，四边形 $AC'P'B$ 的周长才最小。

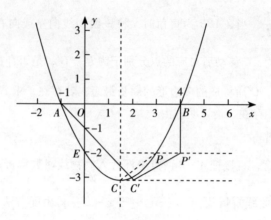

图 4 – 8 – 2

探究：AC'、BP' 是两条分离的线段，研究其线段和最短，首先就要想办法让两条线段"连"在一起，由此思考运用平移变换来转化实现这个目标。

思路 1：如图 4 – 8 – 3 所示，沿射线 $C'A$ 方向平移线段 $C'P'$ 得到 AA'，则 $CP = C'P' = AA'$，由点 $C\left(\dfrac{3}{2}, -\dfrac{25}{8}\right)$、点 P（3，-2），可得 $A'\left(\dfrac{1}{2}, \dfrac{9}{8}\right)$，连接 $A'P'$，则 $A'P' = AC'$，所以，$AC' + BP' = A'P' + BP'$，即问题转化为"点 $A'\left(\dfrac{1}{2}, \dfrac{9}{8}\right)$、点 B（4，0）分别在直线 PP' 即直线 k（直线 $y = -2$）的同侧，在直线 k 上找一点 P'，使 $A'P' + BP'$ 最短"。

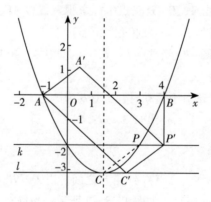

图 4 – 8 – 3

如图 4 – 8 – 4 所示，点 A' 关于直线 k 的对称点 A'' 为 $\left(\dfrac{1}{2}, -\dfrac{41}{8}\right)$，当点 P' 为直线 $A''B$ 与直线 k 的交点时，$A'P' + BP'$ 最短。由点 A''、点 B 坐标，可求得直线 $A''B$

的解析式：$y = \frac{41}{28}x - \frac{41}{7}$。当 $y = -2$ 时，$x = \frac{108}{41}$，故点 P' 坐标为 $\left(\frac{108}{41}, -2\right)$，与

原来的点 P（3，-2）相比，抛物线向左平移了 $t = 3 - \frac{108}{41} = \frac{15}{41}$ 个单位。

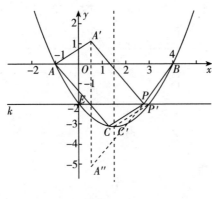

图 4 - 8 - 4

∴ 存在 $t = \frac{15}{41}$，使四边形 $AC'P'B$ 的周长最短。抛物线向左平移。

思路 2：如图 4 - 8 - 5 所示，沿射线 $P'C'$ 方向平移线段 BP' 得到 $B'C'$，与思路 1 相同，问题可转化为研究"在直线 CC' 上寻找一点 C'，使其到两定点 A、B' 的距离之和最小"。

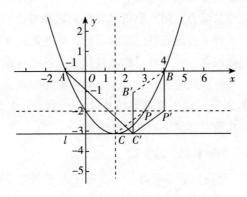

图 4 - 8 - 5

思路 3：如图 4 - 8 - 6 所示，把线段 AC' 沿射线 AB 方向平移 AB 长得到 BB'，作出点 P' 关于 x 轴对称的点 P''，则 $AC' + BP' = BB' + BP' = BB' + BP''$，即问题可转化为"对于定点 B，当 P''、B、B' 三点共线时，$AC' + BP'$ 最小"。

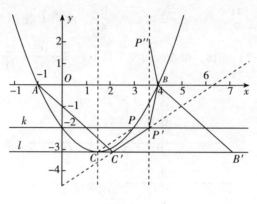

图 4 - 8 - 6

二、考题特点评析

（一）能力要求层次分明，知识点交汇相融

本题为函数与图形结合的综合题，压轴味道浓厚。三个小题彼此关联，能力要求层次鲜明。第（1）问，面向全体，考查最为基本的运用待定系数法求二次函数解析式、顶点坐标等常规要求；第（2）问，面向中层，有一定的挑战性，考查学生灵活运用知识的水平，要求学生结合相似三角形或勾股定理的相关知识，研究抛物线上动点坐标的变化规律；第（3）问，具有浓郁的选拔色彩，较为复杂，需要具有较高的综合运用数学知识分析问题和解决问题的能力。如果学生之前没有积累一定的解决最短路径问题的经验，那毫无疑义在考场上将面临极大的挑战。其对应的知识点主要有轴对称的性质、平移的性质、平行四边形的性质、待定系数法求直线解析式等。同时，各小问中的知识点充分融合了方程与函数、分类讨论、数形结合、转化等重要的数学思想方法，成为一个以函数为载体，以图形性质为内核的完美统一的有机整体。

（二）源于课本，拓展教材思维空间

第（3）问"四边形周长最短问题"其实源于人教版数学教科书八年级上册13.4《课题学习：最短路径问题》。类比教材 86 页的"造桥选址问题"，河流相当于两条平行直线 k、l 所夹部分，桥梁 MN 相当于线段 $C'P'$，不同的只是原分居于河流两侧的两定点 A、B，在这里变成在"河流 k、l"的同侧（图 4 - 8 - 7）。如果以直线 l 为对称轴，作点 A 的对称点 A'，问题就转变为研究从 A' 到 B 的路径 $A'C'P'B$ 最短的问题了。至此我们看到，第（3）问本质上就是"造桥选址问题"，其解决的基本策略就是利用轴对称和平移的知识，将问题逐步转化为"两点之间，线段最短"的数学模型。当然，命题者推陈出新，将原与河流垂直的桥

梁 *MN*，变成了现在与"河流"成一固定交角的 *CP*，拓展了思维的空间，也增加了数学的趣味性。

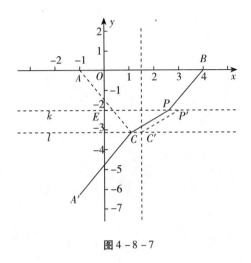

图 4 - 8 - 7

三、教学思考

（一）提高对"综合与实践"课程内容的认识

本题第（3）问从内容形式上讲，当属"综合与实践"部分。数学课程内容分为"数与代数""图形与几何""统计与概率"和"综合与实践"四部分。就"综合与实践"部分，2011 年版课标明确指出，其设置目的就是"培养学生综合运用有关知识和方法解决实际问题，培养学生的问题意识、应用意识、创新意识，积累活动经验，提高解决现实问题的能力"，并且明确提出，"应当保证每学期至少一次"的教学活动。在教材形式上，"综合与实践"内容是以"课题学习""数学活动"和"拓广探索"等多种方式呈现的，分散于全书各章之中，并与相关的主要数学内容紧密结合。比如"最短路径问题"，正是人教版修订版教材中新增的一个课题学习活动。在教学中，要重视并保证这样的课题学习活动有效开展，使学生在整体理解数学内容的同时，积累并创造出解决实际问题的经验与策略，并逐步培养数学思维能力。

（二）注重对解题基本模式的整理积累

罗增儒教授在《数学解题学引论》中提出数学解题的四步程式："理解题意、思路探求、书写表达、回顾反思"。他认为解题最关键的就是"理解题意，模式识别"的过程。"在弄清条件、弄清结论的同时，努力在条件与结论之间找出直接的联系——化归为已经解决的基本问题。在每个人的头脑里都或多或少、或优或劣储存有一些基本模式与经典题型，对于大量的常规题来说，题意弄清楚了，题型就得以识别，记忆中关于这类题的解法就招之即来，这就是模式识别。"比如，本题的最短周长，说一千道一万，最终归于"最短距离问题"。所以在教学中，我们要注重以典型问题或经典题型为抓手，做好数学解题方法的归类与积累，以帮助学生形成较为完善的数学解题模式体系。

第九节　简而不单的精彩

——2017 年广东数学中考第 23 题分析①

2017 年广东省中考覆盖全省近 110 万初中考生，数学试题整体风格平稳，淡而有味，赢得了广大师生的一致好评。我们参加了东莞市中考第 23 题的阅卷工作。结合自己的所见，和大家分享一些我们的思考。

一、原题呈现

（2017 年广东省）如图 4 - 9 - 1 所示，在平面直角坐标系中，抛物线 $y = -x^2 + ax + b$ 交 x 轴于 A（1，0），B（3，0）两点，点 P 是抛物线上在第一象限内的一点，直线 BP 与 y 轴相交于点 C。

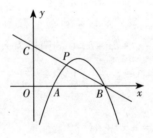

图 4 - 9 - 1

（1）求抛物线 $y = -x^2 + ax + b$ 的解析式。

（2）当点 P 是线段 BC 的中点时，求点 P 的坐标。

（3）在（2）的条件下，求 $\sin \angle OCB$ 的值。

---

① 此文刊发在《中学数学教学参考》（中旬）2017 年第 11 期。

二、学生典型解法呈现

(一) (1) 问的典型解法示例

生1：把 A (1, 0)、B (3, 0) 代入 $y = -x^2 + ax + b$

$\begin{cases} -1^2 + a + b = 0 \\ -3^2 + 3a + b = 0 \end{cases}$ ，解得 $\begin{cases} a = 4 \\ b = -3 \end{cases}$

∴ 抛物线的解析式为 $y = -x^2 + 4x - 3$

生2：∵ 抛物线与 x 轴两交点为 A (1, 0)、B (3, 0)

∴ 可设解析式为 $y = k(x - 1)(x - 3)$

∵ $y = -x^2 + ax + b$

∴ $k = -1$

∴ 抛物线的解析式为 $y = -(x - 1)(x - 3) = -x^2 + 4x - 3$

生3：∵ 抛物线与 x 轴两交点是 A (1, 0)、B (3, 0)

∴ 对称轴是 $x = \dfrac{1 + 3}{2} = 2$，代入抛物线的解析式 $y = -(x - h)^2 + k$

∴ $y = -(x - 2)^2 + k$，将点 B (3, 0) 代入，得 $0 = -1 + k$

∴ $k = 1$

∴ $y = -(x - 2)^2 + 1 = -x^2 + 4x - 4 + 1$

即抛物线的解析式为 $y = -x^2 + 4x - 3$

生4：由题意，可知，$-x^2 + ax + b = 0$ 的两根为 $x_1 = 1$，$x_2 = 3$

由根与系数关系可得 $1 + 3 = -\dfrac{a}{-1}$，$1 \times 3 = \dfrac{b}{-1}$

解得 $a = 4$，$b = -3$

∴ 抛物线的解析式为 $y = -x^2 + 4x - 3$

评析：本小题考查用待定系数法求二次函数解析式，难度不大。生1的解法与省参考答案一致，是通法，也是学生答卷时采用最多的解法。以题目直接给定的抛物线一般形式，将 A、B 两点坐标代入求解方程组得到结论；生2、生3的解法充分利用 A、B 两点的特殊性，从与 x 轴的交点、图象对称点两个角度来分析，采用交点式、顶点式来求解抛物线的解析式，使计算量大大下降，方法更加简洁，也更显智慧。生4的解法充分利用二次函数与一元二次方程的关系，在解析式与对应方程之间来回转化得到结论，方法虽为特法，但更具思维含量。

(二) (2) 问典型解法示例

生5：设点 C (0, m)，点 B (3, 0)

∵ 点 P 是 BC 的中点

$\therefore$ 点 P 横坐标 $x = \dfrac{0+3}{2} = \dfrac{3}{2}$，代入 $y = -x^2 + 4x - 3$

得 $y = -\left(\dfrac{3}{2}\right)^2 + 4 \times \dfrac{3}{2} - 3 = \dfrac{3}{4}$

$\therefore$ 点 P 坐标为 $\left(\dfrac{3}{2}, \dfrac{3}{4}\right)$

生 6：如图 $4-9-2$ 所示，作 $PD \perp x$ 轴于点 D

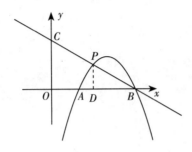

图 $4-9-2$

$\therefore PD \parallel y$ 轴

$\because$ 点 P 是 BC 的中点

$\therefore PD$ 是 OB 的中位线

$\therefore$ 点 D 是 OB 的中点

$\therefore OD = \dfrac{1}{2}OB = \dfrac{3}{2}$，

……（以下同生 5）

生 7：如图 $4-9-2$ 所示，$\because$ 点 P 是 BC 的中点

$\because \angle PDB = \angle COB = 90°$，$\angle PBD = \angle PBD$

$\therefore \triangle PDB \backsim \triangle COB$

$\therefore \dfrac{PB}{BC} = \dfrac{BD}{OB}$

$\therefore \dfrac{1}{2} = \dfrac{BD}{3}$

$\therefore BD = \dfrac{3}{2}$

$\therefore OD = \dfrac{3}{2}$

……（以下同生 5）

生 8：如图 $4-9-3$ 所示，作 $PE \perp y$ 轴于点 E

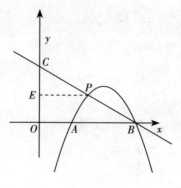

图 4 - 9 - 3

$\therefore PE /\!/ x$ 轴

$\therefore \triangle EPC \backsim \triangle OBC$

$\therefore \dfrac{PC}{BC} = \dfrac{PE}{OB}$

$\because$ 点 P 是 BC 中点

$\therefore \dfrac{1}{2} = \dfrac{PE}{3}$

$\therefore PE = \dfrac{3}{2}$

……（以下同生 5）

评析：以上四正解殊途同归，虽从不同的角度来求解，但其相同之处在于都是先求点 P 的横坐标，再利用抛物线解析式求其纵坐标。生 5 利用线段中点坐标的规律，生 6 作辅助线联想到中位线，生 7、生 8 都是作辅助线构造平行相似的基本图形。当然，生 7 的相似证明过程还可再优化。四种不同的思维路径，呈现出学生思维"百花齐放"的态势。

（三）（3）问典型解法示例

生 9：设直线 PB 的解析式为 $y = kx + b'$

把 $P\left(\dfrac{3}{2},\ \dfrac{3}{4}\right)$、$B$（3，0）代入

$\begin{cases} \dfrac{3}{2}k + b' = \dfrac{3}{4} \\ 3a + b' = 0 \end{cases}$

解得 $\begin{cases} k = -\dfrac{1}{2} \\ b' = \dfrac{3}{2} \end{cases}$

∴ 直线 PB 的解析式为 $y = -\frac{1}{2}x + \frac{3}{2}$

∴ 当 $x = 0$ 时，$y = \frac{3}{2}$

∴ $OC = \frac{3}{2}$。

在 Rt△COB 中，$BC = \sqrt{3^2 + \left(\frac{3}{2}\right)^2} = \sqrt{\frac{45}{4}} = \frac{3}{2}\sqrt{5}$

∴ $\sin\angle OCB = \frac{OB}{BC} = \frac{3}{\frac{3}{2}\sqrt{5}} = \frac{2}{5}\sqrt{5}$

生 10：如图 4 - 9 - 2 所示，∵ 由（2）可知，△$PDB \backsim \triangle COB$

∴ $\frac{PB}{BC} = \frac{PD}{OC}$

∴ $\frac{1}{2} = \frac{\frac{3}{4}}{OC}$

∴ $OC = \frac{3}{2}$

……以下同生 9

生 11：如图 4 - 9 - 2 所示，在 Rt△PDB 中，$PB = \sqrt{\left(\frac{3}{4}\right)^2 + \left(\frac{3}{2}\right)^2} = \frac{3}{4}\sqrt{5}$

∵ 点 P 是 BC 的中点

∴ $BC = \frac{3}{2}\sqrt{5}$

评析：研究 $\sin\angle OCB$，当然首先在 Rt△BOC 中考虑，结合图形，只需求得斜边 BC 长度即可。以上三个正解虽然都是求 BC 的长，但各有各的想法和思维，也各有各的精彩。相比较而言，还是后两种解法在计算强度方面更有优越性。

三、试题的思考

（一）好的试题立足基础

一直以来，我们都在强调教与学都要立足基础。从该题在试题中的排序来看，为广东 9 分题之首（注：广东卷中 9 分题为单题所占分值最高的题，全卷共设三道，分别为代数综合、几何综合、代数几何综合），属代数综合题。代数学的根源在于代数运算。本题以运算为核心，主要集中考查解一次方程（组）、二次根式化简计算能力，同时考查学生对待定系数法、数形结合、转化思想等数学本质的理解和运用。一些教师认为，此题完全属于意外中的惊喜，在知识内容上不存在难点。但实际结果呢？以东莞市为例，在 40864 名考生中，此题均分仅为 5.28，得分率为 58.7%；全市满分 13103 人，占 32.1%；零分为 6580 人，占 16.1%；得分不超过 3 分的，近 2 万人。这表明结果其实远没有我们想象的好。为什么经过了三年的学习，做了大量的题目练习，却仍然不能取得满意的结果？本题的考查，再一次提示我们，立足基础，特别是切实提高学生的运算能力，保证所有学生基本的运算水平，仍是我们需要把握和努力的主基调。

（二）好的试题简而不单

本题的简有两层意思：一是难度不大。因为相对而言，本题确实是一道相对容易的综合题，甚至就连顺坡而上、层层递进的第（3）问，也不过如此，超出了很多人的想象。二是试题设计。题干和三小问共计 100 字，抛物线和直线 *PB* 贯穿始终，并不复杂，简洁明了。但同时，它绝不单调乏味、形式单一。每一小问都可以用多种方法来解决，这就使绝大部分学生可以根据自己的思维习惯，找到一条切合自己思维方式的路径，从而把"一题多解、发散解题思维"的解题目标追求落实到位，对未来的教学也起到了积极的正向引导作用。

（三）好的命题是来自四面八方的汇聚

千溪万溪汇成河，万千江河入海流，好的命题来自四面八方的汇聚。在本题中，每一小问都以宽阔的入口来激活学生的思维，使解题思路变得丰富多彩，灵动多样。与此同时，无论各小问有多少不同的思维路径和方法，最后又都不约而同地汇聚到了一起。比如第（1）问，以四种不同的方法最后共同汇聚于"待定系数法确定 *a*、*b*"；第（2）问，以多种不同的思维方法最后共同汇聚于"先求点 *P* 的横坐标，再求得其纵坐标"；而第（3）问，仍是以多种不同的路径最后共同汇聚于"在直角三角形中确定斜边长"。这就使命题在发散学生思维的同时，实现了思维的聚合，体现出思维的整体性。每一种思路都有其自身存在的价值，每一条路径都有它自身的精彩，但万法归宗，最后都在实现数学本质的考查上达成了统一。所以，我们认为，好的命题并不在于以艰深晦涩的奇巧和七拼八凑的繁难来拦住学生，好的命题可以有多种形态，其中给学生多种选择，让学生在多姿多彩的精彩演绎中，达成思维高品质的培育与甄别，可以成为我们努力探索的方向。

广东省 2017 年数学中考中，如 23 题一样精彩的还有 21 题，大家可以自行研究。

参考文献

［1］徐小建. 反思解题过程，感悟解法自然 ［J］. 中学数学教学参考：中旬，2017（6）：48－50.

［2］钱德春. 数载坚守只为"初心"——从 2016 年泰州市压轴题说起 ［J］. 中学数学教学参考：中旬，2016（9）：62－65.

［3］桂文通，谢华. 一道中考试题解答的预设与生成 ［J］. 中学数学杂志：初中版，2017（2）：55－56.

第十节 疑难问题教学设计：图形的折叠问题①

一、内容与内容解析

（一）内容

图形的折叠问题。

（二）内容解析

图形的折叠，也称图形的翻折，本质是图形的轴对称，属图形的变化单元，是三种常见的全等变换之一。在近五年的广东中考数学试卷中，2015 年、2016 年、2017 年、2018 年的试卷都有考查图形折叠的问题，图形的折叠属中考高频考点之一。

图形的折叠，折线即对称轴，折叠前与折叠后的图形关于折线对称，是全等图形。当折线发生改变时，折叠后的图形也随之改变。在图形的变化过程中，需要根据具体问题情境观察、分析、归纳、概括，将复杂问题化归为已知的或熟悉的问题。同时，在解决问题的过程中，还可能用到分类讨论等数学思想方法。

图形的折叠综合性较强，能力要求高，可以与四边形的性质、三角形的性质、勾股定理、三角函数、相似三角形、函数等知识相结合，同时考查学生分析问题和解决问题的能力，逻辑推理、几何直观和空间想象能力，难度大，区分度高。

基于以上分析，可以确定本节课的教学重点：图形的折叠性质与其他知识的综合运用。

二、目标与目标解析

（一）目标

（1）复习图形的折叠的概念，熟练运用图形的折叠的性质，识别图形变化中

---

① 此文获广东省首届中考疑难问题教学设计特等奖（2019 年）。

的相关元素的对应关系。

（2）能在具体的问题情境中综合运用图形的翻折的性质、相似三角形等其他知识灵活解决问题。

（二）目标解析

达成目标（1）的标志是：能观察图形折叠前和折叠后的图形，找出具有相等关系的边和角。

达成目标（2）的标志是：在三角形、矩形或正方形等常见折叠问题情境中，能够发现问题的规律，灵活选用合适的方法解决问题。

三、教学问题诊断分析

图形的折叠的学习是在学生已经完成了整个初三学习的基础上展开的，虽然图形的变化问题复杂，但万变不离其宗，发现图形变化中的变与不变规律是图形变换学习的基本策略。但学生还没有形成整体的知识结构，对各种几何图形知识间的联系把握不充分，综合运用知识的能力不强，难以在位置关系中抓住其中的数量关系。教学时，要引导学生从图形出发，由图形折叠前和折叠后的位置关系，寻找基本图形。

本节课的教学难点是：综合运用图形的折叠性质、其他图形的性质等知识解决问题。

四、教学过程设计

复习教学过程设计采用六个环节，具体框图呈现如图 4 - 10 - 1 所示。

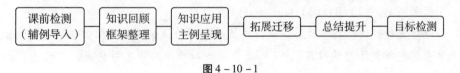

图 4 - 10 - 1

（一）课前检测

（1）（2018 · 牡丹江）如图 4 - 10 - 2 所示，E 为矩形 $ABCD$ 的边 AB 上一点，将矩形沿 CE 折叠，使点 B 恰好落在 ED 上的点 F 处，若 $BE = 1$，$BC = 3$，则 CD 的长为（　　）。

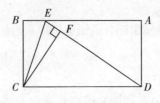

图 4 - 10 - 2

A. 6   B. 5

C. 4   D. 3

（2）（2018·湖北）如图 4 - 10 - 3 所示，正方形 $ABCD$ 中，$AB = 6$，G 是 BC 的中点，将 $\triangle ABG$ 沿 AG 对折至 $\triangle AFG$，延长 GF 交 DC 于点 E，则 DE 的长是（   ）。

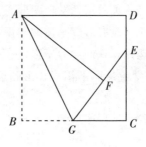

图 4 - 10 - 3

A. 1   B. 1.5

C. 2   D. 2.5

参考答案：（1）B；（2）C。

设计意图：这是教学的第一步，是折叠问题的预热，也是铺垫的辅例题，以此复习图形折叠问题的性质。（1）是在矩形折叠中，研究对应角，发现由"折叠＋平行"产生的等腰三角形；再根据边的数量关系，运用勾股定理求线段长；（2）是在正方形中研究图形的折叠，由全等三角形，证明周长为定值，并运用勾股定理求线段长。

（二）知识回顾

问题1 初中阶段主要研究哪几类图形的变化？研究思路是怎样的？

设计意图：从整体上了解图形的变化形式（图 4 - 10 - 4），提出本节课的研究对象。

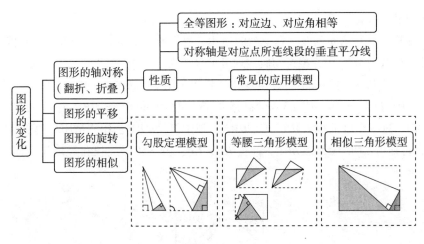

图 4 - 10 - 4

问题 2 用知识框架图梳理图形折叠的研究思路、研究重点、常见的应用类型等。

设计意图：梳理图形的折叠学习的全过程，通过教材例题、习题、课前检测题的整理，总结归纳常见的三种应用模型。

（三）知识应用

例 1（2018·江苏宿迁第 28 题改编） 如图 4 - 10 - 5 所示，在边长为 1 的正方形 $ABCD$ 中，动点 E、F 分别在边 AB、CD 上，将正方形 $ABCD$ 沿直线 EF 折叠，使点 B 的对应点 M 始终落在边 AD 上（点 M 不与点 A、D 重合），点 C 落在点 N 处，MN 与 CD 交于点 P。

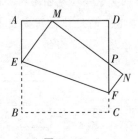

图 4 - 10 - 5

（1）当 $AM = \dfrac{1}{3}$ 时，求 BE 的长。

（2）随着点 M 在边 AD 上位置的变化，$\triangle PDM$ 的周长是否发生变化？如变化，请说明理由；如不变，请求出该定值。

（3）设 $AM = x$，四边形 $BEFC$ 的面积为 S，求 S 与 x 之间的函数表达式，并求

出 S 的最小值。

分析：（1）这是勾股定理模型的运用。由折叠性质可知 $BE = ME$，结合已知条件，在 $\mathrm{Rt}\triangle AME$ 中，根据勾股定理可求得结论。

（2）$\triangle PDM$ 的周长不会发生变化，且为定值 2。如图 4 – 10 – 6 所示，连接 BM、BP，过点 B 作 $BH \perp MN$，根据折叠性质可知 $BE = ME$，易得 $\angle EBM = \angle EMB$，进一步可推得 $\angle MBC = \angle BMN$，判定 $\mathrm{Rt}\triangle ABM \cong \mathrm{Rt}\triangle HBM$，得到 $AM = HM$，再证 $\mathrm{Rt}\triangle BHP \cong \mathrm{Rt}\triangle BCP$，推得 $HP = CP$，由三角形周长和等量代换即可得出定值 2。

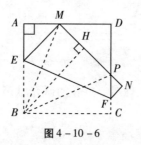

图 4 – 10 – 6

（3）过 F 作 $FQ \perp AB$，连接 BM，由折叠性质可知 $\angle BEF = \angle MEF$，$BM \perp EF$，推得 $\angle EBM = \angle EMB = \angle QFE$ 后证 $\mathrm{Rt}\triangle ABM \cong \mathrm{Rt}\triangle QFE$，得到 $AM = QE$；由勾股定理模型表示出 BE 长、FC 的长等，代入梯形面积公式即可求得二次函数解析式，配方求得 S 的最小值。

追问：在（1）的情况下，求 DP 长。

此时，四边形 $EBCF$ 的面积可以求吗？如何求更好？

设计意图：本题在正方形的背景下研究图形折叠的综合运用（图 4 – 10 – 7）。展现图形在翻折过程中的变与不变的规律，研究折叠与二次函数结合的极值问题，以及全等三角形的判定与性质，正方形的性质等知识内容。

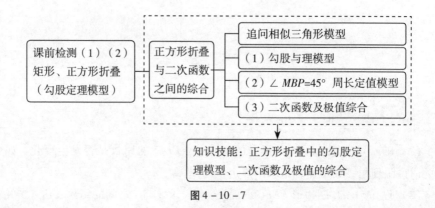

图 4 – 10 – 7

（四）拓展迁移

例2（2015·江苏泰州第16题）　如图4-10-8所示，矩形 $ABCD$ 中，$AB=8$，$BC=6$，P 是边 AD 上一点，将△ABP 沿 BP 翻折至△EBP，PE 与 CD 相交于点 O，且 $OD=OE$，则 AP 的长为_____。

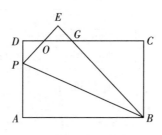

图4-10-8

例3（2018·湖北宜昌第23题）　在矩形 $ABCD$ 中，$AB=12$，P 是 AB 边上一点，把△PBC 沿直线 PC 折叠，顶点 B 的对应点是点 G，过点 B 作 $BE\perp CG$，垂足为 E 且在 AD 上，BE 交 PC 于点 F。

（1）如图4-10-9所示，若点 E 是 AD 的中点，求证：△$AEB\cong$△DEC。

（2）如图4-10-10所示，①求证：$BP=BF$。

②当 $AD=25$，且 $AE<DE$ 时，求 $\cos\angle PCB$ 的值。

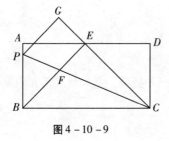

图4-10-9　　　　　　　图4-10-10

分析：

（1）由点 E 是 AD 中点，得到 $AE=DE$，再结合矩形性质即可证得。

（2）①由折叠性质可得∠$G=90°$，∠$BPC=\angle GPC$，再由 $BE\perp CG$，可得到 $BE\parallel PG$，由等腰三角形模型，可得到 $BP=BF$。

②先通过证明△$ABE\backsim$△DEC 求出 AE 的长，再由△$EFC\backsim$△GPC，求得 BP 的长，最后由余弦定义求得 $\cos\angle PCB$ 的值。

设计意图： 以上设计是以矩形翻折后，对应点落在原图形外部的形式展开研究的，包含了图形折叠的勾股定理模型、"折叠＋平行"得到的等腰三角形模型、相似三角形模型，以及三角形全等、三角函数等有关知识，能够训练学生灵活运用知识的能力（图 4 – 10 – 11）。

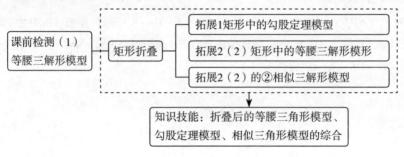

图 4 – 10 – 11

（五）总结提升

在图形的折叠的学习中，最为核心的是什么？在应用图形的折叠性质时，要注意哪些问题？你获得了哪些解题经验？

设计意图： 引导学生从知识内容的整体和重点两方面总结，积累基本活动经验。

（六）目标检测设计

例 4（2018·四川达州第 23 题） 矩形 $AOBC$ 中，$OB = 4$，$OA = 3$。分别以 OB，OA 所在直线为 x 轴，y 轴，建立如图 4 – 10 – 12 所示的平面直角坐标系。F 是 BC 边上一个动点（不与 B，C 重合），过点 F 的反比例函数 $y = \dfrac{k}{x}$（$k > 0$）的图象与边 AC 交于点 E。

（1）当点 F 运动到边 BC 的中点时，求点 E 的坐标。

（2）连接 EF，求 $\angle EFC$ 的正切值。

（3）如图 4 – 10 – 13 所示，将 $\triangle CEF$ 沿 EF 折叠，点 C 恰好落在边 OB 上的点 G 处，求此时反比例函数的解析式。

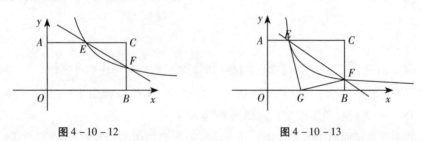

图 4 – 10 – 12　　　　　　　　图 4 – 10 – 13

设计意图： 此题以反比例函数为主体，主要复习待定系数法求函数解析式、矩形与反比例函数图象之间的关系特征、锐角三角函数等。（3）是在（2）的基础上，进一步综合相似三角形模型、勾股定理模型，体现了图形的折叠与函数问题之间的综合。

第十一节 运动之中的常规考量

——2014 年广东卷中考第 25 题的思路突破与教学建议①

笔者研读 2014 年广东省中考数学试卷，发现其在保持总体难度稳定平衡的基础上，结构更趋合理，基础知识覆盖面更广，特别是压轴题的设计，一如既往地以动态变化类为基架，突出考查学生在未来数学学习和应用数学解决问题过程中最为重要的核心概念、思想方法和常用的技能，综合性更强，具有较高的信度和恰当的区分度。本文拟对该压轴题展开一些思路探究，并围绕该题的解题教学给出建议，供同行研讨。

一、解题呈现与思路探究

（一）题目

如图 4 – 11 – 1 所示，在 $\triangle ABC$ 中，$AB = AC$，$AD \perp BC$ 于点 D，$BC = 10\text{cm}$，$AD = 8\text{cm}$，点 P 从点 B 出发，在线段 BC 上以每秒 3cm 的速度向点 C 匀速运动，与此同时，垂直于 AD 的直线 m 从底边 BC 出发，以每秒 2cm 的速度沿 DA 方向匀速平移，分别交 AB、AC、AD 于 E、F、H，当点 P 到达点 C 时，点 P 与直线 m 同时停止运动，设运动时间为 t 秒（$t > 0$）。

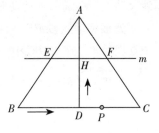

图 4 – 11 – 1

① 本文发表于《中学数学》2015 年第 1 期。

（1）当 $t=2$ 时，连接 DE、DF，求证：四边形 $AEDF$ 为菱形。

（2）在整个运动过程中，所形成的 $\triangle PEF$ 的面积存在最大值，当 $\triangle PEF$ 的面积最大时，求线段 BP 的长。

（3）是否存在某一时刻 t，使 $\triangle PEF$ 为直角三角形？若存在，请求出此时刻 t 的值；若不存在，请说明理由。

（二）思路探求

1. 两种方法证菱形

如图 4 – 11 – 2 所示，在已知 t 值的前提下，可以即刻求得 HD 的长，得到 H 为 AD 的中点，由 $EF \perp AD$，可以有两个不同方向的思考：

一是说明 EF 是 AD 的垂直平分线，得到 $AF=DF$、$AE=ED$，再考虑证 $\triangle AEF$ 为等腰三角形，得 $AE=AF$，从而根据"四条边相等的四边形是菱形"的判定得到结论。

二是由 $EF /\!/ BC$、H 为 AD 中点，可以得出 E、F 分别为 AB、AC 的中点，再由中位线定理，判断出 $DE /\!/ AF$，$DF /\!/ AE$，从而由"对角线互相垂直的平行四边形是菱形"的判定得到结论。

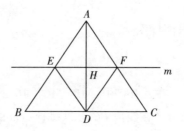

图 4 – 11 – 2

2. 二次函数中探求图形面积的极值

这里的运动型综合问题涉及动点与动线两种运动对象，如图 4 – 11 – 3 所示，在研究 $\triangle PEF$ 的面积时，首先要处理好动线段 EF 如何表示的问题。这是相似三角形学习时经常会遇到的一个常规问题。在 $\triangle ABC$ 中，在已知 BC 及其高 AD 长的情况下，不难得到 $EF=10-\dfrac{5}{2}t$，由此可表示 $\triangle PEF$ 面积的函数关系式，并进一步求得该函数的极值。

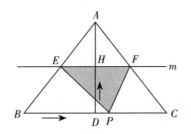

图 4 – 11 – 3

3. 分类讨论显常规

运动类问题多数以考查分类讨论思想方法为目的，而研究某个三角形变化的形状，可谓这类问题的一种常规而经典的设计方式。比如，这里研究 △PEF 为直角三角形，就可以根据三角形三个内角中可能为直角的角不同，分三种情况画三个对应图形加以研究分析。

图 4 – 11 – 4（甲）和（乙）这两种情况并不复杂，可分别利用相似三角形，得到相关的比例式，从而得到有关 t 的方程，求得 t 的值。

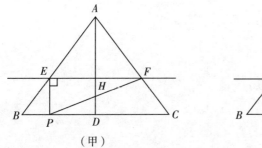
（甲）

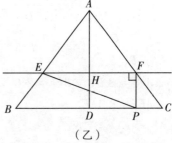
（乙）

图 4 – 11 – 4

图 4 – 11 – 5（甲）这种情况，即 $\angle EPF = 90°$，是最具挑战性的，可以有两种不同的辅助线思路：

如图 4 – 11 – 5（甲）所示，从勾股定理出发，需要表示出 PE、PF 的长。先由相似三角形，可以求得 $BM = CN = \dfrac{5}{4}t$，进一步可得到 $PM = 3t - \dfrac{5}{4}t = \dfrac{7}{4}t$，$PN = 10 - t$，不难看出有 $EF^2 = EM^2 + PM^2 + FN^2 + PN^2$，由此可得到有关 t 的方程，解出即可。

与此相比，图 4 – 11 – 5（乙）的思路要显得简略得多，也更不易想到，因为这需要敢于连接 PH，并发现 PH 的魅力，作为 Rt△PEF 斜边 EF 上的中线，从而得到 $PH = \dfrac{1}{2}EF = \dfrac{1}{2}\left(10 - \dfrac{5}{2}t\right) = 5 - \dfrac{5}{4}t$，再在 Rt△PHD 中应用勾股定理得到方

程，求得结论。

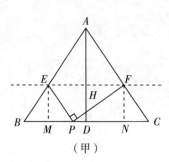
（甲）

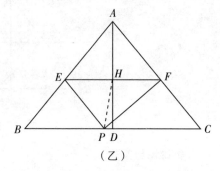
（乙）

图 4 - 11 - 5

（三）参考答案

（1）证明：当 $t = 2$ 时，$DH = AH = 4$，则 H 为 AD 的中点

又 $\because EF \perp AD$

$\therefore EF$ 为 AD 的垂直平分线

$\therefore AE = DE$，$AF = DF$

$\because AB = AC$，$AD \perp BC$ 于点 D

$\therefore \angle B = \angle C$

$\because EF /\!/ BC$

$\therefore \angle AEF = \angle B$，$\angle AFE = \angle C$

$\therefore \angle AEF = \angle AFE$

$\therefore AE = AF$

$\therefore AE = AF = DE = DF$，即四边形 $AEDF$ 为菱形

（2）如图 4 - 11 - 3 所示，可知 $DH = 2t$，$BP = 3t$

$\therefore AH = 8 - 2t$

$\because EF /\!/ BC$

$\therefore \triangle AEF \backsim \triangle ABC$

$\therefore \dfrac{EF}{BC} = \dfrac{AH}{AD}$，即 $\dfrac{EF}{10} = \dfrac{8 - 2t}{8}$，解得 $EF = 10 - \dfrac{5}{2}t$

$\therefore S_{\triangle PEF} = \dfrac{1}{2}EF \cdot DH = \dfrac{1}{2}\left(10 - \dfrac{5}{2}t\right) \cdot 2t = -\dfrac{5}{2}t^2 + 10t = -\dfrac{5}{2}\left(t - 2\right)^2 + 10$

$\therefore$ 当 $t = 2$ 秒时，$S_{\triangle PEF}$ 存在最大值，最大值为 10，此时 $BP = 3t = 6$

（3）存在，理由如下：

① 若 $\angle PEF = 90°$，如图 4 - 11 - 4（甲）所示，此时 $PE /\!/ AD$，$PE = DH = 2t$，

$BP = 3t$

$\therefore \dfrac{PE}{AD} = \dfrac{BP}{BD}$，即 $\dfrac{2t}{8} = \dfrac{3t}{5}$，求得 $t = 0$，不符合题意，舍去

② 若 $\angle EFP = 90°$，如图 4 – 11 – 4（乙）所示，此时 $PF /\!/ AD$，$PF = DH = 2t$，$BP = 3t$，$CP = 10 - 3t$

$\therefore \dfrac{PF}{AD} = \dfrac{CP}{CD}$，即 $\dfrac{2t}{8} = \dfrac{10 - 3t}{5}$，解得 $t = \dfrac{40}{17}$

③ 若 $\angle EPF = 90°$，如图 4 – 11 – 5（乙）所示，连接 PH

在 Rt$\triangle PEF$ 中，H 为 EF 的中点

$\therefore PH = \dfrac{1}{2}EF = \dfrac{1}{2}\left(10 - \dfrac{5}{2}t\right) = 5 - \dfrac{5}{4}t$

在 Rt$\triangle PHD$ 中，$\because PH^2 = HD^2 + PD^2$

$\therefore \left(5 - \dfrac{5}{4}t\right)^2 = (2t)^2 + (5 - 3t)^2$

解得 $t = \dfrac{280}{183}$ 或 $t = 0$（舍去）

$\therefore t = \dfrac{280}{183}$

综上所述，当 $t = \dfrac{40}{17}$ 秒或 $t = \dfrac{280}{183}$ 秒时，$\triangle PEF$ 为直角三角形。

二、教学思考

现在的数学中考在总体难度控制、强调"双基"的前提下，似乎有一种"简单题目不复习也会，有难度的题目复习了也不会"的尴尬，以致出现有些地方或学校的考生总体平均分偏高，区分度却不大的现象，使试题的效度大打折扣。为什么压轴题会让大家觉得"讲了白讲、教了白教"呢？除了学生某些方面的因素之外，我觉得与教者在备课阶段对解题教学的定位和思考有密切的联系。教者不能仅仅满足于带领学生寻求问题的答案，而更应当引导学生注意解题之后的回顾反思，如解题中用到了哪些知识？哪些方法？这些知识和方法是怎样联系起来的？是怎么想到它们的？困难在哪里？关键是什么？遇到过什么障碍？后来是怎么解决的？是否还有别的解决方法？命题能够推广吗？……罗增儒教授认为，只有如此不断地追问与反思，才能不断地改进和完善眼前的解题，提炼出对未来解题有指导作用的信息，使理解进入深层结构。

（一）化动为静

运动类问题大都是以动点、动线或者几何图形整体运动为载体的，在分析问题时，首先要弄清楚运动的相关要素，如运动的对象、方向、速度等，并将这些

要素以某种形式呈现出来，使动态的问题转化为常规的、有静态味道的几何图形问题。比如，分析本题时，我们首先要弄明白动点 P、动线 m 的运动方向以及运动速度，把动线 m 的运动加载到动点 H 上，得到 $BP=3t$、$CP=10-3t$、$DH=2t$、$AH=8-2t$ 等，以此为基础，再分析图 4-11-3 或者图 4-11-4，使问题显得更为清晰。

（二）重视数形结合

运动类问题以运动为表象，其内隐的数学思想主要是分类讨论、数形结合、方程思想等，解题时，我们要特别注意数形结合，根据动态变化的不同状态来展开研究。就本题而言，无论是证明四边形是菱形、研究三角形面积的极值，还是研究三角形的形状，其实都是运动类问题的常规形式，应当早已在平时的复习训练过程中"覆盖"过若干次。教学中，我们要特别注意借助数形结合，引导学生形成将问题切割成若干小问题的意识，有敢于将"母图"分解为若干"子图"的勇气，形成一（小）问题一（子）图的态势。例如，第（3）问，要引导学生理解，我们的常规策略就是针对直角可能出现的三种情况，果断地将其切割为三个"子问题"，画出三个对应的"子图"，然后由易到难，各个击破。

（三）注重利用信息技术动态呈现，突破难点

运动类问题的思维障碍有时在于分辨不清各种可能出现的情况。因此教学中，教师要引导学生想办法让图形动起来，在动中观察和思考。比如，有些问题涉及三角板运动，就可以用三角板的移动来帮助思考等。当然，教师也可以采用一些信息技术手段，辅助呈现动态的图形，使学生直观地感知到变化的不同状态，达到理解题意、突破难点、贯穿思路的目的，从而促进学生思维能力的发展与提高。例如，针对本题第（3）问的教学，我们可以运用几何画板直观地呈现动点 P 和动线 m 的运动情况，当然我们还可以借助如几何画板测量角度的功能测量相关的角度，或者通过建立相应模型等方式帮助学生理解 $\triangle PEF$。比如，我们过点 E、F 分别画 EF 的垂线，并以 EF 为直径作圆，如图 4-11-6 所示，则只有当点 P 运动到此虚线模型之上时，$\triangle PEF$ 才可能为直角三角形。这些手段，都可以有效地促进学生理解能力的提高。

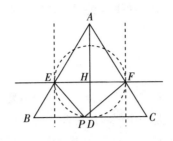

图 4 - 11 - 6

（四）注重变式训练

运动变化类的问题，需要注意加强变式，以一变多。变式训练是我国数学教育在解题教学中的一个优良传统，罗增儒教授说："变式练习的作用，首先是通过变换方式或添加次数而增强效果、巩固记忆、熟练技能；其次是通过必要的实践来积累基本问题，积累理解所需的操作数量、活动强度和经验体会。"本题的变式，我们可以引导学生向以下几个方面拓展：

（1）当点 P 运动到点 C 时，△PEF 的面积是多少？[这样的设计可以使问题从（1）问的特殊，发展到（2）问的一般，使两小题形成一个完整的问题系统。当然，也可以追问图中其他部分的面积]

（2）可以将问题（3）改为"是否存在某一时刻 t，使△PEF 为等腰三角形？若存在，请求出此时 t 的值；若不存在，请说明理由"。（对等腰三角形的讨论，也是运动变化类问题中的常规设计，此问三种情况均存在。）

（3）将问题（3）改为"是否存在某一时刻 t，使四边形 EFPB 为平行四边形？"（一样延续前面存在性设问风格，不同的是追问其他发生变化的图形部分。）

（4）请求出 tan∠PEF 的值。[在运动过程中，∠PEF 的大小其实是保持不变的，这也就是图 4 - 11 - 4（甲）不存在的原因。理解了这一点，你就会发现，动点 P 与动线 m 的结果，叠加在线段 PE 中，就使线段 PE 表现为以点 B 为位似中心的放大。当我们在几何画板中追踪 PE 线段时，可以清楚地看到线段 PE 的变换方式，如图 4 - 11 - 7 所示]

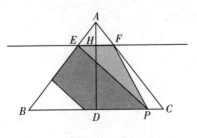

图 4 - 11 - 7

本题还可以从交换动点 P、动线 m 的运动速度，或者让动线 m 从 A 向 D 运动等方面来展开研究。

三、写在最后

运动变化类问题是一类对知识的综合程度、能力要求都很高的题型，在考场上，对绝大多数学生而言，是一个严峻的考验。这也正是学生在这样的题型上得分率普遍不高的原因。但所谓"万变不离其宗"，在面对运动变化类问题时，我们要引导学生理解并掌握其中的常规，使万变归"宗"。虽然这并不容易，但它的长期积累会升华为学生出色的数学才华，并促进他们反省思维的生成与发展。

参考文献

[1] 罗增儒. 数学解题学引论 [M]. 西安：陕西师范大学出版社，2000.

[2] 刘家良. 变化的是"形"，未变的是"质"——2014 年天津中考卷第 25 题的评析及教学启示 [J]. 中学数学：初中版，2014 (9)：34-35.

[3] 浦叙德，谢洁红. 从知识整体性视角设计主问题引领课堂教学 [J]. 中学数学：初中版，2014 (8)：79-82.

[4] 王端祥. 从"简洁"视角赏析 2014 年上海中考卷压轴题 [J]. 中学数学：初中版，2014 (8)：42-43.

[5] 杜威. 我们怎样思维·经验与教育 [M]. 北京：人民教育出版社，2005.

第十二节　抓住基本图形，突破常规①

一、题目

（广东卷 24 题）如图 4 – 12 – 1 所示，⊙O 是 △ABC 的外接圆，AC 是直径，过点 O 作 OD⊥AB 于点 D，延长 DO 交⊙O 于点 P，过点 P 作 PE⊥AC 于点 E，作射线 DE 交 BC 的延长线于 F 点，连接 PF。

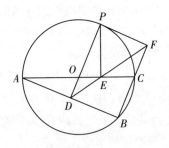

图 4 – 12 – 1

（1）若 ∠POC = 60°，AC = 12，求劣弧 PC 的长（结果保留 π）。

（2）求证：OD = OE。

（3）求证：PF 是⊙O 的切线。

二、特色分析

（一）突破命题思维定式

受《全日制义务教育数学课程标准（实验稿）》中有关圆的课程内容调整减少的局限，各地以往许多题目设计时只能蜻蜓点水，无法纵深。特别是切线的证明，原本作为圆的核心知识，具有相当出色的连横纵深能力，但课改后在新教材中失去了原来的弦切角定理、切线长定理、切割线定理等内容的延伸支撑，可供

---

① 此文发表于《中学数学教学参考》（中旬）2014 年第 9 期。

设计证明的张力极为有限。所以，这几年我们通常所见的切线证明考题都是较为简单的，许多就设计为试题的第一问，以考查基础知识的低起点切入。就证明的类型看，以前我们总会把切线的证明归纳为所证直线与圆有公共点和无公共点两种类型，并进一步指导学生理解其解题的"基本套路"为：有公共点，连半径、证垂直；无公共点，作垂直、证半径。然而，多数情况下，我们见到的题更多的还是有公共点的类型，如本题所证直线 PF 与 $\odot O$ 有公共点 P。另外，与圆有关的计算通常与相似三角形、三角函数的知识相联系，达到题目的中等层次设计要求。但本题却突破了这种命题形式，反其道而行之，将简单的圆弧长度计算设计为第（1）问，切线的证明放在最后一问，加大了对学生理解能力与推理论证能力的考查，全面提升了其思维含量，使之具有相当的区分度，恢复了切线证明"昔日"的连横纵深的风采。

（二）多角度切入，思路多元

本题三小问是并列加递进式设计，第（1）问自成一体，与后面关系不大，第（3）问是在第（2）问的基础上，对图形做更深入的探究。第（3）问证明切线的核心方法就是证明 $PF \perp OP$，即证明 $\angle DPF = 90°$。围绕这一点，我们可以从不同的角度切入，得到多元的思考路径。

思路 1：如图 4-12-2 所示，连接 PC、PA，通过判定四边形 $PDBF$ 为矩形，得到 $\angle DPF = 90°$。由已知不难得到 $PD // FB$，在第（2）问的基础上，得到 $EC = FC$，再由 $\angle 1 = \angle 2$，PC 为公共边，证得 $\triangle PFC \cong \triangle PEC$，得到 $\angle PEC = \angle PFC = 90°$，最后得到矩形 $PDBF$，进而得到结论。

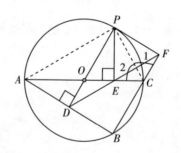

图 4-12-2

思路 2：通过证明 $\angle APD = \angle CPF$，由 $\angle APC$ 为直角经变换后得到 $\angle DPF$ 为直角。这种思路较有挑战性，需要先证明 $Rt\triangle APD \backsim Rt\triangle PEC$，得到比例式 $\dfrac{AP}{PC} = \dfrac{AD}{EC}$，再转换成 $\dfrac{AP}{PC} = \dfrac{AD}{FC}$，最后与条件 $\angle 1 = \angle PAD$ 一起证明 $\triangle APD \backsim \triangle CPF$，从而

得到 $\angle APD = \angle CPF$，最后得到结论。

思路 3：通过证明 $AB \parallel PF$，得到内错角 $\angle ADP = \angle DPF = 90°$。在第（2）问的基础上，可以先证明得到 $AP \parallel DF$，再由垂径定理得到 $AD = DB$，$\angle ADP = \angle B = 90°$，得到 $\triangle APD \cong \triangle DFB$，得到 $AP = DF$，从而证得四边形 $ADFP$ 是平行四边形，得到 $AB \parallel PF$ 后得到结论。

（三）抓住基本图形，有利于模型提炼

波利亚在《怎样解题——数学思维的新方法》中指出："当我们的问题比较困难时，我们很有必要进一步把问题再分解成几部分，并研究其更细微的末节。"所以，研究几何图形，一个基本的方法就是首先要认真分析条件，寻找与之相关的基本图形，并利用这个基本图形的暗示来获得或推理相关的结论。在本题中，直觉引导我们尝试连接 PA、PC 线段之后，可以从中发现以下五个基本图形（图 4 - 12 - 3 至图 4 - 12 - 7）：

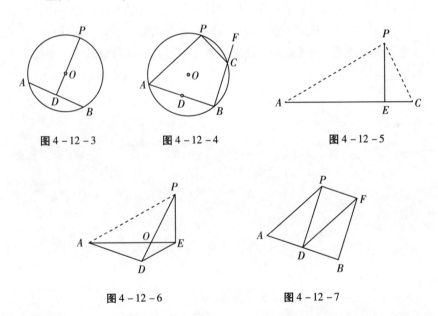

图 4 - 12 - 3　　　　　图 4 - 12 - 4　　　　　图 4 - 12 - 5

图 4 - 12 - 6　　　　　图 4 - 12 - 7

阅读题干已知条件中"$OD \perp AB$ 于点 D"，对照图形，代表着垂径定理的图 4 - 12 - 3 很容易看到想到。在连接 PA、PC 线段后，代表着圆内接四边形的图 4 - 12 - 4 也很抢眼，容易发现。这在研究与圆有关的问题时，它们都是较为常见的基本图形。由这两个基本图形的结论，思考分析，可以得到 $\angle PCF$ 即 $\angle 1 = \angle PAB$，$\angle PAB = \angle PBA = \angle PCA$，从而突破获得思路 1 中的关键结论 $\angle 1 = \angle 2$，为最后得到结论提供了很好的保证；由 $PE \perp AC$ 发现图 4 - 12 - 5 也很自然，这是射影定理的基本图形，意味着相似直角三角形，并且由此可以得到一系列等角以

及一些与边有关的比例式等，但由于结论过多，解决问题到底需要应用哪些，一时难以决定，所以，上述思路 2，需要以不同的方法证两次三角形相似，这个复杂程度的确超出了很多考生的能力极限。在图形中发现图 4 - 12 - 6 和图 4 - 12 - 7 是了不起的行为。有了图 4 - 12 - 6，相当于解题成功了一半，而发现了图 4 - 12 - 7，那基本上就是胜券在握了。图 4 - 12 - 6 是与等腰梯形相关的基本图形，由此可以帮助我们发现 $AP /\!/ DF$，并进一步发现平行四边形 $APFD$，从而引导我们最终发现图 4 - 12 - 7。图 4 - 12 - 7 是本题最为关键的一个基本图形，可由此构成本题最核心的结构框架，其特征就是一个平行四边形叠加一个矩形，习题中常表现为已知平行四边形证矩形，或者已知矩形证平行边形的形式。在这里，要证明 $\angle DPF = 90°$，就要证明四边形 $PDBF$ 是矩形，我们可以借助图 4 - 12 - 7，先证明四边形 $ADFP$ 是一个平行四边形，由此，思路 3 水落石出。至此我们终于恍然大悟：原来这个问题的本质就是由一个平行四边形 $ADFP$ 出发，再证明另一个矩形 $PDBF$ 的过程。这类问题正是八年级教材中学习特殊的平行四边形时，经常遇见的一种类型。所以，从这一点来说，本题又是一道源自教材，而落脚于高处的集思维之大成的妙题。毫无疑问，这种命题思想对以后的数学教学与学习有着非常强的指导与引领作用。

第十三节 从课本到"胡不归"

——2017 年广州市中考第 24 题的思路突破与感悟①

2017 年的数学中考落下帷幕，广大数学人开展了对各地中考试题的研究。笔者在研究 2017 年的中考数学试题时，对 2017 年广州市第 24 题的设计颇为欣赏，本文拟从解题思路和个人感悟两个方面，与大家分享笔者对此题的思考。

一、试题呈现

如图 4 – 13 – 1 所示，矩形 $ABCD$ 的对角线 AC，BD 相交于点 O，$\triangle COD$ 关于 CD 的对称图形为 $\triangle CED$。

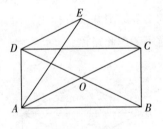

图 4 – 13 – 1

（1）求证：四边形 $OCED$ 是菱形。

（2）连接 AE，若 $AB = 6$ cm，$BC = \sqrt{5}$ cm。

① 求 $\sin\angle EAD$ 的值。

② 若点 P 为线段 AE 上一动点（不与点 A 重合），连接 OP。一动点 Q 从点 O 出发，以 1cm/s 的速度沿线段 OP 匀速运动到点 P，再以 1.5cm/s 的速度沿线段 PA 匀速运动到点 A，到达点 A 后停止运动。当点 Q 沿上述路线运动到点 A 所需要的时间最短时，求 AP 的长和点 Q 走完全程所需的时间。

---

① 此文发表于《中学数学》2017 年第 8 期。

二、解题思路突破

第（1）问是一个来源于教材的问题，人教版八年级下 P68 第 12 题、北师大版教材九年级上 P27 第 11 题、苏科版八年级下 P84 第 9 题就与此类似，区别在于教材中是"$CE /\!/ BD$、$DE /\!/ AC$"，而这里采用轴对称，但显然本质是一样的。由对称性可知，$OD = ED$，$OC = EC$，再由矩形性质可推得 $OC = OD$，得到 $OC = CE = DE = OD$（图 4 – 13 – 2），得出结论。

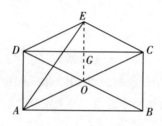

图 4 – 13 – 2

第（2）问研究一个角的正弦值，一般思路有两种：一是由角寻找对应的直角三角形，由定义求正弦值；二是等角转换后再找相关的直角三角形，由定义求值。在本小题中，虽然图中有一个以 ∠EAD 为其内角的直角三角形（图 4 – 13 – 3），但由于图中 AE、DC 的交点原图并没有标出，而且 ∠EAD 的对边、斜边长看起来也不易求得，所以先暂不考虑此路径。

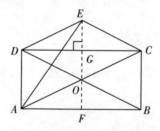

图 4 – 13 – 3

那等角转换又如何呢？现有的角中并没有发现与 ∠EAD 相等的。想到第（1）中的菱形，连接 OE 之后，$OE \perp DC$，由此得到 $OE /\!/ AD$，将 ∠EAD 转换为 ∠AEO，但对应的直角三角形还是不明晰。

只有尝试把 EO 延长到与 AB 相交，包含和 ∠EAD 相等的 ∠AEO 的直角三角形 △AEF 才浮出水面变得清晰起来。由 $BC = \sqrt{5}$，不难求得 $EF = \dfrac{3\sqrt{5}}{2}$，$AF = 3$，再由

勾股定理求得 $AE = \dfrac{9}{2}$，根据定义，求得 $\sin\angle EAD = \dfrac{2}{3}$。

第（3）问是一个有挑战性的问题。剔除一些无关的线段之后，图形留下的有效部分如图 4 – 13 – 4 所示，两定点 A、O 和定（直）线 AE，从点 O 出发经过 AE 上某点到达点 A，使整个运动路径最短。这其实就是古老的"胡不归"问题模型（图 4 – 13 – 4）。

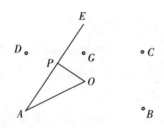

图 4 – 13 – 4

"胡不归"问题：

以前一个身在 A 地当学徒的小伙子，当他收到在家乡 B 地的年老父亲病危的消息后，便立即向掌柜请假启程赶回。如图 4 – 13 – 5 所示，AC 是一条驿道，而驿道靠目的 B 地的一侧全是沙砾地带。为了赶快回家，小伙子选择了全是沙砾地带的直线路径 AB，他认为走近路必定省时。但当他气喘吁吁地来到父亲床前时，老人刚刚过世。小伙子不禁失声痛哭。有人告诉小伙子，老人在弥留之际还在不断喃喃叨念"胡不归？胡不归？……"并深为怜惜地反问道："你为何不先坐个马车，沿驿道走一程呢？"

这个就是风靡千年的"胡不归"问题。在驿道和沙砾地的行走速度不一样，那么，小伙子有没有可能先在驿道上走一段后，再走沙砾地，虽然多走了路，但反而总用时更短呢？如果存在这种可能，那又在驿道上行走多远才最省时？

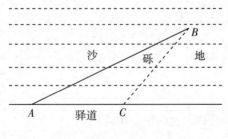

图 4 – 13 – 5

现在解决这个问题的方法不止一种，通常有等效法、微元法、极值法，在物理学科中，还有根据力平衡的力学解法、根据光的传播规律得出的费马原理比较法等。鉴于初中数学的特点，一般采用等效法。

如图 4 – 13 – 6 所示，点 Q 的运动路线为 $OP + PA$，运动时间为 $\dfrac{OP}{1} + \dfrac{PA}{1.5}$，在

AE 另一侧以点 A 为顶点作一角，使其 $\sin A = \dfrac{1}{1.5}$，过点 P 作 $PH \perp AH$，则 $\sin A = \dfrac{PH}{PA} = \dfrac{1}{1.5}$

$\therefore PH = \dfrac{PH}{1.5}$，即运动时间为 $(OP + PH)$

这就是说，按题意选择 $O—P—A$ 路线运动所用的时间就相当于以 $1\mathrm{cm/s}$ 的速度沿 $O—P—H$ 路线匀速运动到达点 H 处所用的时间。改变点 P 在 AE 上的位置，其在时间上相同的运动效果都是一样的。

要想运动所用的时间最短，也就是让 $OP + PH$ 最短，即只有当 O、P、H 三点共线，且 $OH \perp AH$ 时才最短，如图 4 – 13 – 7 所示。

再回头看所作的角，$\sin A = \dfrac{1}{1.5} = \dfrac{2}{3}$，刚好与①中所求的 $\sin \angle EAD = \dfrac{2}{3}$ 一致，至此，我们才发现，原来命题者设计的①，其功能之一也算是为②搭建的一座精巧的桥。

通过图 4 – 13 – 8，不难得到 $OH = \dfrac{1}{2} AB = 3$，$AP = \dfrac{1}{3} AE = \dfrac{3}{2}$。

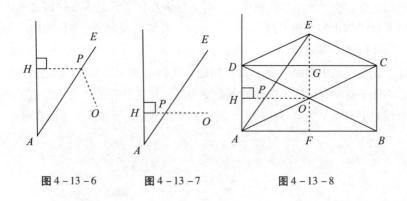

图 4 – 13 – 6　　　图 4 – 13 – 7　　　图 4 – 13 – 8

三、试题感悟

（一）正本清源，发挥教材的核心功能

本题作为广州卷的几何压轴题，遵循了从课本基础问题变式开始的设计思路。矩形、菱形的性质与判定属于四边形问题的核心知识，在《义务教育数学课程标准（2011 年版）》中对它们的学习目标要求就属于"运用"层次，学生在学

习过程中对其应该给予足够的重视与关注，并积累解题经验。同时，相对熟悉的数学问题拉近了学生与压轴题的心理距离，使得绝大部分考生都能在此题的解答过程中，入口宽、上手快，有所收获，从而大大保证了试题的效度。

从另一个角度来说，本题也是对当前教学中存在的"抛开课本导学""抛弃课本依赖教辅复习"等教学行为的警示。依纲靠本，一直以来都是我们学习与评价的基本原则，但近年来在某些观念的影响下，却出现了一些偏差。例如，新授课，学生不管不问教材；复习课，师生对教材不回访不回查，在大量的题海机械训练中，使得课本资源失去了原有的核心功能，悬浮在半空中，演化为学习的陪衬。本题的考查导向可谓正本清源，有利于改变、纠正这种偏差，引导师生在教学中，充分重视课本教材，充分利用教材中的例、习题，进行变式、拓展、重组，发挥教材的核心功能。

（二）模式识别，能力提升的必经之路

弗里德曼在《怎样学会解数学题》中写道，"如果我们着手解答一道习题，那么，第一件事就想知道：这是道什么题？它是什么形式，属于那种类型？换句话说，就是需要识别给定习题的类型"。罗增儒教授解读说："要知道，识别了习题的类型，在多数情况下，我们就得到了解题的方法，因为在数学教材里，许多类型的习题都有它们的一般法则。"对于"胡不归"问题，如果学生之前没有基本的认知，很难相信，他们能够在紧张的中考考场中顺利地解答出来。由此引申开来，在平时的数学学习中，教师要注重引导学生不断地进行总结归纳，对一些基本思路、基本方法或基本结论相同的数学问题进行模型提炼，使相互联系的数学知识系统化、模块化，在模式识别、一模多变的过程中，打通学生的思维通道，提升他们分析问题和解决问题的能力。

（三）数海拾贝，命题设计的高追求

显然，"胡不归"问题对一般学生而言是极有挑战性的难题。但尽管如此，它仍然因其独特的魅力出现在各地的中考卷中，如2014年中考成都市第28题，2015年中考四川省内江市第27题、山东省日照市第22题，以及2016年中考江苏徐州市第28题等，都属于这一类，而且几乎都承担着全卷压轴的功能，发挥了其有效区分和选拔人才的作用。

综观广州卷的中考命题，从2016年第25题考查圆的托勒密定理，到2017年第24题考查"胡不归"，我们看到了广州命题者不断地在数学这座充满魅力的大花园里掇菁撷华，努力发掘数学历史长河中灿烂的文化资源，探索中考命题的突破与创新，从而促进学生数学学科核心素养的提高。

四、写在后面

关于"胡不归"问题，江苏著名的特级教师于新华曾在 2016 年所做的扬州讲座中重点介绍过，现在它走进了华南地区的中考卷，让人眼前一亮。这说明南粤数学人也是和全国各地的数学工作者们一起，在研究中共鸣，在学习中一起为促进数学学科核心素养的落地而努力。

参考文献

[1] 王曙光. 胡不归问题的力学求解及拓展 [J]. 中学物理（高中版），2010（8）：51-52.

[2] 张建权，邓昌滨. 古老的"胡不归问题"及应用 [J]. 初中数学教与学，2016（10）：30-32.

[3] 文洪波. 对胡不归问题的思考 [J]. 物理通报，2007（7）：62-63.

[4] 张青云，刘蕾远. 遵循问题的本源，提高教师的素养——2016 年广州市数学中考第 25 题思维突破与教学启示 [J]. 中学数学，2016（10）：32-34.

第十四节 从"直接探求"到"几何直观"

——一类面积问题的解答探析①

邢成云的《"牵手"聚力"结构"举力——题组设计的案例解读》以题组设计的案例，解读了如何在教学中把几道相关的题目按一定的方式组编成一个问题链，以促进学生对数学问题的整体感知与系统把握。笔者认真研读该文后，深受启发，认为这种题组设计在章节、期末或中考复习之中，把相关的内容进行分类、归整，形成完整的知识链具有独特的作用。动态问题是初中数学里非常重要的一类题型，因其综合性强、涉及知识点多、学生思维量大、解答能力要求较高等特点，一直受到命题者的青睐。随着研究的深入，其考查方式也在不断创新，如从函数图象的视角将动态问题设计成选择题压轴题，形成"潜伏"在全卷中的第一个难点。本文从此设计出发，以探索图形运动时引发的相关图形的面积变化为主题，撷取几道近两年各地中考题形成一组问题链，进行相关的研究，供同行参考。

一、分类直接探求

动态，往往意味着分类，从函数的角度研究图形运动引发的相关图形的面积，意味着相关图形的面积变化必然是几种函数的分段组合。在问题提供相关数据的情况下，一般需要分类，分别探求出面积变化的函数关系式，再由函数关系判断其相应的函数图象。针对选择题型有四个选项可以参考的特点，解答时又可以采用排除法，或把各选项的部分函数图象补全等方法辅助分析。

例1 （2014 年甘肃省兰州市中考卷第 15 题） 如图 4 - 14 - 1 所示，在平面直角坐标系中，四边形 $OBCD$ 是边长为 4 的正方形，平行于对角线 BD 的直线 l 从 O 出发，沿 x 轴正方向以每秒 1 个单位长度的速度运动，运动到直线 l 与正方形没

---

① 本文发表于《中学数学教学参考》2015 年第 1 期，后为人大复印中心《中学数学教与学》全文转载。

有交点为止。设直线 l 扫过正方形 *OBCD* 的面积为 S，直线 l 运动的时间为 t（秒），下列能反映 S 与 t 之间函数关系的图象是（　　）。

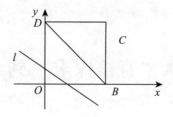

图 4 – 14 – 1

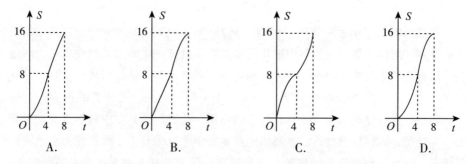

A.　　　　B.　　　　C.　　　　D.

试题难点：①不理解题意，对于什么是"直线 l 扫过正方形 *OBCD* 的面积"理解不清；②对于当直线 l 越过 *BD* 之后，扫过部分的面积应如何表达感到茫然。

思路点拨：

（1）理解、分类。这里的动态组合是静止的正方形与平移的直线 l，所谓"直线 l 扫过的正方形 *OBCD* 部分"，就是指直线 l 平移过程中经过或覆盖在正方形 *OBCD* 的部分，操作之后可以发现，其图形开始是一个等腰直角三角形，后来变化为一个五边形 *OBEFD*（图 4 – 14 – 2）。

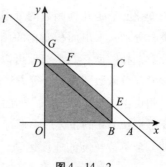

图 4 – 14 – 2

（2）"加工、补全"。四个选项的图象如不细致比较，似乎看起来都差不多，为了便于观察，我们还可以对各选项进行"加工"，采用"补全图象"的方法，以使图象信息特征呈现得更为明晰，如本题就可将各选项的二次函数图象部分修补如下：

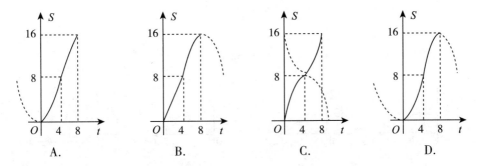

A.   B.   C.   D.

（3）排除接近。由开始的等腰直角三角形可以知道，$S = \frac{1}{2} \times t \times t = \frac{1}{2}t^2$，即 $S = \frac{1}{2}t^2$。判断这部分函数图象应该为开口向上的抛物线的一部分，由此可以排除 B、C 选项。

（4）精确锁定。当直线 l 扫过 BD 之后，五边形 $OBEFD$ 的面积如何表达是一个难点，这里有两种思考方向：一是用 $S_{\triangle AOG} - S_{\triangle DGF} - S_{\triangle ABE}$，一是用正方形的面积减去 $\triangle EFC$ 的面积。比较起来，还是前一种更好。

由图 4 - 14 - 2 可知，$OA = t$，$BA = t - 4$，$BE = BA = DF = DG = t - 4$，

$$S = \frac{1}{2}t^2 - 2 \times \frac{1}{2}(t-4)^2 = -\frac{1}{2}t^2 + 8t + 16 。$$ 由此可知，该部分函数图象应该是开口向下的抛物线的一部分，故再排除 A 选项，正确答案为 D 选项。

点评：动态问题往往寓分类讨论于图形变化之中。本题以变化的等腰直角三角形和固定的正方形之间重叠部分的图形不同的变化形式考查了分类讨论的数学思想，涉及的知识点有二次函数的知识、等腰直角三角形的性质等，具有很强的综合性。

变式（2014 年广西玉林市防城港市中考卷第 12 题） 如图 4 - 14 - 3 所示，边长分别为 1 和 2 的两个等边三角形，开始它们在左边重合，大三角形固定不动，然后把小三角形自左向右平移直至移出大三角形停止。设小三角形移动的距离为 x，两个三角形重叠面积为 y，则 y 关于 x 的函数图象是（   ）。

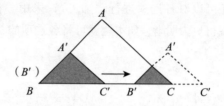

图 4 - 14 - 3

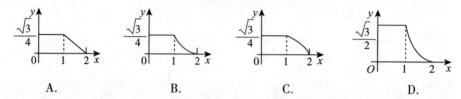

A.   B.   C.   D.

试题难点：①计算出错。可能有学生会在计算最初的小等边三角形面积时误算为 $\frac{\sqrt{3}}{2}$，据此简单认定答案为 D 选项。②在把小三角形移出大三角形的过程中，对重叠面积逐渐减少的情形，到底是 B 选项还是 C 选项，拿捏不定。

解析：由题意可分两种情况。当小三角形整体都在大三角形内部时，重叠部分的面积即为小等边三角形的面积，作高可求得 $y = \frac{1}{2} \times 1 \times \frac{\sqrt{3}}{2} = \frac{\sqrt{3}}{4}$，故首先排除 D 选项；当小三角形有部分移出大三角形时，重叠部分是一个更小的等边三角形，其边长为 $2-x$，高为 $\frac{\sqrt{3}\ (2-x)}{2}$，则 $y = \frac{1}{2}(2-x) \cdot \frac{\sqrt{3}(2-x)}{2} = \frac{\sqrt{3}}{4}(2-x)^2$，对应函数图象应为开口向上的抛物线的一部分，故正确结论为 B 选项。

点评：本题的运动载体为两个大小不一的等边三角形，研究其重叠部分的面积。本题考查学生对等边三角形的性质、二次函数有关知识的理解、运用能力。在已知相关数据的情况下，可以根据条件求出对应的函数解析式来做选择。

二、几何直观

《义务教育数学课程标准（2011 年版）》指出："几何直观主要是指利用图形描述和分析问题。借助几何直观，可以把复杂的数学问题变得简明、形象，有助于探索解决问题的思路，预测结果。"在原问题提供了相关数据的情形下，依据上述方法确定选项，固然是比较理想和可靠的，但往往会耗时过多，在考场上可能得不偿失，所以根据选择题型的特点，小题不大做，运用几何直观探索解决问题，应当是一种更为重要更有效的解题思路，特别是当所遇问题题干中并没有提供相关数据时。

例2　（2013 年湖北省荆门市中考卷第 12 题）　如图 4 – 14 – 4 所示，已知等腰梯形 ABCD，AD∥BC，若动直线 l 垂直于 BC，且向右平移，设扫过的阴影部分的面积为 S，BP 为 x，则 S 关于 x 的函数图象大致是（　　）。

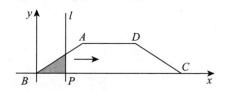

图 4 – 14 – 4

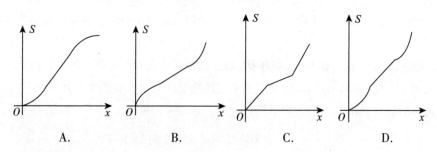

A.　　　　　B.　　　　　C.　　　　　D.

试题难点：①选项的图象信息初看区别不明显；②没有相关的数据，难以捕捉与把握把握阴影部分的面积变化情况。

思路突破：

（1）理解、分类。随着动直线 l 向右移动，其扫过的阴影部分图形依次为三角形、梯形、五边形，所以分三种情况研究。因为选择题型有时可以采用某些特殊值来帮助分析，所以在问题中没有相关数据提供时，我们可以选择符合问题的某些特殊情况或者将相关字母参数转换成具体数值代入，把一般形式变为特殊形式后进行判断与分析。比如本题中，对于动直线 l 平移经过 BA 段所扫过的三角形和经过 DC 段时还未扫过的三角形，我们可以假定均为等腰直角三角形。

另外，在动直线 l 经过 AD 段、DC 段时，阴影部分分别是梯形和五边形，在研究时，可以用切割的方法，使整个阴影部分的面积表示为"定值 + 变量"的形式，以动直线 l 在经过 DC 段时为例，如图 4 – 14 – 5 所示，$S_{阴影部分} = S_0 + S_1$，即 S_1 的变化情况与 $S_{阴影部分}$ 的变化情况是一致的，因此，可由 S_1 的变化来体现 $S_{阴影部分}$ 的变化。

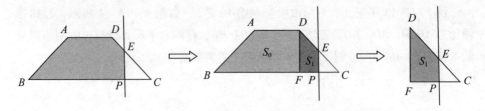

图 4 – 14 – 5

（2）加工、补全。可以如例 1 一样，对各选项的图象进行区分，加工补全。

（3）直观感知。当直线 l 经过 BA 段时，阴影部分的面积越来越大，并且增大的速度越来越快；直线 l 经过 AD 段时，阴影部分的面积越来越大，并且增大的速度保持不变；直线 l 经过 DC 段时，阴影部分的面积越来越大，并且增大的速度越来越小。

（4）重点研究。在 BA 段和在 DC 段，阴影部分面积都是越来越大，只是增大的速度不一样，那么它们反映在图象上的区别是什么呢？我们可以以直角边为 10 的特殊的等腰直角三角形为例来进行研究，见表 4 – 14 – 1。

表 4 – 14 – 1　直角边为 10 的特殊的等腰直角示例

运动变化	阴影部分的面积 y 与 x 的函数关系式	对应的函数图象	取特殊值研究变化（增长）速度	规律
10 x	$y = \dfrac{1}{2}x^2$		$x = 1，y = 0.5$； $x = 2，y = 2$； $x = 3，y = 4.5$； $x = 4，y = 8$； $x = 5，y = 12.5$； $x = 6，y = 18$	开口向上，对称轴右边，y 随着 x 的增大而增大，且增大的速度越来越快
10 x	$y = \dfrac{1}{2}(10 + 10 - x)x = -\dfrac{1}{2}x^2 + 10x$		$x = 1，y = 9.5$； $x = 2，y = 18$； $x = 3，y = 25.5$； $x = 4，y = 32$； $x = 5，y = 37.5$； $x = 6，y = 42$	开口向下，对称轴左边，y 随着 x 的增大而增大，且增大的速度越来越慢，最后达到顶点

所以，在 *BA* 段，阴影部分的面积越来越大，且增大的速度越来越快，图象
上体现的就是开口向上的抛物线的一部分；在 *AD* 段，阴影部分的面积越来越大，
且增大的速度保持不变，图象上体现的就是一条上升的线段；在 *CD* 段，阴影部
分的面积越来越大，且增大的速度越来越慢，图象上的体现就是开口向下的抛物
线的一部分。由此分析，结合选项可得，A 选项的图象符合，故选 A。

点评：这里的运动系统由直线与梯形组成，实际上也是三角形与四边形之间
的运动，产生的阴影部分的面积同样需要分类研究。对应三种不同状态的函数图
象，在没有相关数据的情况下，抓住相关图形面积变化的本质，采用几何直观
法，能够更快、更好地获得正确选项。其实类似的选择题型问题，有时并不需要
真正非常严谨地求出函数解析式，只要能判断面积增大快慢就能根据上述规律选
出答案，前述的例 1 及变式 1，均可以此几何直观法来做判断。

例　新解（几何直观法）　当动直线 *l* 扫过的部分开始为等腰直角三角形时，
如图 4 – 14 – 6（甲）所示，阴影部分的面积越来越大，且增大的速度越来越快，
对应图象是开口向上的抛物线的一部分。

当越过对角线 *BD* 之后，扫过的部分为梯形，可转化为"定值 + 变量"关系，
如图 4 – 14 – 6（乙）所示，阴影部分的面积越来越大，且增大的速度越来越慢，
对应图象是开口向下的抛物线的一部分。

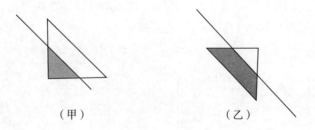

（甲）　　　　　　　　　　　　　（乙）

图 4 – 14 – 6

结合图象，只有 D 选项符合，选 D。

变式（2013 年辽宁省铁岭市中考卷第 10 题）　如图 4 – 14 – 7 所示，点 *G*、
E、*A*、*B* 在一条直线上，Rt△*EFG* 从如图 4 – 14 – 7 所示的位置出发，沿直线 *AB*
向右匀速运动，当点 *G* 与 *B* 重合时停止运动。设△*EFG* 与矩形 *ABCD* 重合部分的
面积为 *S*，运动时间为 *t*，则 *S* 与 *t* 的图象大致是（　　　）。

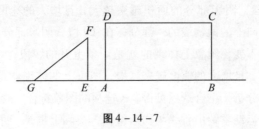

图 4 – 14 – 7

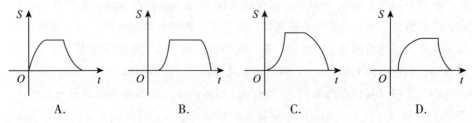

A.   B.   C.   D.

试题难点：①图中没有提供数据，很难准确求得各种情况下的函数解析式；②在不懂几何直观判断规律的情况下，很难做直观判断。

解析：

（1）理解题意，可分四种情况进行讨论：平移到边 AD 时；Rt△EFG 的边 EF 平移过 AD 后，如图 4 – 14 – 8（甲）所示；Rt△EFG 整体在矩形内；Rt△EFG 有部分平移出矩形时，如图 4 – 14 – 8（乙）所示。

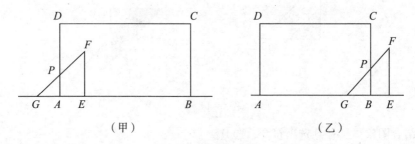

（甲）   （乙）

图 4 – 14 – 8

（2）特殊值直接探求法。

对问题赋予特殊值来探求解析式是解答选择题的基本方法。我们可以假定 Rt△EFG 是等腰直角三角形，并取其直角边长为一定值，如令 $EF = GE = 2$，运动时间以运动距离 $AE = x$ 来代表，研究其重叠部分的面积。

在图 4 – 14 – 8（甲）中，$GA = PA = 2 - x$，则 $S = \dfrac{1}{2} \times x \ (2 - x + 2) \ = -\dfrac{1}{2}x^2 + 2x$，对应图象为开口向下的抛物线的一部分。

在图 4 - 14 - 8（乙）中，可设 $BE = x$，$GB = PB = 2 - x$，则 $S = \dfrac{1}{2}\left(2 - x\right)^2$，对应的图象为开口向上的抛物线的一部分。

由此确定 D 选项。

（3）几何直观法。

在第一段时，没有重叠部分，$S = 0$；在第二段时，如图 4 - 15 - 8（甲）所示，重叠部分的面积越来越大，且增大的速度越来越小，对应图像应是开口向下的抛物线的一部分；在第三段，重叠部分即为整个三角形的面积，不变化；在第四段，如图 4 - 15 - 8（乙）所示，重叠部分的面积越变越慢，且变小的速度也越来越小，对应图象应当是开口向上的抛物线的一部分，结合各选项图象，确定选 D。

点评：本题实际上与 2010 年重庆市江津区中考第 10 题基本一致，不同的是江津区题提供了具体的数据，而本题没有，因而解题的难度也更大，但因为是选择题，我们可以采用几何直观或特殊值直接探求这两条思路。

动态问题中，由图形的运动引发的相关图形的面积问题具有很强的张力，往大可改编为更有难度的解答题，往小也可以以选择或填空题型来呈现。就选择题型而言，从本文的题组探索中，我们可以看到，从函数角度来研究面积的变化图象，有几何直观和求函数解析式这两条路径。对比起来，运用几何直观法判断是我们的首选。

参考文献

［1］邢成云．"牵手"聚力"结构"举力——题组设计的案例解读［J］．中学数学教学参考：中旬，2014（11）：27 - 30.

［2］刘家良．变化的是"形"，未变的是"质"——2014 年天津中考卷第 25 题的评析及教学启示［J］．中学数学：初中版，2014（9）：34 - 35.

第五章

解题研究

第一节 对一道矩形中"小路"问题的探究①

在一次教研活动中，教师们对下面一道学生练习题的结论有不同的意见。

一、问题

如图 5-1-1 所示，在长为 50m，宽为 32m 的矩形花园中，修建两条交叉的小路（相交所成的锐角不是直角），且小路的水平方向或竖直方向的长均为 2m，则花园剩余部分的面积为多少平方米？

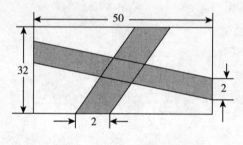

图 5-1-1

有人认为：这个问题可以运用平移方法，把图 5-1-1 转化为图 5-1-2 的模样，则剩余部分面积为 $(32-2) \times (50-2) = 30 \times 48 = 1440$（$m^2$）。

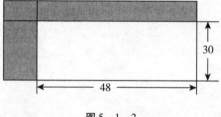

图 5-1-2

────────────

① 本文发表于《中学数学杂志》2015 年第 4 期。

但有人提出异议，认为这个结果值得怀疑，主要是两条小路重叠部分的面积，似乎捉摸不透，不甚明朗。

那么，结果究竟应当是怎样的呢？带着这个问题，笔者展开了相关研究。

二、结果探究

（一）平移溯源

平移变换是一种基本的图形变换，根据平移变换的性质，图形平移不改变图形的大小与形状，即平移后的图形与平移前的图形全等。矩形中的"小路"问题，大多可以应用平移变换法来研究，但由于按平移对象的不同，通常有两种不同的平移理解。以图 5 - 1 - 3 为例，一种方式是平移小路，将图 5 - 1 - 3 中的两条小路分别向原矩形的边缘平移，如图 5 - 1 - 4，其结果是原先分离的部分组成一个新的小矩形；另一种方式是平移图 5 - 1 - 3 中分离的四个小矩形，使它们直接拼接为一个整体，成为一个新的较大矩形，如图 5 - 1 - 5 所示。

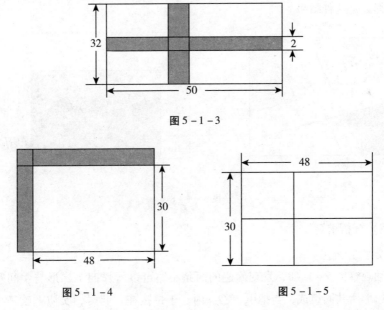

图 5 - 1 - 3

图 5 - 1 - 4   图 5 - 1 - 5

不难看出，这两种方式的平移最后的效果都一样的，即图 5 - 1 - 3 中剩余部分面积为 $(50 - 2)(32 - 2) = 48 \times 30 = 1440$（$m^2$）。

而在某些特殊情况下，如小路是"倾斜"或弯曲时，如图 5 - 1 - 6 所示，那么就可以采用第二种方式理解，所谓"山不过来，我就过去"，通过平移左右两个分离的图形，使之组合为一个完整的矩形，如图 5 - 1 - 7 所示。

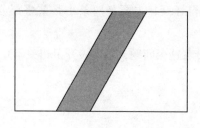

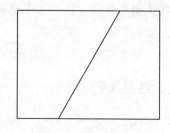

图 5 - 1 - 6   图 5 - 1 - 7

（二）剪切、画板平移操作

我们可以对图 5 - 1 - 1 进行实际剪切、平移操作。将剪切下来的四个四边形分别标记为甲、乙、丙、丁，之后平移拼接在一起，如图 5 - 1 - 8 所示。观察前后两图形可以发现，平移之后的新矩形的确是以 48、30 为两邻边的矩形，只是在甲、乙、丙、丁的中间结合部位，出现了一个较小的平行四边形空缺。这是必然还是剪切粗糙造成的？用几何画板软件操作一下，可以更清楚地发现，无论如何剪切，都会是这种结果。

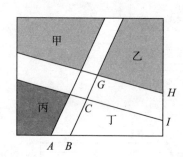

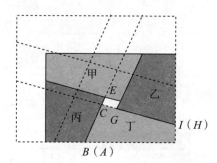

图 5 - 1 - 8

（三）分析求解

1. 定性分析

仔细观察图 5 - 1 - 8，发现修建的两条小路可以看作四个梯形与中间重叠的平行四边形所共同组成，当把甲、乙、丙、丁拼接在一起时，实质上就是将梯形两底拼接，但由于两底不等，如 $AE \neq BC$、$GH \neq CI$，在外边沿对齐的情况下，就形成了如图 5 - 1 - 8（右）所示的中间部分不能镶嵌的结果。这说明图 5 - 1 - 1 并不能转化成图 5 - 1 - 8（右），而且原问题中剩余部分的面积一定小于 $48 \times 30 = 1440$（m^2）。

2. 定量分析

从图 5 - 1 - 1 可知，剩余部分的面积 $S_{剩余部分} = S_{矩形} - S_{小路1} - S_{小路2} + S_{小路重叠部分}$。

不难得出，两条小路的面积分别为 $2 \times 32 = 64$ （m^2）、$2 \times 50 = 100$ （m^2），那么，重叠区域的图形面积又是多少呢？

可以确定，这个重叠区域一定是一个平行四边形，但不能确定为菱形，因为图中的小路仅是"水平方向或者竖直方向的长为2m"，这不等同于"小路的宽为2m"，也不等同于"这个重叠区域的各边为2m"。小路的宽应该是指两条（斜着的）平行线间的距离，由图 5 - 1 - 9 可知，小路宽度不大于2m，且随着小路的"倾斜角"的变化而变化。

为了研究方便，我们标记图 5 - 1 - 1 中两条小路与矩形边线所夹锐角分别为 α、β，重叠部分的平行四边形 $EFGC$ 及相关图形标记如图 5 - 1 - 10 所示。

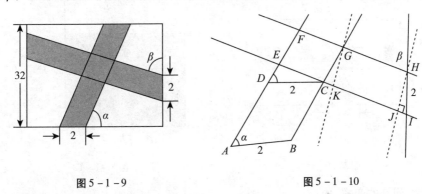

图 5 - 1 - 9　　　　　　　　图 5 - 1 - 10

过点 C 作 $CD /\!/ AB$ 交 AF 于点 D，则 $\angle EDC = \alpha$，$CD = 2$。$\angle ECD = 90° - \beta$

$\therefore \angle DEC = 90° - \alpha + \beta$，由正弦定理可得

$$\frac{2}{\sin (90° - \alpha + \beta)} = \frac{EC}{\sin a}$$

$$\therefore EC = \frac{2\sin\alpha}{\sin (90° - \alpha + \beta)} = \frac{2\sin\alpha}{\cos (\alpha - \beta)}$$

再过点 H 作 $HJ \perp EC$ 于点 J，作 $GK \perp EC$ 于点 K，显然有 $HJ = GK = 2\sin\beta$

$$\therefore S_{平行四边形EFGC} = EC \cdot KG = \frac{2\sin\alpha}{\cos (\alpha - \beta)} \cdot 2\sin\beta = \frac{4\sin\alpha\sin\beta}{\cos (\alpha - \beta)}$$

$$= \frac{4\sin\alpha\sin\beta}{\cos\alpha\cos\beta + \sin\alpha\sin\beta} = 4 - \frac{4\cos\alpha\cos\beta}{\cos\alpha\cos\beta + \sin\alpha\sin\beta}$$

$\because 0 < \sin\alpha < 1$，$0 < \sin\beta < 1$　$0 < \cos\alpha < 1$，$0 < \cos\beta < 1$

$$\therefore \frac{4\cos\alpha\cos\beta}{\cos\alpha\cos\beta + \sin\alpha\sin\beta} > 0$$

$\therefore S_{平行四边形EFGC} < 4$

即 $S_{剩余部分} = S_{矩形} - S_{小路1} - S_{小路2} + S_{小路重叠部分} < 32 \times 50 - 64 - 50 + 4 = 1440 m^2$

至此可知，图 5 - 1 - 1 中剩余部分的面积并非为一个定值，其随两条小路与

矩形边线夹角的变化而变化。

(四) 回顾反思

1. 问题的特例

在这个问题中，如果 $\alpha = 90°$ 或 $\beta = 90°$，因为 $\cos 90° = 0$，$\sin 90° = 1$，所以 $S_{平行四边形EFGC} = 4$。这说明如果两条小路中，有一条是水平或竖直的，另一条斜着与其交叉，如图 5 - 1 - 11 所示，那么剩余部分的面积为 $32 \times 50 - 2 \times 32 - 2 \times 50 + 2 \times 2 = 1440$ （m^2），此时，剪切平移后的图形如图 5 - 1 - 12 所示，可以完美地拼接为一个完整的 30×48 大小的矩形。

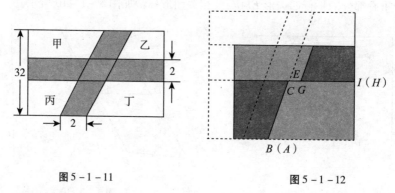

图 5 - 1 - 11   图 5 - 1 - 12

2. 问题的变式

当我们把原问题中"小路水平方向或者竖直方向的长为 2m"改为"小路的宽为 2m"时，这个重叠部分的平行四边形 $EFGC$ 的面积又是多少呢？我们再次应用几何画板帮助我们演示。

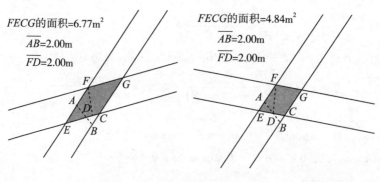

图 5 - 1 - 13

两条等宽的小路相交，交叉重叠部分为一个菱形，其形状会发生改变，面积也并非定值。不停变动位置，研究发现，$S_{菱形EFGC} \geq 4$，花园剩余部分的面积也仍是一个变量，如图 5 - 1 - 13 所示。

第二节　真的是思路错误吗？

——对一道模拟题的再思考①

《中学数学教学参考》2013 年第 12 期中旬刊登了一篇文章《思路错误，为何结果正确？》（以下简称文献［1］）。文献［1］对武汉市一道中考模拟试题（见原题）的两种解法进行了分析解读，笔者认为，文献［1］对该题的第二种解法即学生解法的理解有失公允，不够深刻。本文将对此相关问题做更全面的剖析，供大家参考。

一、原题再现

如图 5 - 2 - 1 所示，某小区有一个等腰梯形的场地，上底长 120m，下底长 200m，上下底相距 80m，在两腰中点连线处有一条东西方向的横向大道，南门有两条纵向大道，宽度与横向大道等宽，北门有一条纵向大道，宽为横向大道的 2 倍，大道的所有面积占梯形面积的 19%，东西方向大道的宽度是多少米？

图 5 - 2 - 1

二、原解法 2 即学生解法再现

将上半部分左右两侧的阴影平移在一起，得到一个上底为 $(120 - 2x)$ m 的梯形，再将下半部分三个阴影平移在一起，得到一个下底为 $(200 - 2x)$ m 的梯形，然后将上下两个梯形平移在一起，得到一个上底为 $(120 - 2x)$ m，下底为 $(200 -$

---

① 本文发表于《中学数学教学参考》2014 年第 6 期。

$2x)$ m，高为 $(80-x)$ m 的梯形，这个梯形的面积为 $\frac{1}{2}\left[(120-2x)+(200-2x)\right]$ $\times(80-x)$ m^2，由于大道的所有面积占梯形面积的 19%，那么阴影部分的面积占原梯形面积的 $(1-19\%)$，据此可以列出方程：

$$\frac{1}{2}\left[(120-2x)+(200-2x)\right]\times(80-x)=\frac{1}{2}\times(120+200)\times80\times(1-19\%)$$

整理，得 $x^2-160x+1216=0$，解得 $x_1=8$，$x_2=152>120$（不合题意，舍去）。所以东西方向大道的宽应是 8m。

文献［1］认为，这个解题思路错误，因为"图 5-2-1 中上半部分组成的梯形①，与下半部分组成的梯形②，不能通过上下平移组成一个新梯形，违背了平移的前提"。

三、解题思路的再认识

（一）两种不同的平移方式

图形中有"小路"的问题，大多适宜用平移法来解决，但按平移对象，可分为两种不同的方式。以图 5-2-2 为例，一种是平移小路，将图 5-2-2 中的两条小路分别向原矩形的边缘平移，剩下的部分就成为一个新的较小的矩形，如图 5-2-3 所示；另一种是平移分离的四个小矩形，使之拼接为一个整体，组成一个新的较大的矩形，如图 5-2-4 所示。当然，这两种平移最后效果都是一样的。

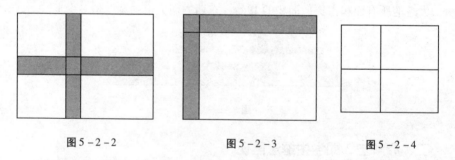

图 5-2-2   图 5-2-3   图 5-2-4

在特殊情况下，如果小路是"倾斜"或者弯曲的，如图 5-2-5 所示，那么就只能采用第二种方式，即平移两个分离的梯形，组合成一个整体，如图 5-2-6 所示。但还有一种处理方式就是通过等积变换，只要图 5-2-5 中小路的短边保持不变，小路就是直的，或者斜的，其实都没有关系，因为它们的面积都一样。因此，图 5-2-5 也可以变通为图 5-2-7。

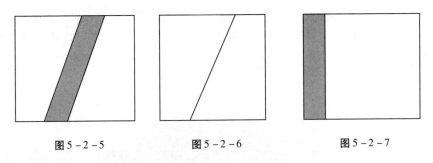

图 5 - 2 - 5   图 5 - 2 - 6   图 5 - 2 - 7

(二) 学生解法的平移

学生解法中，显然，上半部分组合的梯形、下半部分组合的梯形都是采用第二种平移方式得到的。但从另一个方面来讲，其实也可以说相当于把纵向的三条大道以等积变换的方式向原等腰梯形的腰"平移"了，所以，图 5 - 2 - 1 实际上可以转化为图 5 - 2 - 8。但是横向大道，无论向上还是向下平移，在梯形高度、面积不变的情况下，都不能使平移后的图形成为完整的梯形，故这种方式的平移失去了其平移价值。

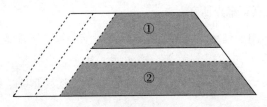

图 5 - 2 - 8

那么我们只能平移被东西方向大道分隔的上、下两个梯形。此时梯形①和梯形②都是等腰梯形，而且它们的腰长、底角均相等。但由于梯形①的下底长比梯形②的上底长要短，所以，将梯形①向下平移，就会出现如图 5 - 2 - 9 所示的情况，看起来果真如文献 [1] 所说，并没有形成为一个完整的梯形。

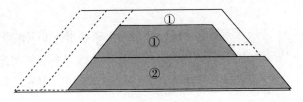

图 5 - 2 - 9

但如果我们加一条如图 5 - 2 - 10 所示的虚线就会发现，在梯形①②之间会产生两个小三角形。进一步研究这两个小三角形，在梯形①②腰长、底角均相等的前提下，不难发现，它们其实是两个全等的三角形。因此，我们可以将梯形②虚线外多出的小三角形部分剪下后，拼接到梯形①的旁边，正好可以补齐虚线。至此，我们发现，原等腰梯形①②通过平移、割补拼接，可以成功组合为一个新的梯形，其上底长正如学生解法中所述为 $(120-2x)$ m，下底为 $(200-2x)$ m，高为 $(80-x)$ m。

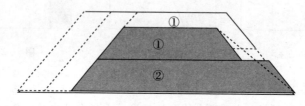

图 5 - 2 - 10

以平移思路解决这类"通道"问题，应当是解决这类问题的一种较为简洁的通法。笔者认为，学生能够想到并运用这种解法，表明学生解决这类问题的水平已经很高，其解题思路完全正确，而且对这类问题的理解，具有了一种运用通法的模型化思想。虽然过程不算特别严谨，但已是非常值得称赞的了。

（三）问题的真正难点所在

其实，无论采用哪种解法，这个问题真正的难点都在于理解题中"两腰中点连接处有一条东西方向的横向大道"这句话，其含义也就是"原等腰梯形中位线，也是横向大道所在梯形的中位线"，这也就是上述梯形①、②两腰或高相等的原因。

对这个细节的理解，对学生来说是相当大的挑战。笔者曾在自己所教初三两个班级的近百名学生中做过相关调查，发现几乎没有一个人可以说得清楚其真正原因。而如果没有真正弄明白这个细节，对本题的理解，其实也就只能停留在一个较为模糊的初级阶段。

那么，到底为什么"两腰中点连接处的中位线，也是横向大道所在梯形的中位线"呢？

如图 5 - 2 - 11 所示，不妨假设横向大道为等腰梯形 GHNM，等腰梯形 ABCD 的"两腰中点连线"为中位线 EF，大道的宽也就是梯形 GHNM 的高，为 xm。过点 G 作 GI⊥MN 交 EF 于点 K，垂足为点 I。过点 H 作 HP⊥MN 交 EF 于点 O，垂足为点 P。

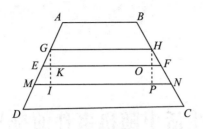

图 5 - 2 - 11

由题意可知，GH 和中位线 EF 之间的距离应当等于 EF 和 MN 之间的距离，即 $GK = KI$，$HO = OP$。

由平行线等分线段定理可知：点 E、F 分别为 GM、HN 的中点。所以，EF 就是梯形 $GHNM$ 的中位线，即梯形 $ABCD$ 的中位线 EF 也是梯形 $GHMN$ 的中位线。由此，$EF = \dfrac{AB + CD}{2}$

$\therefore$ 横向大道 $GHNM$ 的面积 $= EF \cdot x = \dfrac{1}{2}(120 + 200)x = 160x \text{m}^2$

由上述分析可知，学生如果没有平行线等分线段定理的相关知识，是不可能完全理解"等腰梯形 $ABCD$ 的两腰中点连线 EF 也是等腰梯形 $GHMN$ 的中位线"的，而这个平行线等分线段定理，是学生没有接触、学习过的知识，所以，从这一点来说，这道题目并不太适合用作模拟试题。即使在《义务教育教科书·数学》有一道类似的探索题的原型，也改变不了此题超出数学课程标准要求的事实。

参考文献

吴永芳. 思路错误，为何结果正确？［J］. 中学数学教学参考：中旬，2013 (12)：39 – 40.

第三节　生活中随机事件的符号化处理①

数学学习要注意联系实际，如现实生活中就有许多随机事件值得我们思考，所以在教学概率时，我们也要善于把这些富有生活气息或时代气息的问题转化为可以运用求概率方法来研究的问题。

题目（人教版九年级上册139页练习）　经过某十字路口的汽车，可能继续直行，也可能向左转或向右转。如果这三种可能性大小相同，求当三辆汽车经过这个十字路口时，下列事件的概率：

（1）两辆车向右转，一辆车向左转。

（2）至少有两辆车向左转。

解：

（1）根据题意，分别用 A、B、C 表示向左转、直行、向右转，画出树形图（图5-3-1）

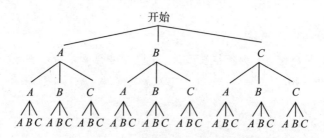

图5-3-1

∴共有27种等可能的结果，三辆车中两辆车向右转、一辆车向左转的有3种

∴P（两辆车向右转，一辆车向左转）$= \dfrac{3}{27} = \dfrac{1}{9}$

（2）∵至少有两辆车向左转的有7种情况

---

① 本文发表于《初中生世界》2016年第4期。

$\therefore P$（至少两辆车向左转）$=\dfrac{7}{27}$

点评：这里的随机事件中有三辆车，相当于涉及三个因素或者说需要分三步完成，采用树形图列举等可能结果当然是较好的选择，但在画树形图时，怎样简略表示行车方向是个需要考虑的细节。有的学生可能会用"直、左、右"的汉字形式表示，有的学生可能会用表示方向的箭头标志来表示，但都不如上述运用字母符号的方式表示简洁明了。

考题1（2014·山东威海）　某学校为了了解学生体能情况，规定参加测试的每个学生从"立定跳远""耐久跑""掷实心球""引体向上"四个项目中随机抽取两项作为测试项目。小明同学恰好抽到"立定跳远""耐久跑"两项的概率是多少？

解：根据题意，用1表示"立定跳远"，2表示"耐久跑"，3表示"掷实心球"，4表示"引体向上"，列表（表5－3－1）：

表5－3－1　随机抽取两项作为测试项目

项目2 / 项目1	1	2	3	4
1	——	(2, 1)	(3, 1)	(4, 1)
2	(1, 2)	——	(3, 2)	(4, 2)
3	(1, 3)	(2, 3)	——	(4, 3)
4	(1, 4)	(2, 4)	(3, 4)	——

$\therefore$ 共有12种等可能的结果，其中恰好抽到"立定跳远""耐久跑"两项的有2种

$\therefore P$（抽到立定跳远、耐久跑）$=\dfrac{2}{12}=\dfrac{1}{6}$

点评：这里的各运动项目名称无论是列表还是画树形图，直接用名称都不方便，所以采用数字编号来代表各项目，这样可以使列表或树形图更为简洁。

考题2（2013·湖北武汉）　有两把不同的锁和四把不同的钥匙，其中两把钥匙恰好分别能打开这两把锁，其余的钥匙不能打开这两把锁。现在任意取出一把钥匙去开任意一把锁。

（1）请用列表或画树状图的方法表示上述试验所有可能结果。

（2）求一次打开锁的概率。

解：

（1）根据题意，可设两把不同的锁分别为 A、B，能把两锁打开的钥匙分别

为 a、b，其余两把钥匙分别为 m、n，可以画出如下树形图（图 5 - 3 - 2）：

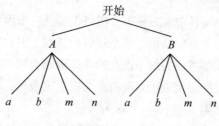

图 5 - 3 - 2

∴ 上述试验共有 8 种等可能结果

（2）由（1）可知，任意取出一把钥匙去开任意一把锁共有 8 种等可能的结果，一次打开锁的结果有 2 种

∴ P（一次打开锁）$= \dfrac{2}{8} = \dfrac{1}{4}$

点评：为了把问题说清楚，把钥匙与锁分别用符号标记，并指明锁与钥匙的对应关系是解决问题的关键。这里采用分大小写的字母表示比较合理。

考题 3（2010·新疆） 小王将一黑一白两双相同号码的袜子一只一只地扔进抽屉里，当他随意地从抽屉里拿出两只袜子时，恰好成双的概率是多大？

解：根据题意，设黑色的袜子分别为 h_1、h_2，白色的袜子分别为 b_1、b_2，列表（表 5 - 3 - 2）：

表 5 - 3 - 2　成双的概率

不同颜色的袜子	h_1	h_2	b_1	b_2
h_1	——	(h_2, h_1)	(b_1, h_1)	(b_2, h_1)
h_2	(h_1, h_2)	——	(b_1, h_2)	(b_2, h_2)
b_1	(h_1, b_1)	(h_2, b_1)	——	(b_2, b_1)
b_2	(h_1, b_2)	(h_2, b_2)	(b_1, b_2)	——

∴ 共有 12 种等可能的结果，其中恰好抽到能配成一双的结果有 4 种

∴ P（配成一双）$= \dfrac{4}{12} = \dfrac{1}{3}$

点评：本题的随机事件涉及两步完成，采用列表或画树形图的方式都可以。但用符号把黑色与白色的袜子区分开，可以有多种方式。比如，可以分别写成"黑1、黑2、白1、白2"，也可以用"A_1、A_2、B_1、B_2"，等等。

由上面几个例子可知，选用适当的字母符号或者数值符号表示事物对象，是我们解决生活中概率问题的有效方法。

第四节　填空题型——特例法①

填空题和选择题一样，同属客观型试题，其答案简短具体，不需要书写过程，因此，一些解选择题的策略方法也同样适合于填空题，如选择题有特例代入法，而有些填空题，也可采用这种方法。本文介绍填空题解法的特例法。

什么是特例法？

当填空题的结论唯一或者其值为定值时，我们可以根据题目的条件特征，选取恰当的特殊值、特殊图形进行简洁的计算、判断，用特殊情况下的结论，来表现该定值。

笔者分以下四种情形举例说明。

一、在恒等变形中取特殊值

例 1　（2014 年湖南益阳）　若 $x^2 - 9 = (x - 3)(x + a)$，则 $a =$ _____。

教：这是考查平方差公式，大家知道 a 应当等于 3，但从另一个角度看，平方差公式本质上就是恒等式，意味着对于任意的 x 值，代入两边，等式都成立。所以我们可以取一个特殊的 x 值，如 $x = 0$ 代入等式，则可得到 $-9 = -3a$，解得 $a = 3$。我们还可以取其他的 x 值代入，如取 $x = 1$ 代入，得到 $-8 = -2(1 + a)$，解得 $a = 3$。如果再换一个 x 值，结果也是一样的，这说明条条大路通罗马，但罗马在哪里？罗马是什么样的？我们不妨选择一条路走下去，一直走到罗马那里，见到罗马的真容。我们选择的这条路找到罗马的方法就是特例法，当然，为了好走，我们选择的路要尽量好算一点儿。

例 2　（第 15 届"希望杯"邀请赛试题）　若等式 $\dfrac{m}{x+3} - \dfrac{n}{x-3} = \dfrac{8x}{x^2 - 9}$ 对任意的 x（$x \neq \pm 3$）恒成立，则 $mn =$ _____。

---

① 本文所有例题被录制成视频，被《中学数学教学参考》出品的微课系列《解题高手》收录。

教：既然是任意的 x 值都成立，我们不妨就取特殊的 x 试一试，如取 $x = 1$ 代入等式，左边为 $\dfrac{1}{4}m + \dfrac{1}{2}n$，右边为 -1，这一个方程得不到 m、n 值，我们可以再取一个，如 $x = -1$ 代入等式，得到 $\dfrac{1}{2}m + \dfrac{1}{4}n = 1$，联立成方程组，用加减消元法解得 $m = 4$，$n = -4$，由此可以得到结论为 -16。

例 3（《初中数学竞赛教程》P104 例 9）　若 $(x^2 - x + 1)^{23}$ 的展开式是 46 次多项式，设为 $a_0 + a_1 x + \cdots + a_{46} x^{46}$，则 $a_0 + a_1 + a_2 + \cdots + a_{46} = $ _____。

教：这是整式的乘法，直接运算，显然不可能。这里也有一个恒等式，对于任意的 x 值都成立，针对所求的式子，我们可以取特例，如 $x = 1$ 代入等式，左边为 1，右边正好就是所求的代数式 $a_0 + a_1 + a_2 + \cdots + a_{46}$，由此我们得到结论为 1。

二、在既定条件下取特殊值

例 4（《初中数学竞赛教程》P21 练习 1）　设 $abc = 1$，则 $\dfrac{a}{ab + a + 1} + \dfrac{b}{bc + b + 1}$ $+ \dfrac{c}{ac + c + 1} = $ _____。

教：在这个问题中，只有一个条件 $abc = 1$，暗示着只要满足这个条件的 a、b、c，都应当不影响最后的结果。由此我们可以运用特例法，假定 $a = 1$，$b = 1$，$c = 1$，代入式子计算，结果为 1，由此可知这个定值是 1。

例 5（2014 年浙江嘉兴）　点 A（-1，y_1）、B（3，y_2）是直线 $y = kx + b$（$k < 0$）上的两点，则 $y_1 - y_2$ _____ 0（填 "$>$" 或 "$<$"）。

教：这道中考题运用图象法可以直观地得到结论，但也可以采用特例法。比如，在 "$k < 0$" 的条件下，取 $k = -1$，$b = 1$，得到直线解析式 $y = -x + 1$，再将 A、B 两点坐标代入，得 $y_1 = 2$，$y_2 = -2$，由此得到 $y_1 - y_2 > 0$。

例 6（自编题）　已知二次函数 $y = ax^2 + bx + c$ 的图象（图 5-4-1），有以下结论：

① $a + b + c < 0$；② $a - b + c > 1$；③ $abc > 0$；④ $4a - 2b + c < 0$；⑤ $c - a > 1$。
其中结论正确的是_____（填编号即可）。

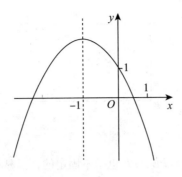

图 5 - 4 - 1

教： 从图象可知，二次函数满足两个条件，对称轴是 $x = -1$、与 y 轴交点是 $(0，1)$。意味着满足这两个条件的二次函数，该成立的结论都应当成立，那么可在满足这两个条件的基础上，由对称轴 $x = -\dfrac{b}{2a} = -1$，化简得到 $b = 2a$，$c = 1$，所以解析式可以写为 $y = ax^2 + 2ax + 1$，在开口向下的情况下，取特例判断，如取 $a = -2$，则 $b = -4$，$c = 1$，以此判断各个结论，①②③⑤正确。

三、在几何图形中取特殊图形

例 7（人教版数学八上 P17 习题 9 改编） 已知 $\triangle ABC$ 中，$\angle A = 60°$，$\angle ABC$、$\angle ACB$ 的平分线相交于点 O，则 $\angle BOC$ 的度数为_____。

教： 这是三角形的基本题型，直接求角度时，许多学生思维总会陷于混乱之中。其实，问题中只有 $\angle A = 60°$ 这一个条件，这就暗示着，$\angle BOC$ 的度数将只与 $\angle A$ 相关，三角形的形状不会影响其度数。也就是说，无论这是一个什么形状的三角形，$\angle BOC$ 的度数都应该是一样的。所以不妨用特例法，假定 $\triangle ABC$ 为等腰三角形，由 $\angle A = 60°$，说明它也是等边三角形，由此，$\angle OBC$、$\angle OCB$ 都等于 $30°$，这样就得到了 $\angle BOC = 120°$。这个结论是否可信？我们还可以再选取其他满足 $\angle A = 60°$ 条件的三角形来验证。比如，假如 $\angle ABC = 40°$ 呢？我们一样可以得到 $\angle BOC = 120°$ 的结论。$\angle BOC = 120°$ 就是我们所找的"罗马"。

例 8（2007 年广西河池市） 在矩形 $ABCD$ 中（图 5 - 4 - 2），$AB = 3$，$AD = 4$，P 是 AD 上的一个动点，$PE \perp AC$，$PF \perp BD$，垂足分别为 E、F，则 $PE + PF$ 的值为_____。

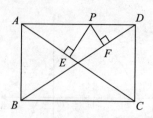

图 5 - 4 - 2

教：点 P 是一个动点，PE、PF 也是不固定的，但显然，$PE + PF$ 应当是一个定值，不随点 P 位置的变化而变化。所以采用特例法，选择一个特殊的位置，如当点 P 运动到点 D 时，$PF = 0$，只需求出 DE 就可以了。$PE = \dfrac{12}{5} = 2.4$，$PE + PF = 2.4$。

四、在函数变化中取特殊点

例 9 （2014 年山东省东营市） 如图 5 - 4 - 3 所示，函数 $y = \dfrac{1}{x}$ 和 $y = -\dfrac{3}{x}$ 的图象分别是 l_1 和 l_2。设点 P 在 l_1 上，$PC \perp x$ 轴，垂足为 C，交 l_2 于点 A，$PD \perp y$ 轴，垂足为 D，交 l_2 于点 B，则三角形 PAB 的面积为_____。

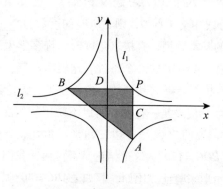

图 5 - 4 - 3

教：要想求得三角形的面积，就必须确定这三个顶点的坐标，但这三个点在图象中并不固定，只是具有一定的关联性，这可以理解成三角形的面积也是一个定值，并不随它们坐标的变化而变化，所以可用特例法化动为静来求得这个定值。比如，假设点 P 的坐标是 $(1, 1)$，则由反比例解析式可以推出 A 的坐标为 $(1, -3)$、B 的坐标为 $(-3, 1)$，由此得到 $PA = 4$，$PB = 4$，由此可算得 $\triangle PAB$ 的面积为 8。

例 10 （2014 年湖南娄底）　如图 5 - 4 - 4 所示，M 为反比例函数 $y = \dfrac{k}{x}$ 的图象上的一点，MA 垂直 y 轴，垂足为 A，$\triangle MAO$ 的面积为 2，则 k 的值为_____。

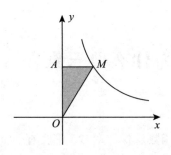

图 5 - 4 - 4

教：这里的点 M、A 都是动点，当三角形面积为 2 时，我们可以采用特例法，假定点 A 坐标为 $(0，2)$，可得 $AM = 2$，点 M $(2，2)$，代入解析式，可得 $k = 4$。

总结：通过以上四种情形，我们可以看到，当问题结论确定不随条件的变化而改变时，针对填空题型不求过程、不求步骤的特点，我们可以化一般问题为特殊问题，采用特例法由点及面，以局部来代表整体的思想，简洁地得到问题的一般结论。需要注意的是，这种方法仅限于填空题型，如果同样的问题转变为解答题型，那么这种思维方法是行不通的。

第五节　为什么要三点在一条直线上

每当学习《锐角三角函数》这一章时，都会有一个测高度的应用活动主题：人教版教材是在九下第二十八章，北师大版教材在是九年级下册第一章。以下以北师大版教材为例，研究一个细节问题。

活动：测量底部不可以到达的物体的高度。

所谓"底部不可以到达"，就是在地面上不能直接测得测点与被测物体的底部之间的距离。如图 5-5-1 所示，要测量物体 MN 的高度，可按下列步骤进行：

(1) 在测点 A 处安置测倾器，测得此时 M 的仰角 $\angle MCE = \alpha$。

(2) 在测点 A 与物体之间的 B 处安置测倾器（A、B 与 N 在一条直线上），测得此时 M 的仰角 $\angle MDE = \beta$。

(3) 量出测倾器的高度 $AC = BD = a$，以及测点 A、B 之间有距离 $AB = b$。

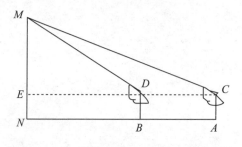

图 5-5-1

为什么要特别说明 A、B 与 N 三点在一条直线上呢？

我们不妨再看看教材上的另一个细节。

在教材的《三角函数的应用》中，有一个"想一想"的活动设计：

如图 5-5-2 所示，小明想测量塔 CD 的高度。他在 A 处仰望塔顶，测得仰角为 $30°$，再往塔的方向前进 $50m$ 至 B 处，测得仰角为 $60°$，那么该塔有多高？（小明的身高忽略不计，结果精确到 $1m$）

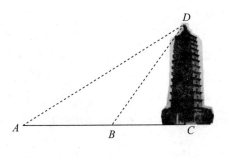

图 5 - 5 - 2

这里的"往塔的方向前进 50m"是什么意思呢？不就是说 A、B、C 这三点要在同一条直线上吗？

上面的两个问题可以看成同一个问题，都可以转化成同一个数学基本图形，那么，为什么一定要特别强调这三点在同一条直线上呢？

首先从平面上讲，初中七、八、九年级所学习的图形主要是平面图形，强调的是在平面图形范围内研究问题。直角三角形就是一个非常重要的平面图形。在活动测量中，先后测量点 A、B 的仰角，转化后，分别对应 $\mathrm{Rt}\triangle MED$ 和 $\mathrm{Rt}\triangle MEC$。这两个直角三角形其实在同一平面内。但假如这三点不共线，则 $\mathrm{Rt}\triangle MED$ 和 $\mathrm{Rt}\triangle MEC$ 也就不共面了，结果就会出现如图 5 - 5 - 3 所示的图形，在这里，AB、BN、AN 三条线段之间没有和差数量关系。

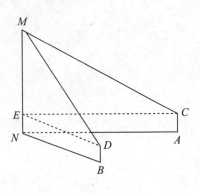

图 5 - 5 - 3

如图 5 - 5 - 3 所示，只有 A、B、N 三点共线，才能保证有 $ED + CD = EC$，这样才有 $\tan\angle MDE = \dfrac{ME}{ED}$，所以 $ED = \dfrac{ME}{\tan\angle MDE}$，$EC = \dfrac{ME}{\tan\angle MCE}$，所以 $CD = EC - ED = \dfrac{ME}{\tan\angle MCE} - \dfrac{ME}{\tan\angle MDE}$。

如果 A、B、N 三点不共线，这个等式就不成立，在初中范围内，测量物体的高度也就不能实现了。

　　进一步讲，三点共线其实也包括这三点在水平高度上是一样的。因此，在实际活动过程中，我们应选择点 A、点 B 和点 N 三点共线且都在同一水平高度的位置。三点保持在同一水平高度，才可能构建在同一个平面内、两直角三角形重叠的数学模型——不能因为点的不同，而产生地理位置的高低起伏上的改变。

　　事实上，在实际的测量活动中，有很多学生就是因为没有注意到这个细节而导致计算结果不准确。

第六章

教育杂感

第一节　遇见更好的自己①

在教师专业化成长的路上，每一个人都有属于他自己的道路。回顾我的成长历程，其中的感悟和体会或许能带给大家一些启发。

一、以课堂为本

课堂是教师的立足之地，无论是刚入职的新教师，还是已有一定阅历的教师，站稳课堂，都是我们必须不断修炼的专业核心。

我在刚开始工作的前几年，几乎没有什么专业成长，直到1995年秋，我加入一项由湖北省教研室组织开展的"初中数学实验教材"实验教学之后，才知道要下功夫研读教材。这是一套旨在培养学生较高数学水平的试用教材，难度与容量远超当时的全国统编教材。我开始不断研究教材内容，揣摩知识背后的思想方法，思索各章节知识之间的联系，比较它们与普通教材之间的区别，广泛收集相关的习题训练资源，并结合教材内容大量地做题，总结归纳，使自己在教材教法处理上做到有的放矢，游刃有余。同时我加入了学校的数学竞赛辅导团队，每天都在解题研究中度过。三年的付出，换回的是班级成绩一直很好，我的解题水平脱胎换骨，我成了学校不可忽略的教学骨干。

1999年，学校准备举行一次面向全县开放的课堂教学活动，由我承担数学课的教学展示，课题是《三角形的中位线》。当时学校都是"粉笔＋黑板"式的教学，采用多媒体技术辅助教学还属于新生事物，非常少见，而且多媒体课件需要运用较复杂的Authorware或Flash软件制作，掌握并不容易。为了出色地完成任务，我在充分研读教材的基础上，虚心向懂电脑的人士请教，制作了相关的Authorware动画课件，并在同事的指导下，进行了多次教学研磨，从教态表情、语言、活动环节流程、板书等细节逐一修改完善，最后的教学展示获得了圆满的成功，特别是学生、听课教师对最后中点四边形问题探究过程中课件所呈现的四边

---

① 本文发表于《中学数学教学参考》（中旬）2016年第4期。

形 *ABCD* 随着变式的各种情况而动态变化的效果大为惊奇。这也激发了学生的兴趣，有学生当即提出了两个非常有价值的问题，引起了现场教师的一阵惊呼，在后来的点评中，听课教师对这节课赞赏有加。

（一）案例重现

已知：四边形 *ABCD* 中，*E*、*F*、*G*、*H* 分别是四边的中点，猜想：四边形 *EFGH* 是什么四边形？并证明你的结论。

在例题之后，我们利用计算机的动画开始变式探求。先是从四边形 *ABCD* 本身的角度研究当它分别变为平行四边形、矩形、菱形时，中点四边形 *EFGH* 的变化；后又从对角线的角度研究当对角线 *AC*、*BD* 分别相等、垂直时，中点四边形 *EFGH* 的变化；最后总结得到：决定中点四边形形状的是原四边形的两条对角线的位置与大小——与三角形中位线定理的两个结论一脉相承。

（二）学生提出自己的问题

如果计算机把四边形 *ABCD* 变成凹四边形了，结论还一样吗？

这个问题有点出乎我的意料，我当即请他到黑板前画下变化后的图形（图 6-1-1）。结合图形，大家一起研究，不难发现，原来一样可以通过连接 *BD* 或 *AC* 证明得到相关的结论。

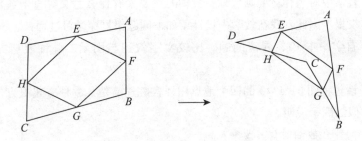

图 6-1-1

但又有一学生问：那中点四边形 *EFGH* 的面积是不是原来的四边形 *ABCD* 面积的一半？这又是一个极有意思又很有挑战性的问题。我又惊又喜，询问他是怎么想到的。他说是看图形凭直观感觉猜想的。在赞扬中我以该同学名字命名这个想法为"××猜想"，结合图形和学生一起寻找证明猜想的方法。最终，我们将图形分割成（图 6-1-2），由平行四边形 *EKOJ* 的面积是△*AOD* 面积的一半，依次类推，得出了结论。

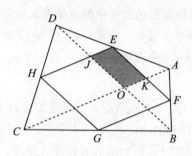

图 6 - 1 - 2

真正优秀的教师都是在无数次课堂修炼中涅槃而生的。此后我又陆续经历了多次公开课的洗礼，以及荆州（地级市）市级优质课教学比武等考验，教学水平获得了全面、整体的提升。

课堂教学并不是一劳永逸一成不变的享受，相反，它应当随着时代的发展而常变常新。但同时，我们应当保持清醒的头脑，坚持从揭示数学内容的本质出发，理解数学，理解教学。比如，在现在流行的"先学后教"的口号下，学习人教版数学七年级上册1.2.2《数轴》一节，有些教师就采用如下的导学案形式教学：让学生自学，完成预习作业，课堂上小组交流预习作业答案，再集体练习画数轴等。教学中对为什么要画数轴？数轴的三要素有什么意义等直击数轴本质的问题根本没提。因此，我在教学中设计了如下问题串贯穿学习过程：

（1）自学课本 P7，弄清问题，比较文字叙述与图示，哪种表达方式更加明了？

（2）请你将图 6 - 1 - 3 的四个地点用语言陈述清楚。哪种方式更方便？寻找生活中类似的例子说明。

（3）为什么数轴要有三要素？

我在课后段讲到数轴的应用时，提出问题：将小明的家记为 A，他的学校记为 B，书店记为 C，它们依次在一条东西走向的大街上，小明家位于学校西边 $300\mathrm{m}$ 处，书店位于学校东边 $100\mathrm{m}$ 处，试以学校为原点画数轴表示 A、B、C 三点的位置。

思考：画数轴时遇到很大很大的有理数怎么办？遇到很小很小的有理数怎么办？数轴上能有点表示吗？

我希望由此问题拓展学生思维，让学生看到数轴上不只是几个整数点，更有无穷很大的数表示的点，也有很多很小的数表示的点，建立起"任何一个有理数都可以在数轴上找到一个点来表示"的概念。

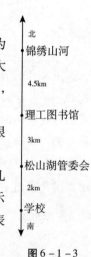

北
锦绣山河
4.5km
理工图书馆
3km
松山湖管委会
2km
学校
南

图 6 - 1 - 3

课堂教学是一门永无止境的艺术，在各种新方法、新技术、新观念层出不穷的今天，我们每一个教师，尤其是已有一定阅历和经验的教师，都需要回到原点，与时俱进，既不追赶时髦，也不无视教育现象中的流行色，经受住站稳课堂的考验，实现自己课堂生命的新突破、新跨越。

二、以写作为趣

"年复一年，随着教学生涯的延续，我们中的很多人失去了这种心灵的力量。"正如帕克·帕尔默所说，在课堂有了一定积累之后，我也逐渐失去了目标。

有一天，我很随意地浏览当地的地级市报纸《荆州日报》，发现有两个版面是"教育周报"。想到以前有位师兄曾骄傲地向我们展示自己在县级报纸上发表的若干豆腐块剪报本，我突然想到，我或许也可以写写文章。于是，我查阅资料，写了一篇题目为《21世纪的亮点：数学开放题》的千字文投出去，没想到竟然发表了，还收到了报社寄过来的6元稿费通知单。我一下子来了劲儿，接着写了好几篇投出去，结果多数都变成了豆腐块小文。

我至今还清晰地记得，有一次辅导初一学生学习线段和角时，突然灵光一现：角多么像线段啊！角有角平分线，线段有中点；角有加减，线段有和差；很多涉及角平分线的角度计算问题，可以直接转换成线段中点的问题……揭示这种"亲密"的关系，难道不是一种很好的写作素材吗？回到家，我仔细查阅了相关资料及教师用书，精选了几个典型的问题，撰写了《例说线段与角的相近》一文，投递到湖北教育学院主管的《语数外学习》杂志，结果很快就收到了编辑部的校对稿：文章将在2000年第3期上刊发。这让我喜出望外，从此我开始逐渐转向杂志投稿。在后来的时间里，我从辅导学生学习数学的学法指导、解题研究着眼，结合自己教学中的感悟，撰写发表了一系列面向学生的文章；在中考命题研究方面，我在《数学教学》《中学数学教学》《中小学数学》等刊物上发表了相关研究文章。这些文章的发表，一方面加鼓舞了我的斗志，坚定了我的信心，激发了我教研写作的巨大兴趣；另一方面，培植了一种"出走"的力量。2006年，我被调到了广东东莞。

自2001年课改开始以来，研读义务教育课程标准及各地的实验版本的教材就成了热点。我对教学华师大版九年义务教育教科书八年级上册第121页14.2《勾股定理的应用》的"做一做"——如何将教材中较小的两个正方形剪切，拼接到大正方形里探索了许久。

这个设计意图显然是"让学生通过剪纸拼图来实际操作，让学生明白这其实也是一种勾股定理的验证方法"，但我在和当时备课组的教师按图操作时，有的并没有成功。这是什么原因呢？我经过仔细研究，查找资料，认为这个操作说明的"其中一个正方形划分成四个形状与大小都一样的四边形"文字表述及配图存在模糊不清的地方。如果操作不当，就容易出现 5 个带色的图形无法镶嵌拼入大正方形并填满整个大正方形的问题（图 6 – 1 – 4），从而导致定理验证失败。我将此研究整理成文，以备课组的名义投递到《数学教学》杂志，后发表于该刊 2008 年第 4 期。当我把样刊送给同事们时，他们在感叹之余也看到了原来写教研文章并不神秘。在我的影响下，也有同事开始尝试教研写作并有作品发表。

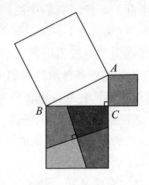

图 6 – 1 – 4

当然，教研写作并不容易，要耐得住寂寞，坐得住板凳。我曾经在一篇随笔中这样写道："为了它的到来，我常常要付出很多个夜晚，来抵挡外界的诱惑，但是，直到现在我还是宁愿忍受寂寞来守望这种发表的快乐。"

裴光亚老师说："只有站在教学研究的高度来看待我们的工作，才能感受到生命的价值。教学研究的最高境界是有趣。"在学校，教研写作成了我的另一个符号。我不为职称，不为那几十上百的稿费，只为在研究中写作，在写作发表中得到肯定、获得研究的乐趣。

三、以阅读为根

没有人会相信一个不喜欢阅读的教师，能够成为一个真正优秀的教师。

首先是专业期刊的阅读，这是提升专业化水平最为快捷的通道。在阅读中，可以模仿学习别人的写作方法，可以及时了解最新的学术观点和相关研究成果，可以激发自己的思考，产生思维的火花，还可以及时把握期刊的选文风格及即时的征稿信息。2014 年 6 月，我在阅读《中学数学教学参考》时了解到编辑部正缺相关优秀稿件的信息，便将自己的一篇文章投递出去了，两天后就得到编辑部老师的回复：此文已刊载过类似的。我大吃一惊，找来《中学数学教学参考》2013 年第 12 期的文章《思路错误，为何结果正确？》认真阅读学习，发现它与我研究的主题的确一样，但也还存在某些方面的遗憾。我当即调整思路，以问题争鸣的形式，撰文《真的是思路错误吗?》表达了自己的观点。一周之后，编辑部回复"拟刊用"。就这样简简单单首次"登陆"《中学数学教学参考》，在收到样刊的那一刻，我感到自己变得更棒了!

其次是本学科的一些名家学者的专著、学科历史发展的研究文献等。我曾痴迷地对比读过徐品芳等人编著的《中学数学简史》和英国的斯科特的《数学史》，体会到前者的通俗、后者的优美。读过弗赖登塔尔的《作为教育任务的数学》，你就理解了动手操作、动手实验、情境教学等注重知识发生和发展过程的数学学习对于数学再创造的意义等。

最后是阅读一些教育通识性书籍，提高自己的个人素养，成为一个有思想的教师。我一直保持着一种和伙伴们在QQ群中共读的方式，先后读了《教学机智——教育智慧的意蕴》《什么是教育》《教育的目的》《教学勇气——漫步教师心灵》《静悄悄的革命》等多部教育经典，写下了十几万字的读书笔记。在阅读杜威的《我们怎样思维·经验与教育》时，我曾记下这样一则阅读感悟：

杜威说："教师很难期望激发甚至增加学生的好奇心。"这句话与我们平时所说的"利用×××激发学生的好奇心"是完全相反的观点。杜威讲："教师的任务就是提供材料和条件，使生物性的好奇心被引导到有目的、能产生结果的，增长知识的探究，使社会性的探索精神被转化为向别人求教的能力，一种不仅向他人求教，也向书本求教的能力。"这就是教师可以施加的引导。

我给学生讲尺规作图：作一个角的角平分线。

本来，这节课的主要内容是讲角平分线的性质定理，但在讲定理之前，教材安排了一个尺规作图：作角平分线。当然这个作图问题本身很容易，但为什么突然要只限定用圆规和直尺作角平分线呢? 学生对用量角器量然后取一半的方法是非常熟悉的，现在突然讲这样一种方法，有什么必要? 学生不了解几何的发展历史，当然也就不了解这样做的意义了。我想，还是应当简单地给学生讲讲尺规作图与几何发展的关系。那就先讲故事吧。能不能完成教学任务，后面再说。于是，我讲了尺规作图的有关故事，特别讲了伟大的数学家高斯作正十七边形（图6-1-5）一夜成名的故事。学生听得津津有味。这个故事差不多讲了七八分钟。虽然最后真没有完成教学任务，但我觉得这也是无妨的。

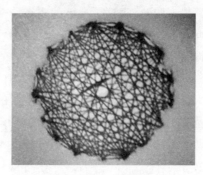

图 6 - 1 - 5

第二节课之后的课间，（5）班有一个学生来办公室找我。这是一个很聪明，但自理能力较差的男生。他什么东西都不会整理，书包、桌子、宿舍任何时候都是一团糟，甚至很多时候作业本都找不到。有趣的是他的数学思维倒还不错，对于一些有挑战性的问题愿意钻研。他拿给我一个他刚制作的正十七边形。我看着他的作品，大吃一惊，问他是如何作的。他说他首先算出了正十七边形的每一个内角，然后用量角器一个角一个角地测量好画出来。见到图形有意思，他把所有的对角线也连上了，没想到，最后图形漂亮极了，他被彻底迷住了。我问他，这些对角线共有多少条？他算给我看，$17 \times 14 \div 2 = 119$ 条！他居然可以耐下性子，画完这 119 条线段?！一个自理能力很弱的学生，一个经常连自己的作业本都找不到，做什么作业都搞不清的学生，而且是在边长只有 1cm 的方寸之间画出了这样的图形，就冲这一点，这耽搁的 8 分钟就是美妙的！

借用北京大学钱理群教授的一句话"在教育之外言教育"，我们也要常在数学之外看数学。阅读，为我们开了一扇门。不畏浮云遮望眼，通过这扇门，我们能够拥有更为辽阔的视野，理解教师生命价值体系中更具本质的意义。

四、以交友为乐

朋友是人生的润滑剂。古人云：有朋自远方来，不亦乐乎！人生最美好的莫过于相遇，与志同道合的朋友相遇，就是与更好的自己相遇。今天的网络社会给了我们与更多远方朋友相遇的可能和便捷。

我是从 1998 年开始接触网络的，我在学生的指导下申请了 QQ 号，学会了上网聊天、查阅资料、收发邮件等，之后通过新教育、教师勇气更新团体、苏科版初中数学教材研究团体等，担任相关网站、论坛的版主，撰写教育随笔，结识了一大批有思想、有才华的教育者和数学人。我在和他们交流的过程中，相互勉励，惺惺相惜，共同成长，品尝到了无比的快乐。

教师专业化成长是一个永恒的话题，真正好的教学来自教师的自身认同和自身完整。每一个人都可以找到契合自己本性的成长方式。课堂实践、写作提升、读书思考、交友作乐，已经成为我的一种人生态度和生活方式。在这种方式中，我感到舒心、平静、温暖、快乐；在这种方式中，我还可以一次又一次地遇见更好的自己。

第二节　答《教师月刊》十问①

1. 在你的成长过程中，有哪些人、哪些事对你影响至深？

张青云：在我成长的路上，首先撇不开的是我的初中英语老师李光耀。我曾写过一篇博文《我的恩师李光耀》以表达他对我的影响。20 世纪 80 年代，李老师还只是一个刚入教坛的 20 岁左右的青年代课教师，但他却神奇地调动了所有学生的热情，使我们对英语有了一份近乎疯癫的喜爱。正是他的引导，让我品味到了学习的快乐，为我人生的启航奠定了坚实的基础。

再就是 2005 年我在教育在线网站上遇到的王丽琴老师，她现在在上海浦东教育发展研究院工作，带领一个市级中青年团队，取得了很多突出的成果。我俩有着非常相似的起点——20 世纪 80 年代毕业的中师生，只是她比我更努力，一路读到了博士后。自从我们在网络上相遇以来，我以一线教师行动者的角度继续写着我的教育随笔，她则从教育理论的角度开始对我的随笔进行批注和点评。她找到了大量来自一线教育现场的素材与案例，我收获了真实记录自己教育轨迹所带来的认同、尊重与成长。我们一直保持着联系，她带给我的是永恒的指导，是努力追寻的方向。

2. 在你的教育生涯中，你有哪些得失可以与同行分享？

张青云：我最大的感受就是教师一定要目光长远，千万不可只看到眼前。这有两层意思：从学生角度讲，我们现在所面对的学生，只是他表现的一个点或者某个面而已，并不是他的全部。他日后一定会长大成人，可能会成为让我们为自己今天的鲁莽粗暴或过失而汗颜的人。从自己角度讲，我们现在所面对的工作生活环境以后也一定会发生变化，变得更好，或变得更有挑战性等，所以像雅斯贝尔斯所说的那样，把握当下，就是为自己的明天做准备。

3. 你觉得当前的师生关系存在什么问题？如何解决？

张青云：教师在当前背景下并不乐观的生存状态与学生个性凸显的冲突。一

---

① 本文发表于《教师月刊》2016 年第 12 期。

方面，很多教师长期面临着来自工作和生活方方面面的压力和要求，常常表现出一种焦虑、茫然或无奈的惯性；另一方面，学生在发生着急速变化，他们面对这个浮躁的社会，呼唤民主、平等，自我意识超前，个性化学习需求变得复杂多样。两者的不平衡、不协调，给和谐的师生关系带来了很大的挑战。

在当前背景下，要想完美地解决这个问题，恐怕不是容易的事。首先，政府部门要下大力气为广大教育工作者们排忧解难，把提高教师干部待遇落到实处，同时给广大教师松绑减负，让他们能够专心从教；其次，作为教师的我们要更主动地加强学习研修，努力提高自己的专业素质和水平，以应对学生日益发展的个性化学习挑战。

4. 在你看来，爱学生需要具备哪些专业能力？

张青云：热爱学生不只是一种教师职业的规范和要求，它更是对我们教师心灵的期许。教师是与人打交道的，这首先需要教师具有良好的解读学生言行的能力：在和学生朝夕相处的日子里，能够"听"到学生内心的话，知晓他们的所思所想；在教育中的各种重要时刻，都能做到生命在场。其次，教师要具备良好的人际交往能力，包括与人沟通和协调的能力。读懂了就去行动，在实践中不断完善我们对教育的理解与认识，不断加深我们热爱学生的程度与提高教学效益。最后，教师需要具有良好的反思能力。如果说古人尚要"吾日三省吾身"，那么今天，我们更要不断提升自己的内省能力和思维习惯，在反思中不断优化我们爱学生的行为方式和方法。

5. 这个时代，有一种以升学、高分、名校为核心元素的"教育成功学"。你怎么看这个问题？

张青云：当前社会功利化现象还很突出，秉持这种"教育成功学"的还大有人在，特别是很多家长，望子成龙、盼女为凤，对高分、名校等可谓梦寐以求。这本无可厚非，但我想说，成功的路不止一条，多几把尺子衡量学生，就多几分希望与人文关怀。教师千万不要把学生的分数看作学生人生唯一的、僵硬的、一成不变的东西，任何时候，我们都不能伤了学生的自尊与良知，使分数、名校成为学生长大后心里挥之不去的阴霾。

6. 有些时候，外部环境可能不利于个人的理想追求，但个人并非必须受制于环境而无所作为。对此，你是怎么看的，又是怎么做的？

张青云：任何一个地方都可以有所作为。钱理群教授经常告诫我们，要想大问题，做小事情。个人的力量是渺小的，但个人没有权利去放弃我们追寻的梦想，我们一样可以尝试去改变、去创造，用我们自身的力量去做好身边那些看起来微不足道的小事。在现在这样一个信息化社会里，复制文化盛行，你可能真的很难找到一个能够让你置身事外、不受影响的"温室净土"环境。所以，在个人环境不太优越有利时，一方面我们要做到沉潜积蓄，另一方面要静待花开，寻找机会，应时而动，顺势而为。

7. 如果你认同教师需要有一些"必读书"，那么你会推荐哪些书？

张青云：我推荐张文质老师的《教育是慢的艺术——张文质教育讲演录》和北师大赵希斌教授的著作《听，学生在说——故事里的教育心理学》。前一本提醒我们在今天这个社会目标不断窄化的背景下，要有自己的职业坚守，为尊重生命而教，从随顺人的禀赋出发，在不间断的缓慢改进中乐观前行；后一本赵希斌教授以北师大学子们自己中小学学习生活的回忆和记录，精辟的分析和评价，深刻地揭示了教师最重要的就是走进学生的心灵。这两本书可能算不上什么鸿篇巨制的"经典"，但真的可以让你在从教之时，始终保有一份善良、清醒、节制。

8. 你对年轻教师有什么建议？

张青云：教育不是几天的事情，它需要长时间日复一日真诚地付出，对于年轻教师，我的建议有四条：一是谦虚好学，寻根课堂；二是扬长避短，经营特色；三是广泛阅读，拓宽视野；四是勤思乐写，慢而不息。

9. 工作之余，阅读之外，你还有哪些兴趣、爱好？

张青云：还在读师范时，我曾疯狂地学习过拉小提琴，完全是零起点开始的那种，从五音不全、一个音都听不准的"耳聋"，到最后能够精准熟练地演奏出如《咱们的领袖毛泽东》《梁山伯与祝英台》等经典小提琴曲目，甚至进入了学校学生乐团。可惜，师范毕业后不久，这种爱好就因为多种原因慢慢丢了，但直到今天，我对小提琴及其声音依然很敏感，常会静静地泡上一壶普洱茶，慢慢地品茗，聆听这些曲目。我还很喜欢看电影，每有新片大片上演，我总会拉着家人一起去电影院。我还喜欢写作，我将一些教学上的事情细细揣摩，落笔成文，投稿发表，累积下来，也有了不少篇目。

10. 闲暇时，你是否会和家人去散步或旅游？有什么体会？

张青云：闲暇散步与外出旅游当然都会有。作为一个工作地与故乡相隔千里的"迁徙者"，每个来回都可以看作一场旅行。东莞松山湖堪称东莞风景最为优美的胜地，身居这样的地方不常走走那便是损失。我觉得这些方式都是生活所必需的，如同生活的连接与转场一样，都是鲜活生命、完整生活必不可少的一部分。一艘战舰，不是只有乘风破浪驰骋疆场这一种状态，它还应当有供它保养补给和给它温暖休整的基地。每个人都要拥有这样的基地，也要经营好这样的基地。

第三节　走进学生的心灵

那天，我在各届学生微信群里发布消息："征集素材——请大家回忆，当年老师留给你的至今印象深刻的一件事是什么？"有趣的话题在各微信群里得到了不同程度的回应。

有的说："上课前老师总给我们播搞笑视频。"

有的说："老师徒手画圆，画得又快又圆。"

有个男生说："初一刚开学时，您在课堂上给大家讲关于古代如何测量金字塔高度的故事，然后把问题抛给学生，起初并没有人举手，当时我对学校新环境很陌生，总有一种惶恐不安的情绪，但恰恰您提的这个问题让我感到很亲切，因为我以前在一本书中看到过，就鼓起勇气举手回答了。您大力表扬了我，我一下子自信起来，开始慢慢融入陌生环境。"

有个男生说："有一次考试，您在我卷子上用红笔写道，'天天上课睡觉，还考得这么好，老师很生气'。"

有学生说："印象最深的还是老师的发型，无论多急多赶，都一丝不苟。有一次您上课迟到了，发型依然端正，下面就有同学说'天崩地裂，发型不乱'。我后来才明白，保持一个良好的形象是对他人的尊重，也是一种对自己有要求的生活态度。"

他的话得到了1998年毕业学生的印证："张老师，杨俊把您的发型称为花仙子发型，加上绿色皮外套，您是颜值担当。"而在1998届学生群里，又有多人不约而同地提到了愚人节事情：

算来应该是1997年的愚人节，当时我还在老家鄂南一个边陲小县的县城中学教书。我上这天下午第一节课，预备铃声未落，我就出现在了课室门口。班级学生个个精神亢奋，高声齐唱着生日歌，氛围明显与往日不同。怎么回事？应当没人过生日呀？带着疑虑我走进课室，猛然看见黑板上写着一排大字："祝张老师生日快乐！越长越帅——帅得像个大蟋蟀！"旁边画了个机器猫，下面还配了个挥舞着长须的大蟋蟀。全班哄然大笑。愚我成功，学生个个都一脸开心。我笑着说："谢谢同学们！好吧，我收下这只蟋蟀！"。

教室里渐渐静了下来，我继续说："同学们，我从没有想过还可以过这样的生日。"一个男生抢着说："张老师，今天是愚人节！蟋蟀是林倞画的！"我点点头说："嗯！这个蟋蟀画得很好！又生动又漂亮，有情有义！谢谢大家啦！"顿了顿我接着说："现在，我要把这种快乐也分享给班上的刘卉同学，因为明天就是她的生日。"全班学生都睁大了眼睛，有些意外地看着刘卉。刘卉显然没有准备，小脸红红地问道："老师，你是怎么知道的？""我肯定知道啦，你的生日是星期六，见不了面，现在就让我们一起祝她星期六生日快乐吧！"生日歌的旋律再次在教室里响起。看着他们，我忽然有了个主意。

生日歌唱完，大家的情绪慢慢地平静了下来，我又静默了一会儿，才慢慢说："同学们，我们相处快两年了，这段时间以来，我觉得和大家相处非常愉快，自我评价还过得去。说实话，你们是我当老师以来遇到的最让我欣慰和自豪的一批学生。你们给了我很多的快乐，给了我很多的力量，也让我看到了一个教师的价值和意义。但今天我要跟大家说一件事，原本我还想多等几天再告诉大家，现在我不能不说了。"学生都疑惑地望着我，不知道是怎么回事。

我语气低沉地说："同学们，我要调走了，是到荆州的一所学校去。""啊！——"全班学生一下子呆住了，空气仿佛顷刻凝固了一般，教室里静静的没有了半点声息。

过了许久，我低低地说："我知道，大家很难受。我也舍不得大家，我希望和同学们在一起度过这三年，等大家毕业了再走，但现在……"我没有接着说下去。教室里笼罩着浓浓的离别和难过的气氛，忧伤挂在了每个学生的脸上，有几个女生都快要哭了，两眼满是晶莹的泪水。

也不知过了多久，突然有个声音打破了寂静："老师一定是骗我们的！今天是愚人节！"一句话提醒了大家，学生似有所悟，满怀希望地看着我。我慢慢地从讲台上拿出一张纸对大家扬了扬："这是老师的调令。"希望之火又灭了，空气又重新凝固起来。

看着他们没有任何杂念自然而然的万般不舍的表情，我的内心无比震撼，这是学生给予我的最为纯真的胜超任何语言的赞语！

我慢慢地走到前排，把那张纸递给了前面的学生。"空的！这纸上没字！"……

这个过程只有10分钟左右，但整整20年过去了，学生却还印象深刻。这个班级现在有七八个学生在北京工作，今年5月，我到北京出差，他们得知消息后，组织了一个很完美的聚会迎接我的到来。想想当年教他们时，我还不到30岁，连班主任都不是，仅仅是一个数学教师，又凭什么得到他们如此的厚爱呢？仔细回想，无非是我当年教学比较认真，课外有时会自发地给他们补课，还经常和他们在一起玩耍而已。比如，我的 QQ 号就是他们帮我申请的，我和他们一起到培训学校学习五笔打字，等等。总的来说，都是些普通平常的小事，但他们却因此而敬重我，以至于 10 后、20 年后都还真真切切地、温暖地记着。从某种意义上说，这就是走入了他们的心灵。

走进学生心灵，与你是什么学科的教师无关，也不在于你是否是班主任或其他什么角色。时至今日，很少有学生回答印象最深的是我曾讲过的某道题、教给他们学过的某个知识点。他们现在所能记住的都是富有情感的曾经发生过的某个明朗的瞬间、说过的某句温暖的话语、某个时刻的动作神情或某个重大事情等。教育就是把学过的知识都忘记后所剩下的东西。而好的教育只有在教师走入了学生心灵，得到了他们心灵的认同、回应之后，才可能发生。

走入学生的心灵，并不是很容易的事，需要的是长期坚守，同时教师教育行为的方式方法也要与时俱进、因时因地做些调整。不同的时期、不同的环境，学生的所思、所想、所感、所悟肯定会有所不同，准确地把握时代脉搏，以专业的知识应对各项挑战，这是我们为师者理当秉执的信念。我是用心的教师，但用心并不意味着一定能够走进学生的心灵。由于角色不一定，面对师生之间常见的一些矛盾焦点，如课堂纪律、作业、考试、日常行为规范等，所采取的态度、处理的方法也就不同，但如果夹杂了较多的世俗思考和功利考量，我们的教育教学行为就会变味儿，失去应有的光芒，所带来的也许就是对学生身心的伤害，进而导致他们内心排斥、否定和远离。

教育就是一棵树摇动另一棵树，一朵云推动另一朵云，一个灵魂唤醒另一个灵魂。走入学生的心灵，需要我们以面对 10 年后、20 年后、30 年后的眼光面对我们今天的学生，审慎我们今天的一言一行，让我们不至于在 10 年后、20 年后、30 年后和学生相见时，为自己今天的鲁莽粗暴或过失、失误而汗颜和羞愧。

第四节　我的兴趣　我的孤独　我的痛

一直以来，我都很自卑，因为我是一个低情商无情趣的人，平生没有什么可拿得出手的可称为兴趣爱好的东西。什么琴棋书画、吹拉弹唱，没一样跟我沾边儿。我打小就五音不全，到现在为止，也只会唱两首歌——《国歌》和《东方红》，所以平生我最不愿意进的公共场所就是KTV，永远都是人家唱歌我喝酒。别人说："张青云，来一首。"我说："好，我喝一杯！"过了一会儿，又有人说："张青云，你必须得来一首。"我说："好，我一定喝一瓶！"最后人家意犹未尽，我头重脚轻。次数多了，难免受伤，自然就想到了逃避，以至于每有聚会一说唱歌，我一定闪得特别快。

毫无兴趣，也就是毫无特色，这样的人当然容易被人忽略。没有人心甘情愿地乐意被人忽略，哪怕我再不堪，一颗希望得到别人关注，希望得到别人肯定的"虚荣心"还是有的。所以，寻找兴趣之路，其实一直在悄悄地延伸，延伸……

一、青年人的梦

小提琴曾是我脑海深处魂牵梦绕的圣洁之物，也是我触摸西方的第一个窗口。绛红透亮的琴身，优美迷人的弧线，淡雅恬静的松香味，非同凡响的黑色皮革包裹的琴盒造型，永远高贵的淡绿色柔软绒布面料贴里，小提琴演奏者小心翼翼地把琴从琴盒里取出时那份虔诚与认真，拿着琴轻轻地放在肩上时的那份骄傲，以及演奏时左右摇摆陶醉忘我的那份高雅，都让我从内心深处生发出一种由衷的惊叹与羡慕，我曾无数次地梦想，我要是能演奏小提琴就好了。

我是1983年步入中师的，当时，优秀的学习成绩一下子变成不值一提的东西，体音美则被提到了尤其让人自豪与耀眼的焦点之上。茫然之中，我把培养兴趣的目光投向了小提琴。今天想来，当初这个动机实在是太具功利性了，就是企图哗众取宠，与暗恋的女同学为伴。对于这一点，后来王欣如点评说："这有什么？有记者问过周华健，当初为什么学吉他，他的回答才更'功利'呢：羡慕他哥哥，总是有漂亮女生来听他弹琴唱歌。哈哈，不也挺可爱吗？"她这样理解我，不知她当年在中师选一把二胡在那里锯来锯去，是不是也想吸引男同学的目光？我用一封平生最长的书信换来了父亲 60 元的巨额汇款单，顺便说一句，60 元在 1983 年是什么概念？1983 年的猪肉七毛二一斤，而且一般人家一个月都难得吃上一次肉；两毛钱看一场宽银幕电影；我读中师，一个月的菜金 15 元；3.6 元可以买到上海最阔气的 KK 牌衬衫；而 52 度的茅台酒在上海最高级的饭店里 8 元一瓶。就这样，我怀揣着梦想，以激动的心情买了一把当时算是制作粗糙的小提琴，自个儿不分白天黑夜地练了起来。

练琴的日子，全是辛酸的孤独。远远地看着我心中的女神，发现我竟然白长了两只耳朵：那跟石头一样的坚硬实沉，什么音听来都是一个调。别人一听就说，这是1——，我听来像2像3又像7，什么感觉都没有。我还老调不好弦，5、2、6、3 四根弦，常常调着调着就突然断了，特别是5，拧紧拉一下，低了吧？再拧紧拉一下，感觉还是低了；再拧紧，好像还差一点点；再拧——"叭"的一下，弦断花殇心儿凉。天知道我暗地里跑过多少次商场买了多少根小提琴琴弦。这倒也罢了，难堪的是别人奏出来的是美妙的音乐，我"锯"出来就是跑调刺耳的噪声。同学们起初还不说什么，后来可能实在受不了，一个个非常同情地跟我说："张青云，你有好大的进步呀，现在终于跟弹棉絮的声音差不多了。"没有地洞钻，又没有办法，我只得经常一个人偷偷地泡琴房，没日没夜地跟着脚踏风琴练耳练音。一段时间之后，我的长了茧子的耳朵好歹开了一条缝，随便按一个单音，也能听出是什么音，拉琴时音准了，调弦时弦再也调不断了，至此我才过了第一关。

之后，对照书本，我从最基本的姿势开始练起。无数个早晨，天还没有亮，同学们还在梦乡，我就独自一个人偷偷地摸索着爬起床，提着琴跑到学校操场边去"弹棉花"；无数个夜晚，同学们已经休息，我一个人提着琴跑到学校围墙边的树林里孤独地练《北风吹》……功夫不负有心人，慢慢地，我的琴声逐渐开始顺畅起来，哪怕是在教学楼具有剧场效果的楼道小阁楼里，同学们也不觉得有什么异样了。我受到了鼓舞，越拉越有兴致，音乐老师听见后，让我加入校乐队。我像一个业余的无业游击队员终于被收编成为正式的校乐团成员，有了正式的名分，有了学校质量上乘的小提琴的使用权限，也有了正式的舞台，和受到千人注目的表演机会，我的劲头更足了，技艺突飞猛进。到了三年级，我已经成为一名合格的、有模有样的校队小提琴手了。

中师三年，小提琴陪伴了我两年半的光阴，成了我的最爱。逛商场，我必逛卖器乐的柜台，看看那躺在盒子里的优雅的小提琴，看看那玻璃柜下的迷人的琴弦。毕业之后，我拎着自己的小提琴回到了故乡。这是一个闭塞的小县城，没有几个人认识小提琴，当然也就根本没有可以交流的乐手和朋友。突然一下子失去了组织、失去了老师、失去了有任务表演的环境，我又开始变得茫然起来，在日复一日中，我渐渐地失去了独自练琴的那份执着与恒心，总是以自己的小提琴品质太低作为借口，不断地对自己说：等拥有了更新更好的小提琴之后再好好练吧。但最后终究是新的小提琴没有买，旧的小提琴因为长时间不用，松香味没有了，琴身开裂，琴弦断裂，黑色的琴盒摆放在一个不起眼的角落积满了灰尘。两年半的辛苦，竟然就这样在毕业不到一年的时间里烟消云散。现在每每想来，其间的感触真是令人不胜唏嘘，以致我在后来很长的一段时间里，还时常梦到自己又回到了那难忘的师范提琴岁月，梦中的我对着同学们优雅地演奏。

二、年青教师的追求

2000 年，做教师看不到希望的我，开始致力于教学研究，将自己的所思所想，结合自己的教学实践，写成稿件投寄出去。没想到，在经历了短暂的沉寂之后，慢慢地开始有小文见诸报刊。我得到了极大的满足，逐渐开始沉醉其中。朋友们天天在"麻坛"里"战斗"，我则远离喧嚣与众人，选择孤独地守在电脑前打字写稿、看教育报纸杂志、学习思考，寻找可以成文的灵感和火花。再慢慢地，我的文章发表范围不断扩大，开始涉及一些国内较有影响力的数学教育刊物，如上海的《数学教学》、山东的《中学数学杂志》、安徽的《中学数学教学》等。这使得我开始在小县城里崭露头角，很多人开始称赞我，说我有才，我很受鼓舞，每天都守望着这份发表的快乐。在论文写作方面，2003 年，我以一篇数学教师阅读方面的论文在全国中学数学专业委员会第十一届年会中荣获全国一等奖。这是一个什么概念？当年，由中学数学教育领域的权威专家组成的评委在全国 1700 多篇论文中反复筛选，最后仅评选出 37 个一等奖，而且这是当年湖北省唯一一个一等奖。随着时间的推移，我写稿的领域也逐渐扩大到班主任工作。还是 2003 年，我响应朱永新的新教育召唤，以《随时掉下来的青云》为题，开始撰写系列教育随笔。我一边思考，一边写稿，一边发表，到了 2006 年的时候，已累计发表或评奖 70 多篇，撰写的教育随笔达 40 多万字，并以此为平台，怀揣着个人的梦想，成功地把自己推销到了东莞。那一刻，我春风得意，自忖我一定会在这条成功的路上不停地走下去。

谁知一年之后，我在百般忙碌的新环境里又一次迷失了自己，疲惫之中发出了"身累如牛，心如沙漠"的呐喊。"我越来越痛恨自己了！日子过得逐渐找不到自己，手里不再握有笔，身边也不再带着书，心里想的不再是文字，挂念的不再是稿子和一项一项自律的任务，思想的火花不再如泉涌一般。无比钟爱的书压弯了木板，积满了灰尘，远方志同道合心心相印的朋友逐渐陌生远离。"又是仅一年的时间，就颠覆了我用 6 年的辛劳累积起来的所有成功、孤独和快乐组合而成的生活方式。

终于，我又一次宿命般地掉了下来。

三、中年人的锻炼

人到中年，体重日渐增加，看着自己逐渐好景不再、风光不现，我的心里也很不是滋味。一天在友人的刺激下，我下定决心，兴致勃勃地开始了我的修身工程：每天完成仰卧起坐100个！刚开始，我做得主动迫切，完成得又快又好，时间差不多为15分钟。我心里很得意：用这15分钟就换得自己强健的体魄，多么划算而简单！还责怪自己以前怎么就没有早点儿想到早点儿行动呢？为了强化效果，我又主动增加了在原地蹦跳10分钟的项目。两天之后，小腿开始有了反应，如同灌铅似的沉重，做仰卧起坐时，感觉颇有些艰难，似乎坚持不下去了。当然我不是孬种。这点困难算什么呢？想难住我，没门儿！我张青云可以不拉小提琴，可以不写文章，但我一定要做仰卧起坐！咬咬牙，我开始一点一点地做、一个一个地做，就这样一次一次地坚持了下来。一周之后，我的腿不痛了。两周之后，强健的身板上没有任何一个地方还有阻挠的意思，倒是如果哪天不做就感觉不舒服。一个月之后，我已经非常习惯晚饭后，一边瞄电视一边仰卧起坐10分钟。两个月之后，感觉大肚子变成了小肚子。我备受鼓舞，暗自得意自己的瘦身工程疗效又高又快，还为那些花很多钱去吃减肥药，买运动器械的人们感到可惜。就这样，在仰卧起坐中，大半年的日子过去了。

突然有一天，我上网几近天亮，便内心里宽慰自己：太迟了，今天就不做了吧？于是，放了自己一把；第二天，也感觉有点累，于是再放了自己一把；第三天，出去喝酒结果喝多了，回到家直接睡下……于是，持续了大半年的仰卧起坐运动，终究沦落到了修身失败的境地。从此以后，无论同事朋友怎样提醒我又长胖了，我都无动于衷。天要下雨，中年发胖，由它去吧。

以上，就是我平生的三大遗憾，也是过去往事中勉强可称作兴趣的记忆。若问现在，我不敢再有兴趣，因为兴趣于我就是痛。生活中，现在的我倒会看看书，看看电影，喝喝茶，但这也仅是生活而已，算不得兴趣。只是至今我都奇怪的是，我这样一个自诩天下第一执着的、强大的一等男人，怎么就经不住兴趣的考验，最终走向失败呢？当我历尽千锤百炼，付出辛劳与孤独之后，开始收获果实临近成功的那一刻，却突然无疾而终。这是宿命还是这算不上真正的兴趣？事到七成就放弃，牺牲在黎明前的黑夜里。

真正的兴趣是孤独的。

第五节 我的三个第一

有一段时间，深圳名师引爆网络，前有女神名师胡红梅因剽窃抄袭他人著作而倒下，后有深圳盐高语文特级教师熊芳芳一纸"不想一生被安排"而潇洒辞职，一下子引起了人们对名师现象、名师群体的特别关注，有的震惊，有的羡慕，有的冷嘲热讽，有的惋惜遗憾，褒贬不一。作为一个省级名师工作室主持人，这些事例也自然地映射到了我的内心，让我不由自主地观照自省：我是如何做的，又是如何想的？

在神秘的非洲草原，有一种被称为"草地之王"的毛尖草。见过它的人，无不大失所望：稀稀疏疏，只有一寸来高，在漫长的旱季，它几乎是草原上最矮的草，毫不起眼，长长的6个月，人们甚至看不见它生长，然而，随着雨季的到来，它每天长高一尺半，就像被施了魔法一样，以肉眼几乎可以看得见的速度疯狂生长，三五天的时间就会拔地而起，长到1.6~2米高，一大片，一大片，像突然竖起的一堵墙，让人感到无比震撼。这是为什么呢？后来科学家研究发现：原来在地底下，毛尖草的根竟然有28米之长，漫山遍野，深深钻到地底，在漫长的旱季，它一直都在长根部，雨季一来，就开始有了长身体的蓬勃之力。

由毛尖草我想到了名师的根，名师的根在哪里呢？我想作为一名教师，无论你有名或无名，无论你多有名，都要首先守住自己的根，保住自己的底线，做好自己的本职工作。本，在《说文解字》里的解释为：木之下，大树之根叫本，指原来的、基础的、根源的。我们最本色的身份就是一名教师，守住一名教师安身立命的底线，就是我们始终应当谨遵的原则。不忘初心，除了要牢记最初目标，永葆激情和积极向上的心态之外，还有一层意思，就是"不要忘本，坚守底线，尽职尽责"。

那么，我又是如何将此观念融进自己的实际工作中的呢？自省之后，我觉得可以用"三个第一"来概述。

1. 生命第一

这有两层意思：一是珍惜自己的生命，对自己和家人负责。我是教师，但我也是儿子，是丈夫，是父亲，是哥哥（我在家里兄弟姊妹中排行老大），在学校，我已算是老龄教师，年过半百，当然也要保重身体，量力而行。

二是守护和关爱学生的生命成长，特别是对那些学习成绩较差的学生，以仁义之心关爱他们、尊重他们。我曾在一篇文章中写道："我们现在所面对的学生，只是他表现的一个点或者某个面而已，并不是他生命的全部，他日后一定会长大成人。成功的路不止一条，多几把尺子衡量学生，就多几分希望与人文关怀。教师千万不要把学生的分数看作学生人生唯一的、僵硬的、一成不变的东西。任何时候，我们都不能伤了学生的自尊与良知，使分数、名校成为学生长大后心里挥之不去的阴霾。"

2. 教学第一

作为一线教师，所任教班级是我们的一亩三分地，是自己的责任田。在这个责任田里，按照学校的节奏和要求，和同事一起团结协作，辛勤劳作，既是学校的要求，也是教育局相关部门的要求，更是教师的本分和职责所在。根深才能叶茂。名师的根在课堂，名师评价标准的第一条就是要在课堂上拿得起，拿得出手。有些人说的那种自己的责任田都种不好、收成不佳、怨声载道的名师不是大家所期待的名师。讲得头头是道，做得像烂尾工程。没有自己个体优质课堂强有力的支撑，什么都是虚的，都是不可持续的。从我被评为东莞市名师的那一天开始，我就一直暗暗地告诫自己，坚决不要做这样的名师，也一定不能做这样的名不副实的假名师。我对自己的要求就是，守住课堂，没有万不得已实在特别的事情，自己的课自己上，自己学生的作业自己批改，自己的学生自己教。同时，保证班级所任学科教学质量效益达标。我对自己说，可以不必唯分数论，秉持育人在先的理念，但也要保证自己班级学科水平处于年级一流的位次。不能因为自己事多就替自己找开托的借口，有问题要从自己身上找原因，自己想方设法克服困难把漏洞补上。应当说，一直以来，我是这样想的，也是这样做的，也得到了很多家长、学生和同事的认同。比如，四班学生袁衡同学就曾说："总的来说，张老师是一个兢兢业业时刻为我们着想的老师，我们经常会看见张老师中午在门外等着给我们辅导，虽然留的时间有点长，但是对督促我们订正、补漏洞起了很大的作用，这也是我的成绩保持在较高水平的原因。"班级数学成绩暂时还不算特别理想，但一直很努力的胡婧昀同学说："张老师特别喜欢我们去向他请教题目，每次有同学问他难题，他总会耐心为我们解答。每个星期三都是张老师的晚辅，他便让我们把数学作业放在最前面去做，等我们做完后便一个个地帮我们改，告诉我们错误的原因。他认真地批改我们的作业，并把那些做得不好的同学叫到办公室给他们讲解题思路。"

我要求自己每年上一次公开课，近两年来，变成每学期上一节公开课。本学期在疫情期间，应汪朝阳副校长的安排，我于 2020 年 4 月 14 日给学校初三年级全体学生和科组教师上了一节初三网络公开课，受到了科组教师和学生的点赞与好评。有教师这样点评："张老师的课有很高的教学高度。最后题目中所提到的数学解题境界，创造定理，整节课都是站在这个境界上来统领上课内容的。这样的教学观点让人耳目一新，也让人崇拜。张老师有很强的业务能力。从选题范围之广，题型之灵活多变，可看出教师背后研究了各地大量的中考题目，因此才能高屋建瓴，信手拈来。从众多题目中抽离出数学模型——45 度定理，并在不同背景的题目中找到可以运用的巧妙方法，让人为之眼前一亮。这节课对学生是很有力的榜样引领。张老师的整节课牢牢地吸引了学生，学生为其灵活的解题能力所折服，最后点出的五种解题境界更给学生以振聋发聩之感。"以下是当时上完课后初三有些班级学生的评价，是初三教师截图（图 6 - 5 - 1）后发到科组微信群里的。

图 6 - 5 - 1

教学第一，做一个在讲台上名副其实的真老师，我是这样想的，也是这样做的，并且坚持把这种观点转递给工作室的伙伴们，让他们也努力做到教学与研修两不误，班级教学的近期目标与个人专业成长的远期目标两不误。一定不能非此即彼，顾此失彼，捡了芝麻丢了西瓜。

3. 学校第一

我是 2006 年来到松山湖学校的，至今已有整整 14 年了。是松山湖学校给了我生活，培养了我，这里是我的家园，也是我的根。承蒙学校领导栽培，2014 年，我开始担任学校初中教研助理，也因此有了自己第二次飞翔的机会。2015 年年底，学校鼓励推荐我参加市工作室主持人的遴选。是这里的同事给了我足够多的帮助和指导，让我有了可以飞的力量和勇气。所以无论我在哪里，无论我承担什么工作，松山湖学校始终是我坚强的后盾和依靠。知恩图报，做一个感恩的人。所以在我处理工作室有关事项的过程中，以我们学校为大本营，努力创造更多的机会和平台，促进学校同科组教师的专业成长。工作室学员选拔，我要让我们学校的教师尽量多一些；上课送课、讲座发言，我要让我们学校成员的机会尽量多一些；教研活动的组织开展，我要在我们学校进行得尽量多一些；教辅资料的编辑，我要让我们学校教师参与得尽量多一些，以寻找更多的机会、更多的平台，促进他们数学理解、教学理解水平的提高。同时，我将工作室的研修尽量覆盖到我们初中数学科组的全体教师。比如，每年我都会利用工作室经费，为科组的每一位教师订阅一份专业期刊，购买一本专业理论书籍，我也经常尽自己所能，帮助科组教师修改各级参评论文，指导课题研究评审材料的申报，指导公开课教学展示、微课资源建设评比等。在学校，我和所在的备课组教师一起，团结友爱，我尽力引导备课组的教师积极开展教学研究，鼓励他们积极参加本学科内各类专业活动的评比。比如，2019 年东莞市评选学科论文，在我们学校初中数学参评的 8 篇教学论文中，我们备课组就占了 5 篇，在全市 200 多篇论文中，全市共评出 11 个一等奖，其中，我们备课组占了 3 篇。也是 2019 年，省里进行首届中考疑难问题教学设计评比，我们备课组就送了 4 篇，后来经过专家评定，我和洪文惜老师两个人的设计都获得了省特等奖，并在全省交流大会上做交流发言。

三个第一，是我一直以来对自己教师身份认同的三个原则，我秉持这样的认识，处理自己教学和工作室发展问题，守护好底线，保持好平衡。

那么，工作室的发展又如何呢？

我是从 2016 年开始做市工作室主持人的，后来 2018 年开始做省工作室主持人。这个平台对我提出了更高的要求，给了我很多学习和成长的机会。我明显地感觉到，自己这几年的专业理解越来越清晰了，同时，在学校的大力支持和教育局相关部门的悉心指导下，我们工作室的确具有了一定的影响力，逐渐成为东莞市初中数学骨干教师的成长基地。有人这样评价我们：我们工作室是目前东莞初中数学活动做得最好，工作开展得最为扎实，学员取得成果最多的团队。我们的课堂走进了和全国同行共同交流研讨的会场，我们研发的资源成为省内初三师生中考复习的备选资源，也被推荐到了市内各学校的初三年级，在抗击疫情开展网络教学期间发挥了良好的教学作用。可以说，当前，在省内外初中数学学科领域，我们工作室已经积累了一定的知名度，工作室的专业引领和示范辐射效果显著。从以下省内各地老师同我微信交流的部分截图（图 6-5-2）就可见一斑。

图 6 - 5 - 2

我想，这种口碑、这种认同，不仅是工作室的，而且是我们学校的，"我为莞中添荣耀"，这是我们学校荣耀长河中的一朵浪花、一个点滴。

当然，一直以来，我都安心于教学，乐于研究，习惯于将自己在教育教学中所遇到的问题记录下来，思考解决的办法，并喜欢将自己思考的成果转变成文字投稿发表。没有人逼着我一定要这样做，我只是纯粹地喜欢。我没有功利心，我不会为了研究而研究，不会为了发表而发表。有时，我会扪心自问：未来，假如我不再做主持人了，我还会坚持写吗？最后的答案是：我思故我在，我写我快乐。在教学中思考，在思考中写作，这是我喜欢、我愿意做的事情。因为做一个有根的名师，这是我对自己职业的交代和追求。

第六节 教得最好的时候

看到文芳公布的本期主题时，我就笑了，因为我知道这个题目的出处。帕尔默在《教学勇气——漫步教师心灵》的第六章《学习于共同体中》讲到了他在教师工作坊时，曾根据团体的接受程度，要求人们填空："当我教得最好的时候，我就像_____。"他要求人们尽快完成，马上接受发自内心的影像，抵抗任何去审查或修改它的诱惑。他想借此引导工作坊的教师更深入地探究自己的自身认同和自身完整，因为他认为：优质教学来自教师的自身认同和自身完整。在书中他还写道，当自己教得最好的时候，自己就像是一头在野外赶羊的牧羊犬。

那么我呢？当我教得最好的时候，我就像什么？

当我教得最好的时候，我感觉自己就像一条鱼，自由自在地在教室里、在学生的座位间摇头摆尾地畅游无阻。

有趣的是今天，当我重新翻出这本书重读这一部分时，赫然发现，自己当初阅读即兴所做的批注竟也是这个影像："我就像大海里某个鱼群领头的鱼，鱼群在头鱼的带领下，上下左右自由地游弋。"

为什么像一条鱼呢？就像深海里的鱼群一样，在头鱼的带领下，整个鱼群想去哪里就去哪里，自由自在，快乐无比；鱼群也像一支队伍，铺天盖地，气势恢宏。那么是不是在我的潜意识里，自己就是崇尚权威的？自己就是一个能量强大的带领着队伍一起冲锋陷阵的指挥官？那么，我在意部队的伤亡吗？我有能力把控整个队伍的行进节奏与方向吗？我经常是独断专行地决策吗？当我一声令下，有队友不听怎么办？我在意那些队友中不想冲、不愿冲的情绪吗？在这种所向披靡的美好图景的背后，头鱼做了什么？能做什么？……当我不停这样追问自己的时候，结果令人沮丧，我仿佛明白了，我的自身认同与自身完整原来需要更大的调整。

从教20多年来，当我感觉教得好的时候，并不是现在与当下。教育不是靠经验生存的，教龄越长，经验也越多，但却并不是教得越好。就像广东语文高考题中的那个人生跷跷板一样：刚开始，我们越走越高，以为我们的人生也会越来越精彩。但当我们越过一个平衡点之后，却惊讶地发现，我们走的是下坡路，原来不知不觉中，我们的高峰已过。知道并承认"教得好"的机会并不随我们的经验积累递增而递增的事实是非常残酷的现实。帕尔默说，教师是以几何学的速度变老的，绝大多数教师在 29 岁之前就进入了中年期。如果这种说法真的正确，那么我教得最好的平衡点就是 29 岁左右，即 1995 到 1998 年所带的这一届了。

那时的我，可谓一穷二白，什么成绩都没有，而且刚从乡镇学校调到县城学校没几年，脚还没有站稳，腿上的泥巴还没有洗干净。但那个时候的我却生机勃勃、信心满满。以一套数学精英教材为阵地，带领着一帮勤学好问的学生一起，整日以挑战新知、攻克竞赛难题为乐，快活地遨游在知识的海洋里。我依稀记得有节数学课，聪明而胖乎乎的胡晓航提出了一个问题，引起了大家的兴趣，大家嚷嚷着欲知究竟。于是，我们全班就以这个问题兴奋地求证了两节课；有一次课间，我穿了一件新夹衣和学生一起打羽毛球，结果一群学生觉得我酷极了，像捧明星似的围观，给我助威。而我印象最深刻的是下面的几件事：

1997 年的愚人节，下午第一节是我的课。预备铃声还未落，我就出现在教室门口。班上的氛围明显有些异样，学生一个个精神抖擞，高声齐唱着生日歌，脸上荡漾着快乐兴奋的笑容。怎么回事？今天没有人过生日。我疑惑地看看黑板，只见黑板上赫然写着一行大大的字："祝张老师生日快乐！越长越帅——帅得像个大蟋蟀！"下面还真画着一个夸张的挥舞长须的蟋蟀。学生哄堂大笑，我明白了，原来他们是在给我过生日。立刻，一股暖流慢慢地充盈我的全身。这些学生真有趣，明知道我的生日不在那天，却还要给我一个蟋蟀生日，瞧着他们乐呵呵的样子，我面带微笑大声地说："谢谢同学们！"

教室里渐渐地静了下来，我继续说："同学们，我非常感谢大家！从来没有想过像这样过的生日……"这时有一个男生抢着说："张老师，今天是愚人节！蟋蟀是请林倞画的！"我这才完全明白过来，点点头说："这个蟋蟀很好，它让我看到了大家的一片真情，谢谢大家，我收下它了！"我顿了顿接着说："现在，我还要把这种快乐送给刘卉同学，因为明天将是她的生日。"全班学生都睁大了眼睛，大家都有些意外地看着刘卉。"明天是星期六，因为休息我们不能见面，现在就让我们一起祝她明天生日快乐！"刘卉显然没有准备，一下子便浸没在《祝你生日快乐》舒缓的旋律之中不知所措。看着教室里真情流动，我忽然有了个主意。

生日歌唱完，大家的情绪慢慢地平静了下来。我又静默一会儿，才缓缓地从口袋里掏出一张纸对大家扬了扬，慢慢说道："同学们，我们相处快两年了，这段时间以来，我觉得和大家相处非常愉快，自我评价自己还算是个称职的老师。说实话，你们是我从教以来，遇到的最让我欣慰和自豪的一批学生。你们给了我很多快乐，给了我很多力量，也让我看到了一个教师的价值和存在的意义。今天我还要告诉大家一件事情，这件事我原想等几天再告诉大家，但现在我不能不说了——"学生都疑惑地望着我。我忧伤地说："同学们，我要调走了。到荆州的一所学校去。""啊——"的一声惊呼，大家一下子呆住了，教室里的空气顷刻似乎凝固了一般，静静地没有了半点声音。

半晌，我低低地说："我知道，大家很难受。我也舍不得大家，我希望和同学们在一起度过这三年，等大家毕业了再走，但现在……"我说不下去了。浓浓的离别伤感笼罩着教室，忧伤挂在了每个学生的脸上，有几个女生都快要哭了，两眼噙着晶莹的泪水。

也不知过了多久，突然有个男生的声音打破了寂静："老师一定是骗我们的！今天是愚人节！"一句话提醒了大家，学生都若有所悟，满怀希望地看着我。终于，忍不住的笑容出现在我的脸上，教室里的空气"哗"的一下流动起来……（此事，我曾写成文章，发表在广东《师道》杂志上）

1997年圣诞节的晚上，正值初三的学生想轻松一下，自己办一个唱歌晚会，但几经沟通，学校还是不批准，班主任也不支持。无奈之下，学生在夜幕降临之时求到我的家门口，他们请求我这个数学老师带着他们去玩。当他们哭着找我的时候，我被他们彻底打动了。他们齐心协力做事的这股决心与勇气，让我无比震撼，他们对我的这种信赖令我无比幸福。没有犹豫，没有任何推脱，我跟着全班学生到了一个他们早已联系好的地方，参加属于他们的圣诞晚会。不管第二天受到怎样的批评，那晚，我一个29岁的成人和一帮十四五岁的少男少女一起唱，一起跳，一起吼，迎接圣诞节。

1998年6月22日，学生的中考终于结束了，我也从外派监考的乡镇回到了家里。记得那晚有点累，想早早休息。不料夜里十点的时候，我在睡梦中隐约听到有敲门声，慌张地打开门一看，只见门外相拥着十来个嘻嘻哈哈的快乐男生。中考结束了，大家开心兴奋地想要狂欢。几个人一商量，就翻越学校的院墙，摸到了我家门口，要找我出去一起玩！迷迷糊糊的我也照样没有犹豫，跟他们一样，深更半夜翻越学校院墙出去唱歌……而紧接着那个暑假，我就跟着他们去电子游戏厅、去网吧。他们教会了我五笔打字，帮我申请了至今还在用的QQ号，教会了我用QQ聊天。所以，说起来，最初还是他们引导我接触到了计算机。

如今，当年的少男少女长大了，东南西北，天各一方，大家相聚在一起难了，但心却常在一起。今年4月我去北京，几个在北京的学生听说我到了时，一下子聚到了一起，在短暂的相聚之时，我们仿佛又回到了当年那段青涩而快乐的时光。过去一点儿都不陌生。

我教得最好的时候只是一个普通的科任教师。后来，当我做了班主任之后，我却并没有多少次有此感觉。在班主任队伍里几经头破血流之后，我对班主任这个角色起了戒心，也对自己头鱼指挥官的能力起了怀疑。班主任虽然可以与学生朝夕相处，但并不一定是学生的贵人；班主任虽然可以更全面地了解学生，但未必就是深受学生喜爱的和学生更贴心的人。在当下的学校管理中，我们的很多制度都是没有人情味的，是约束人的，采用简单粗暴的管理与控制方式。在各项规章之下，班主任被迫如工厂的车间主管一样，主动或者被动地掺杂了太多功利化的因素，很难做到保持一种平常心、宽容心。我想，当我站在讲台上时，如果我不是班主任，讲台上的我就是数学老师。我可以向"我就是数学"的境界努力与靠近。而当我是班主任时，讲台上的我就是一个管理者，一个类似于监工头的、总在警惕地打量着班级的、随时准备批评人的、讨厌的老人。这时，我与我的学科分离了，也与我教得最好的时候分离了。

关系再不好的夫妇，也总有彼此关心、甜蜜温馨的片刻；素质再差的老师，也总有为某个学生特别铭记感恩的得意故事。当下，当我逐渐老去的时候，偶尔也总会有那么一两节课是自己比较得意、学生比较愉悦的，但这不能算作自己教得最好的。教学永远都充满着变数，可能前一天感到教学很精彩，第二天转眼就感到一败涂地。所以我想，所谓"当我教得好的时候"，并不是指某一节课的感觉，或者某几节课的感觉，更不是指人生某个年龄阶段的感觉。我教得好的感觉，应当是由师生彼此间的真挚与快乐凝聚而成的，是由某一届学生与我在人生旅途中共同创造和铭记的一段生命历程。这种感觉，不需要资历，不需要经验，只需要缘分，跟人生中的好朋友一样，可遇不可求。

我很欣慰自己曾有过这么一段，也很满足自己曾经历过这么一段。当然，我更要特别感谢陪我一起走过这一段的学生。

第七节　周而复始①

　　有些文章注定是我这种人写不来的，如这次优培的主题，要求写写自己的开学情绪，看似有些应景，但我感觉很缥缈，抓不住，于是情绪就一直堵在心里出不来。转眼就是"3·15"了，不知不觉，都已经开学一个月了，早过了"新"的阶段。

　　第一周杂记：

　　2月7日从老家返回东莞后，迎接我的就是很少遇见的强寒潮。连日的低温使很多不怕冷的东莞人都穿上了厚实的羽绒服。我更是丑态百出，趁着还没有上班，一天到晚跟虫子似的蜷缩在被窝里，看书、上网，倒也自在。有人说，这是东莞有史以来最冷和持续时间最长的初春了（2月4日立春），相比春节期间的阳光明媚，此时真跟到了另一个世界一样。据说在广州，还有养鸡场因饲料未及疏于管理而冻死了大批活鸡的事情。不过，蜗居在家的我更关注的还是一些后来才陆陆续续返回东莞的同事或朋友们所遭遇到的高速大堵车的新闻。每当听他们说又堵在哪里堵了多久时，我就觉得挺开心。毫无疑问，这很邪恶、很阴暗。

　　寒流之中，央视几则新闻，东莞便不经意地"地震"了。一时间，国内外媒体的焦点都聚集到了这不到2500平方千米的土地上，隐去了工厂与制造、成就与繁华，铺天盖地的都是警察、技师、酒店与桑拿的消息。东莞为世间各色各样的人明刺暗讽品头论足，大有不扫它个清朗明净，不搅它个天翻地覆誓不罢休的势头。于是，伴随着所谓的"莞式标准"，星级酒店成了意味深长的场所……

　　第二周杂记：

　　2月14日，情人节、元宵节，全校教职工大会如期召开，新学期开始了。大家相互拱拱手、点点头，彼此道一声"新年好"。

　　不谈利市（方言，买卖顺利的预兆）。

　　2月17日早晨，全校举行升旗仪式。简短的开学典礼之后，我像往常一样，

————————————————

① 本文写于2014年，所记自己开学的前几周工作。

拿着笔记本走进了初二（3）班的课室，准备上第一节课。一个月的寒假生活，没有什么大的变化，孩子们像往常一样，热情而有礼地和我打着招呼。少顷，我们开始了《二次根式》的新课学习。精彩的照样精彩，低调的仍然低调。

两节课之后，我回到办公室，先给自己沏上一壶铁观音，在清香雅韵、甘甜浓郁之中，慢慢地开始批阅孩子们的作业，备课，偶尔与同事们闲聊上几句……一切都按部就班，自然进行，没有谁觉得还需要一个什么过渡，也没有人认为这第一天与正式的第 n 天该有什么不同。出门就是高速，开学就入正轨。

去年的暑假，我郑重地向学校辞去了班主任职务，从此辞掉了琐碎与忙碌，赢得了从容与阅读的时空。下班回到家，陪家人散散步，有时打打羽毛球，和群友一起互相促进鼓舞着读读书，内心充盈着一种徐徐的力量，如身处桃源。

而以前的狼狈恍如隔世做梦一般。

第三周杂记：

（备注：以下两节，其实可以跳过，我拿出以前的开学记录，对比一下。）

（时间：2003 年 9 月 1 日；地点：湖北一个偏僻的小县城的实验初中）

今天是 9 月 1 日，开学的日子。

6：30，起床，快速收拾好公文包，尤其是昨晚写到近三点才弄完的国旗下的讲话稿，洗漱完毕。

7：00，骑着摩托车往学校赶。

7：06，到办公室打开电脑，想打印出升旗仪式讲话稿，结果，打印机没墨了，让我好一阵急。到教务处的办公室打印，方才搞定，把讲话稿交给了校长。

7：15，到自己当班主任的班上去，看到学生都在大声地朗读英语，请大家停下来，简单地讲了几件事：课程表、作息时间表、班干部调整等。这个时候我突然想到，班干部其实可以在上学期末就调整到位的。

7：30，集合举行升旗仪式。

学校有一个大大的水泥操场，要站 46 个教学班，3000 多名学生，由于年级变化了，没有及时调整好位置，很多班级的学生都不知道该站在哪儿。班主任们也不知道该站在哪儿。混乱了一会儿，有教师出面安排，找到了站的地点，排好队。这时广播通知，要求学校教师也和学生一样，在操场排队。可最终没有人组织，参加升旗仪式的教师还是如散兵游勇，随意地站在高处，像看热闹的人一样。

升旗仪式开始了，有的班还有小小的讲话声。我站在班级队伍的最前面，也听到有几个学生老在嘀咕。我扭头看了他们一眼，立刻没有了声音。国歌开始，学生行礼，我如往常，站得笔直。

8：30，升旗仪式结束，学生退场，回到班级，离下第一节课的时间只有 10

分钟。令人感动的是，新派来的历史老师还是进了班级，我介绍给学生认识以后便离开了。

上午没有课，但有两个朋友的小孩要入学，正好用来给他们报名。刚刚处理妥当，电话响了，是值周的小王老师打的，说班上无人上课，我看了一下表，9：20，这一节课差不多已经过去了一半。我到办公室一看，是英语课，到英语老师的办公室去找，却发现他正在办公室。问了原因，说是以为班主任会在教室里讲事情，就没有去。我听了不悦，回到教室。

班上的学生表现还不错，把这节课当自习上，教室里没有什么讲闲话的声音。到总务处结完班上学生报名的账，便回到了办公室。

11：50，中午放学回家，路上遇到一位自己的同学，请他吃中午饭。

14：30，刚想备课，一位有意申请做学校教科室教科员的老师来找我。了解了一些情况，一节课便过去了。

15：06，找校长汇报研究学校首席教科员、教科员（也就是教研组长、备课组长）的人选。校长原则上通过了。

16：00，进教室上课。

17：20，课外活动时间，讲了几件事情，其中包括选了班长徐蕊、劳动委员吴娜以及其他干部。

17：40，放学，感到腿有点痛，前天骑车摔的伤口痛得厉害，骑车回到家里拿药。

18：40，晚自习开始，现在是初三年级，我上第一个晚自习，之前徐蕊发表了简短的就职演说。

徐蕊上台说："非常感谢大家和张老师对我的赏识，其实我对我们这个班集体的热爱由来已久，但始终藏在心里，为什么这么说呢？大家看看我的名字就知道了——"她在黑板上写了个"蕊"，下面的心用心形的符号代替了。她说："最下面的这个心代表我的自信心，这个心代表我对人的爱心，而上面的这个心则是我对同学们和老师还有这个班集体的忠心。平时，这三颗心都藏在草地底下，现在掀开这个草，它们便成了太阳。请老师和同学们帮助我，我会当好这个班长！"学生都被她有趣的就职演说逗乐了，掌声雷动。

灯光下，看着学生开学第一天第一个晚自习就上得这么认真，我总有个错觉，似乎他们已上课很久了，心里不禁有些感动。

21：30，下办公楼，看到校办还在办一个教育行风评议的宣传刊，帮了会儿忙，回家了。

22：30，家里，坐在电脑前，写下了上面这篇随笔。

第四周杂记：

（时间：2006 年 9 月 26 日。地点：广东东莞现在所在的学校）

尽管我前一天凌晨 1：15 才睡觉，但早上 6：30，我仍然准时从睡梦中醒来，匆匆地洗漱完毕。

6：42，我穿着跑步的服装下楼奔向学生晨练的地方。

6：43，我跑到班级学生站队的地方，许多学生向我问候："老师早上好!"我微笑回应着。体育委员叶梓豪已经站在了队伍的前面，绝大部分学生已经站到了指定位置。看着差不多了，叶梓豪开始清点人数。我提醒学生整理着装，系好运动鞋带，并将方钰权同学调到队伍的最后面。

6：50，晨练开始，整个初中部的 18 个班开始沿着指定路线跑步。叶梓豪在最前面带着整个班级，我在队伍的最后跟跑。整个跑步过程中，纪律非常好，没有一个人说话，队伍成四路纵队。我发现学生现在基本上也做到了四人一排，整个队伍仅仅在转弯的地方有点涩滞，差不多是在匀速地前进。上周班级晨练得分 9.5，还不错。

7：00，晨练结束，学生自动解散，去食堂吃早餐。我走回寝室收拾换装。

7：15，换好衣服，我带好电脑及相关书籍，向食堂走去。路遇众多学生及同事，彼此问好点头致意，如沐春风。

7：30，走出餐厅，走向教学楼。路过文印室，打印好第四周的"一周之星"、班干部名单及优秀小组。

7：33，到达级组办公室。办公室里，已经有很多班主任在工作了，他们或改作业做课件或交谈着什么。我放好电脑，拿着打印的东西走向课室。课室里学生正在整齐地朗读着语文课文。我在后面的板报上贴好"一周之星"，在流动红旗上贴好优秀小组。在课室里稍稍巡视了一下，课室里干干净净。

7：40，我回到级组办公室，开始批改 9 班学生周末的作业。批改到黄韬同学的作业时，发现他错了两道题，心里有所触动。他很聪明，上周竞选班级副班长，最后却被我安排做了一个小组的组织委员，不知心里是否失落。

8：35，学生第一节课下课，我喊黄韬聊了几句。感觉还好，鼓励了几句后他离开了。

8：40，第二节课上课铃声响起，我突然想到要到（4）班去听同事的课，连忙拿好听课本，奔向二楼（4）班的课室，正好开始上课。

9：25，回到级组办公室，先记录下如上细节。

10：25，正好第三节课下课，眼保健操铃声响起，学生做眼保健操。

10：40，数学的集体备课时间。来到科组办公室，在自己的办公桌前，我转着转椅。科组办公室布置得非常好，办公桌都是浅蓝色的写字台，每张桌前网线、电线都接得很好，但由于位置关系，班主任在科组里办公的时间很少。我们备课组5位教师围坐下，开始集体讨论下周数学教学内容的一些问题。

11：30，讨论完毕，轮到高二备课组负责清洁卫生，于是其他组员退场，高二数学备课组的教师开始做办公室的清洁卫生。每周二下午，学校都会对所有办公室进行卫生检查评分。

11：32，我们下楼，有几位教师又赶到级组办公室去批阅作业。离下课还有近30分钟，还是可以批几本的。我心里犹豫：去食堂还是去级组办公室？午饭时间差不多了，而级组里，我的桌上还有昨天的作业没批完。几经徘徊，我和同事汪朝阳老师一起走向了食堂。

11：34，食堂里空空如也，我们确实是来得太早了，坐在大大的饭厅里，打开电视机，开始边看电视边静静地等待。

11：40，食堂工作人员开始打饭，我打好饭菜，开始吃饭。来吃饭的老师越来越多。

12：10，吃饭完毕，收拾好餐具放到指定的地方，起身出来，手机停机了，心里想着去充值的事。

12：15，回到寝室，带上钱，我来到学校的小卖部。据同事讲，这儿卖充值卡。但来到小卖部，服务人员告诉我，卡昨晚卖完了。我只得走出校门，顶着骄阳烈日，向几百米远的理工学院走去。

12：30，走到理工学院，我一狠心，买了200元的充值卡，先充100元，又顶着烈日走回学校。

12：40，来到男生宿舍楼，班里的男生住在4楼，中午1点开始午睡。午睡纪律虽然抓得很紧，但很难做到彻底到位。查寝是必须做的一件事情。到了寝室，我发现男生大都在寝室里，但个个没有准备午睡的样子，有的洗衣，有的说笑，有的写作业，有的吃东西……我一个一个地看去，和他们讲着话，询问着各寝室里扣的分数，嘱咐着他们要注意的地方。

13：00，午睡开始，我在宿舍外门上的观察窗观察、督促。

13：10，各寝室，学生逐渐进入睡眠状态。我离开，走回自己的寝室。

13：20，开始午睡。

14：05，手机闹钟响起，起床洗漱，准备去课室。

14：13，背着电脑，走出寝室。

14：18，来到自己班级的课室巡查之后，宣传委员找我要白纸，那是办板报用的。我恍然大悟地拍着自己的脑袋，并自责地说，下午我一定去领。走到邻近的（9）班，学生纷纷向我问好，我边回应，边接好笔记本，准备上课。

14：30，《梁祝》音乐响起。师生互相致礼，开始上课。

15：10，第一节课下课。督促学生做眼保健操。

15：25，第二节课开始响铃。我在自己班上，学生很听话。

16：05，下课。课间，宣传委员陶旺铃再次找到我要纸。没办法，只得写一张纸条，请她自己去教务组领取。

16：15，第三节课开始，这节课本来是自修，老师不可以讲课的，但由于级组安排，请了初二年级的部分成绩优秀的学生来各班巡回演讲，介绍一些学习方法和管理方法。我领着初二（2）班的英语科代表走进了课室。

16：17，我请学生停下来，向大家介绍了梁敏芝同学，然后梁敏芝开始讲起了自己的一些学习经验。之后，由学生进行现场提问，她来回答。海丹总是第一个提问。其他学生也陆续提了很多好的问题。话题很广，梁敏芝回答得也很好、很全面。活动的成功有点出乎我的意料。

17：19，活动结束，我宣布下课。回到级组办公室。开始继续批改作业。

17：44，我终于批阅完两个班所有的周末作业。起身离开办公室，去食堂。

17：54，食堂早已开饭。找好地方，打饭，吃饭。

18：10，饭毕，和同事崇正、老吴一起走出食堂，大家相约去散步。我说我只有40分钟时间，就只能在校园里走走，大家同意，决定向远处美丽的小学部绕着走过去。

18：50，我匆匆丢下他们，走回中学部，心里有点惦记班级，于是想抄近路，但由于对路况不熟悉，结果走入了一条死路。迂回之中，我接到了一位学生家长打来的电话，说孩子刚刚给她打电话说了和同宿舍的同学有点小疙瘩的事，请我问一下，我一边应承，一边折回，向中学部跑去。途中又遇到一女同事跟我打招呼。她叫我张老师，而我颇为尴尬地叫不出她的姓。只得硬着头皮询问她的姓。还好，她很理解地说了，我们边走边说了几句就告别了。

19：03，我走到课室。英语老师王静正在组织学生晚读。晚读是半小时。

19：25，晚读结束，休息。宣传委员找到我说要用第二节晚修的时间办报，问我行不行。我思考了一会儿，同意了。

19：30，我简单地宣布有三个学生忘了打扫卫生，按班级公约办事。之后晚修开始。今天负责监督我班晚修的老师是教信息技术的廖老师，打过招呼后，我回到了级组办公室，各位班主任都在，各自做着自己的事。我放好电脑。

19：35，课间休息时我带着罗紫依来到教学楼一个安静的走廊，和她了解宿舍的问题。她谈了很多宿舍室友之间发生的一些小问题，有点出乎我的意料，我意识到，在她们这个看似温暖快乐的女生寝室里，原来危机也在潜滋暗长。于是，我决定再请宿舍里的几个女生一起出来，带着她们来到级组旁边的小谈话室，大家一起交流沟通。我也强调了彼此之间的宽容互助，以及在宿舍不加节制的开朗可能会有什么负面影响等问题。显然，她们之间有了更多的理解，纷纷表示以后要共同努力。罗紫依最后说："这样的谈话，应该多一些。"她脸上又出现了开朗阳光的笑容。这时到了 20：30，第一节晚修下课铃声响起来了。我们结束了谈话，学生回到课室。

20：40，第二节晚修开始，我回到级组办公室开始批改学生上午交上来的《自主辅导》上的练习。中途到课室去看了一下办板报的学生。

21：40，晚修结束，我背起电脑回到宿舍。

21：45，在寝室重新打开电脑，又开始记录上述文字。

22：16，我拿上钥匙出门，准备去巡查女生宿舍。

22：18，到达女生宿舍楼，我先查看了一下班上女生寝室的扣分情况，发现600、602寝室扣了几分。我想得提醒她们注意，于是上楼。

22：19，603 室、601 室里女生还在大吃大闹，我嘱咐了几句，让她们赶紧上床休息，她们说好的。查看其他寝室时，都很好。走到 600 室，我和纪律班长兼寝室长的方婧茵交流了几句。过去的两天她们被扣了 2 分，我提醒她们严守未来四天，力争别再扣分。她们心情也有些沉重。我心里提醒自己，明天早晨，一定要安排一个人再来检查一次。

22：30，寝室里熄灯了，我看到 601 室还有人在摸索着洗漱，心里有点儿替她们着急，看来明天还得再强调。

22：40，我下楼，回到宿舍，开始备第二天的课。

00：25，课还没完全备好，头已经晕了，去冲凉，看到了阳台上换下的脏衣服。唉！都放了几天了，还是快快洗吧！

估计今晚又得到 1：00 了。

01：40，衣服终于洗完。没有办法，进入新学校以来，每天都是这样过来的。现在的一天，似乎跟以前相比，总是少了好几个小时。

第五周杂记：

世界并不太平。

3 月 1 日，昆明火车站，血腥残暴的恣肆杀戮，一下子震惊了所有有人性的人。失去生命和受伤的无辜民众，让我们所有的人都看到太平盛世之下的脆弱与危险，恐惧在我们每个人的心里都留下了极其黑暗的一笔。

当我们还没有缓过气来的时候，飞机又不知去哪儿了，载有 239 人（其中包括 154 名国人）的 MH370，牵动着全世界人的心。飞机、舰艇、雷达、卫星一起出动，大海捞针似的搜救、分析，找呀、找呀、找呀……一周过去了，一无所获。让人揪心。

这仿佛一部活生生的杜威笔下的《我们如何思维》的现实版大剧，只是过程有点残忍，结果还不知如何。

当然，我们帮不上什么，只能旁观与祈祷，做点小事情吧。

第六周杂记：

这就是我的开学，所谓的新学期，其实就同每一周的开始、每一天的开始一样。

情绪就是平静，除了平静，还是平静。

第八节　做一个怎样的教师？

　　琪言语不多，是个非常听话的女孩，平日学习既努力又认真，只是效果不太好。从初二开始，我担任她的数学老师。或许是感受到了我的友善与真诚，她开始变得快乐而自信。比如，作业会完成得很认真，错题会更正得很细致；也会和同学一起，跑来办公室向我请教一些数学问题。再如，在课堂上，她开始尝试着举手发言。有几次她对我说，她能从我的眼神中预感到什么时候我会请她回答问题……她就这样一直努力着，心里充满了很大的期待。然而不巧的是，期末试题有些偏难，结果令她大失所望。

　　新学期开学后，我们开始实行周测，并对测试水平不太理想的学生采取补考的形式补救。开学一个月以来，我们进行了三次周测，她的情况依然不乐观。虽然作业还是很尽力地完成，但她再也没来问过我问题。直觉告诉我，她肯定很压抑，生活在挫败之中。

　　周四批阅作业时，我在她本上写下了一段话："我注意到，开学一个月了，你再没来问过我一个问题。我想知道你是比较忙，找不到时间呢？还是因为你已经问过其他同学，把问题解决了？"我知道这些语言肯定会传递一种温暖。

　　周五放学后，她来办公室找我，说想要一份中午补测过的试卷。每周的补测，一般情况下安排在自习课，但这一周我实在没找到合适的时间，于是请科代表利用周五中午放学后的 20 分钟进行。

　　我请她坐下问："为什么再要一张？"

　　"我想回去重新做一做。"

　　"这很好呀。是不是有题目还是不太明白？要不我帮你讲讲？"

　　在给她讲解了几道题之后，我接着说："琪，你知道，老师一直很关注你的。这学期你还一直没来问过我问题吧？是不是心里一直很不好受？"

　　琪两眼立刻红了，眼泪流了出来，有些难过地说："老师，每次我都很努力，可每次得到的都是失望。我真的不想补考……"

　　我有些意外，没有想到补考对她造成了这样大的精神压力。我递过一张纸巾，对她说："老师非常理解你，也知道你一直很努力，所以，我一直关注着你。"

"在家里，妈妈有时也会责怪我，说怎么又没考好，我也不想让他们失望……"

"是这样吗？妈妈也会常问你的考试成绩？"

"会呀，每次我都很难受。今天中午，我真的不想留下来补考了。茜一直等着我，我不想让她等得太久。饭堂去晚了，就没有什么吃的了，……"

我有些疑惑地问："那你今天中午有没有留下来补考呢？"记得中午我去的时候，她不就在课室吗？

"我留下来了。只是中午有两个题我没有认真思考，所以想重新做一做。"

原来是这样！我顿时又惭愧又心痛。多好的孩子呀！在我理直气壮地让孩子们留下来补考的那一刻，坐在课室里的她，仅仅因为老师的一个要求，就要忍受饥饿，承担这种有伤自尊的补考。原来自己竟是如此残忍。

张文质老师曾说："自卑就是在受教育过程中不断地经历失败，经受屈辱，不断地被边缘化，不断地被贬低，慢慢积攒起来的。"我一直以为，自己是个负责的教师，对学生充满了关爱。学生考得不够理想，我额外费心地组织补考，力争使他们的学习成绩有所提高。但没想到，正是我的这种"负责"，摧残了学生的身心健康，使他们的自信心一再受损，使他们的个性灵气一次次被泯灭……

我再不能这样做了！

这次谈话过后，我明显感觉到琪轻松了许多，她的脸上多了许多笑容。晚上在班上，她又问了我一个数学问题。

第九节　读《教育是慢的艺术——张文质教育讲演录》有感

　　《教育是慢的艺术——张文质教育讲演录》是福建著名学者张文质老师的作品。与其他许多教育理论书籍不同的是，这是一本教育演讲的集子，共收录了张老师从2004年到2008年5年间的12篇演讲实录，其中，有4篇是与1+1读书俱乐部成员聚会时的发言，有8篇是到各地学校的演讲，篇幅最长的是后面5篇，占了全书的四分之三。

　　言为心声，文如其人。张老师的演讲通常是"没有完整的讲稿""和大家面对面谈话时捕捉头脑中快速生成的影像，甚至是不太完整的对某个问题的理解"的呈现。这种生成性为讲演注入了更多鲜活的魅力，反复品读这些"原汁原味"的文字，我仿佛又回到了聆听先生讲座的酷热8月的上海会场。张老师的演讲时而言辞犀利、鞭辟入里，时而充分肯定、赞赏有加，时而殷切期盼、信心满怀……从他身上，我不仅看到了生命化教育的希望与未来，而且看到了一个有良知、有责任感的教育学者长期致力于教育革新与唤醒的赤诚行动。

一、生命化教育的倡导者、实践者

　　生命化教育是张老师的梦想。张老师是生命化教育忠实的倡导者、实践者。他逢人必讲，走到哪里讲到哪里，他对老师讲、对学生讲、对家长讲、对学校讲，不遗余力。他到江苏、出广东、上湖北、远赴内蒙古、进新疆，倡导生命化教育，建立实验学校。他讲演最多的地方应当还是他的根据地福建。书中的12次讲演，有11次是在福建各地的学校。他差不多快要踏遍福建的每一块土地了吧？

　　对生命化教育本质的诠释，应当数他2004年年末在永春师范学校的一次讲演最为经典。他说："所谓生命化教育，其实就是一种精神的理念，是对更美好的教育的一种价值诉求。"用一句话来表达，那就是"把对每一个儿童的理解、关爱、信任、成全，在具体的教育过程中体现出来，它不是仅仅停留在理念上的表达和理解，它必须在具体的实践过程中体现出来"。在他看来，所谓教育，就是对每一个个体生命发展可能性的成全，社会需要这样，学校更要这样。教育是慢的艺术，他通过自己的行走与观察，对许许多多无视生命、漠视生命的急功近利的教育行为表示痛心疾首，振臂高呼生命的尊严，告诉我们生命的可贵，引导我们期待生命的美好。作为一线教师，我们明白，在现实的教育环境下，要达成这种从生命本原出发的教育理念是何其困难，但张老师始终不气馁、不争辩，他以巨大的勇气与力量一直坚守着自己的信念。

二、想大事情，做小事情

面对"落花流水"般的教育环境，张老师对所有一线教师都寄予了深深的理解与敬意，每到一处，他总是亲切地勉励所有教师，教我们如何在面对现实的同时，寻求内心精神的丰盈。他处处强调，教师要能够既想大事情，又做小事情。在生命化教育12人研究小组聚会上，他说："今天我们能做的也许不是对教育的想象，而是只能提醒自己这就是我们生存的现实。"但即使这样，"我们要努力回到生命当有的更坚韧的立场，回到作为个人的承担——观察、记录、思考、对话、写作，努力做一个行动者。……努力培植自己更丰富的教育智慧，努力不使自己变得迟钝、衰竭、愚蠢、丧失热情，努力在具体的工作中生发出更多的生命热度与温情，相信自己就是相信灵魂未死的价值，哪怕一点一滴，不是逃向苍天，而是回到尘土，既受苦又痴迷于自己笨拙的努力"。2007年3月，他在福州格致中学鼓山校区论坛上说："不要偷走孩子的梦想。我们正面临着前所未有的教育危机，不是哪所学校，而是这就是我们共同的境遇。教育需要思考大问题，教育也需要在小事上持续、耐心地努力。"2008年4月他在福州十八中市级专题研讨会上，在谈到规模宏大的巨型学校在探索有效教学的艰难时，仍不失时机地肯定道："教育需要我们每一个人都贡献出一点点自己的见解，提出一点点自己的思考，它不一定有价值，但作为一个思想的提问者，还是有意义的。"这就是张老师所说的"想大事情"。

那么什么是做小事情呢?

张老师说，教师"管好自己的课堂"是做小事情；教师"多一种经历，多读一本书，增强生命的强度"是做小事情；教师"说真话，做真事，善待每一个学生"是做小事情；教师"有学习的倾向、学习的意识和习惯"是做小事情；和同事"交流教育心得，遇到困难开始研讨"是做小事情；甚至每天"把自己收拾得更干净一点等"也是做小事情。而对于学校，在"校园内很多树下放有凳子，可以供孩子们课间坐着休息"是做小事情；"在校门口放两排椅子供来接送的家长坐着休息"也是做小事情……他认为，小事情是有着巨大能量的。"目光向内才可能知道自己的责任，才可能知道一切变革正因为'我'的参与而变得更有可能。"2005 年 6 月，他在泉州骨干教师培训会上对培训学员们说：几乎没办法在大的格局中做出什么，但在我们的身边就有可为的事情——做一个目击者、见证人、观察者、记录者、思考者，做一个发出自己声音的人。……我把它看作自己的行动准则，就是想大问题做小事情，大问题要思考，小事情要践行。要从我们能够改变的地方去尝试。在永春师范学校的生命化教育的讲演中，他谈到教师要随顺人的禀赋，树立一个乐观的学生观时，说："我们既能够有所思想，也能够有所行动，以自己的创造性工作表达出对学生的信任和期待，也表达出相信每个人都有更美好未来的信心。"每一个教师都应"时时提醒自己、改变自己、克制自己的否定性思维，一点一点地变得阳光起来，积极一点，主动一点，努力在责任之中表达出我们对生命的眷恋"。

三、深入学校，深入课堂

从他的书中，我捕捉到了一个教育学者十几年来不懈的、真实的行走历程。他深入学校，深入课堂，把自己的教育思考，牢固地扎根在真正的基层学校的土壤里。他跑遍了各种各样的学校，城市的、乡村的、城乡接合部的、中学的、小学的、公办的、民办的等。他说："我热衷到学校听课，也比较信赖自己所看到的。在这样的现场，你同样是一个教育的承担者，同时往往能够获得一些原先未曾料想的感悟。"为了在福州一所学校的教师论坛上进行十几分钟的发言，他特地跑到这所学校去听了两节课：心理健康、历史。他说："我希望自己能有一点与课堂相融，与学生真正相见的感觉。"他会跑到自己女儿所在的学校去听课，包括通用技术课、英语课，他都听。有时，他还上课，给学生讲语文、讲作文。他说自己每年听课都在 100 节以上——这是一个什么量？在我们学校，只要求每个教师一个学期听课量达到 12 节。100 节，相当于平均每周都会听两节课！在我们学校谁能做得到？校长一年听课是多少？教研部门的那些各学科教研员们一年听课又是多少？放眼中国教育界，敢于跟这 100 节叫板的，又会有几人？

四、纯朴的乡村教育情结

如果说今天的教育环境已是"落花流水"，那乡村教育则早已是"落荒而逃"了。优秀的教师逃了，优秀的学生逃了，经费紧张，办学艰难，已非一般可言。以我的老家湖北荆州为例，家在农村的，只要家长有些许能耐，都会想方设法让孩子到县城学校去读书，而乡镇学校的教师，也通常会想方设法调到城区学校去工作。而城区的优秀学生则是流向条件、资源更好的地级市学校或省会城市学校，优秀的教师基本上也是如此。于是，城区学校的规模总是很大，一个班 70 多人是再正常不过的事，而乡镇学校规模则一缩再缩，班数班额不断减少、缩小。

为了保障乡村教育的基本师资，主管部门不得不采取多重举措。

张老师深切关注农村的教育，常常深入农村学校进行调研讲学，更把很多农村学校作为生命化教育的实验学校来研究。他一针见血地指出："我觉得教育最沉重的问题是农村教育问题。""今天农村教育问题有一个比高考更沉重的话题，就是这些年来，农村的孩子进入重点大学、进入名牌大学的比例逐年下降，像北大、清华差不多就是15%，所以很多农村的孩子只能上二流、三流、四流、不入流的大学甚至是那些'野鸡大学'。"他的敏锐，不是一般的学者可以比的；他的敢言，也不是一般的官员可以比的。阅读这些讲演实录，我常常惊讶于张老师的勇敢，这是一种口无遮拦的真相，这是一种残忍难堪的真实。讲真话在当下其实是很困难的事情。我们不是不知道真相是什么，而是说出真相太难了，我们也不是不知道真相被揭露会改善现实，但依然选择沉默，因为，坚持说真话太麻烦，太危险了。

我跟张老师一样，也是从农村走出来的，脚上的泥巴还没有洗干净，脚底还是乡下的泥土，如今虽然生活在南方城市，但我的心仍然扎在老家那的一个小村落里。我没有可能再回到老家、回到乡村去工作，但我对张老师这样一种质朴的农村教育情怀充满了敬意。他可以一连十几次到同一所乡村学校——晋江龙林小学去听课调研，可以到农村乡镇去义务讲学，可以到泉州市一所乡镇学校（永和中学）跟教师进行多次座谈，跟学生面对面地对话。他不是浮在面上，只有空空的关爱，他不是浮光掠影地到此一游，只有留存的乡村图片，他把行动、责任放在对众多乡村实验学校不辞辛劳的指导与实践之中，他勉励在乡村工作的教师要"学会妥协，学会调整，在妥协中前进，在调整中提高"，努力增强自我生命的强度。他更大声向有志之士、向社会强烈呼吁：目前，农村更需要一种新的教育理念，农村教育需要更多的人来关注。

与这本书相遇是我暑假赴上海的一个意外收获。当我在上海兴高采烈地请张老师签名合影时，我感动于他的亲切，读完这本书，我更感动于他这份教育的赤诚。仰望星空，脚踏实地也是我的教育责任。

第十节　教育是一种修行

——读《听，学生在说——故事里的教育心理学》有感①

　　这是一本极有可读性的好书，是北京师范大学发展心理学博士赵希斌教授的又一部力作。书籍封面极富意蕴：在一望无际的原野中，散落着成千上万星星点点的小白花，一条小溪自遥远的天边到无限的近前，蜿蜒曲折，静静流淌，绿色的画面充满着无限的诗意和勃勃的生机。全书以"故事＋案例分析"的形式分为6个篇章，呈现了我国中小学基础教育的一系列典型问题、热点现象，让我们看到了教育对人的灵魂与精神塑造的深远影响，为我们反思现行的教育、修正我们的教育教学行为又提供了一次难得的机会。

一、故事是生命的呈现

　　这是一群未来中国教师讲述的故事。70 名经过激烈的高考厮杀走进了国内顶尖名校的大学生，当他们回首反刍自己的教育历程时，其折射出的力量就足以打动任何有良知的教育工作者，给人以无比的震撼。从"我是那种需要时间消化知识的人，越是步步紧逼，我就越局促，越乱了方寸"到"观察课本""自学奥数""蛋白质的变性"等，我们看到了教师对学生进行适当的、有针对性的学法指导是多么重要和有价值的事情；从"用读来学英语""用框架来学政治""用实验来开始化学第一课""将梅花与学琴完美结合"到"画画只能临摹""认真地进行着零碎知识的学习"等，我们看到了教师与教师之间巨大的差异，一个不太合格的教师死板的教学方式又有着怎样的杀伤力，以至于教育生活中总是不断地上演着"换一个教师，就换来一片新气象；换一种教法，就换来一个新契机"的事例；从"他做的大部分事情的目的就是保证我们的大部分时间都用在学习上——不许练字，不许请假，不许运动""利用休息时间布置 20 道数算题但又非常粗暴凶狠的中年王老师""让学生患有'恐高症'的高老师"到"慈悲的赖老师"

---

① 此文发表于《湖北教育》（综合资讯版）2015 年第 9 期。

"以成绩高下势利对待学生的物理老师"等，我们看到了一个教师的德行对于学生人格的影响又是何等重要；从"冒着生命危险来打我的妈妈"到"有恩必报的妈妈"，从"如匠人一样精心哺育孩子的父母"到"教不得法的高知父母"再到"专注孩子品性的父母""期望孩子只考第二的爸爸"等，我们看到了成熟父母作为孩子成长路上永远的保护伞是多么关键；从"同是天涯沦落人"到"生命的重要舍友"，我们又看到了难能可贵的伙伴学习和互惠学习的感人场景……

　　一个故事就是一个世界，透过这些真实生动的故事，我们跟故事中的孩子心脉相连。他们进步时，我们为之欢欣；他们受委屈时，我们为之难受；他们遭到非正常待遇时，我们感到气愤。马克斯·范梅南曾说过："何谓儿童？看待儿童其实就是看待可能性，一个正在成长过程中的人。"在儿童生命成长的历程中，教师的一言一行，为人父母的一举一动，对于儿童生命发展都具有一种不确定的偶发性，同时也存在着一种实现孩子卓越发展的无限可能。不要以为他们只是小孩，只是学生，其实他们什么都懂，什么都看在眼里、记在心头，而且这些记忆会深深地影响着他们的一生。正所谓"童年塑造未来"，就是这个道理。

二、分析是智者的反思

　　与故事一样真挚感人的是赵希斌教授那睿智的案例分析。涵盖 6 个教育主题的 39 篇案例分析犹如赵教授讲授的 39 节课，循循善诱，娓娓而谈，如麻雀解剖一样，细腻深刻地揭示了故事背后的心理成因，挖掘阐述蕴含在各种复杂教育现象背后的教育教学理论，使读者读来既有心潮澎湃的奋发之想，又有暗自警醒的反省之念。"一个艺术教学的例子，两个数学教学的例子，从中我们可以看到，现象和经验对教学来说是一个多么关键的因素。""因此，不是说教师不应重视分数和成绩，而是不能将分数当成教学中的唯一，不能使分数变成竖在教师和学生中的一道墙，更不能将分数当作换取名利的筹码。""我不知道有多少人看了第一个案例之后会和我一样感到后怕，如果这个学生后来没有换班主任，结果会怎样？"……赵教授的这些带着深深情感的分析可谓丝丝入扣，入木三分，和生动的故事一起构成一个完美的整体，如同数形结合的数学思想一样，数缺形时少直觉，形无数时难入微。故事缺了分析，就少了深度与内涵；分析若没有故事，就褪变为空洞的说教。两者的结合，使故事更深刻、分析更生动，互为补充、彼此成就，同时，深深激起了读者叩问更美好教育的情怀。在阅读的过程中，每读一个案例，我就在自己的内心进行一次自省的映照：我是不是这样的老师？我有没有也这样愚蠢地不可理喻地对待过学生？我是不是也曾这样令人失望地以糟糕的方式面对他们？我的学生会不会也是这样想的？……反躬内省使自己禁不住地摇头和脸红。故事当然也激起了我内心向善的情感，"我也要做个这样的好老师"

的强烈愿望占据着我的心灵。但可惜，"我不是艺术老师""我不是语文老师""我不是班主任"的种种借口又让我有了某种虚伪的解脱。

三、不懈地行动是阅读结下的果

透过全书，我们不仅看到了一个饱含深情的教育学者令人敬仰的学术之功，而且看到了一个专业教育工作者踏实认真的工作态度。赵教授作为一个大学的教授，尚且能够坚持追求高标准的教学，认真批阅大学生的作业，更何况我们普通的中小学校教师呢？好书让我们感动，感动召唤我们行动。在教育教学的过程中，最为重要的就是行动。

钱理群教授说："想大问题，做小事情。"教师完全可以在可能的范围内，像书中那些优秀教师一样，遵循学生的身心发展规律，尊重学生的个性差异，随顺人的禀赋，给予学生应有的人文关怀，用自己的智慧引导学生对更美好的未来抱有期待。我们完全可以在自己的教育教学过程中追求同样的成功与精彩。

在感动之中，我忽然想到，为什么不让即将毕业的学生也写写他们九年义务教育的生活片段呢？让他们回溯生命中难忘的片段，敞开心扉，诉说自己内心的真实情感，使他们的故事不但成为我们的教学案例，也成为造福他们学弟学妹，传承学校文化的一道风景线。当我这样想，并试着这样去做的时候，没曾想却遭到了部分同事的抵触和排斥。他们担心这可能会激化师生间的矛盾，甚至有将自己不太正面、不太"美好"的事例暴露在同事面前的危险。种种顾虑导致教师在布置作业时"故意"忽略，而对于已毕业的学生，仅靠他们的自觉与认同来自愿选择是否完成作业，这种自由的形式又让绝大多数学生没有参与这种活动的热情，最终收获的材料少之又少。

但这依然不能成为我们可以随波逐流的理由。雅斯贝尔斯说："教育是对人灵魂的教育。只有在彼此身心完全敞开、相互完全平等的对话关系中，人与人精神才能相互契合。"以己之力，尽力改善学生的现实处境和精神状况，本是教师"专业"的标准和要求，我们不能做出和"普通人"并无二致的举动，这不仅是赵教授透过本书传达的美好愿景，也是时代对专业教师历史责任的召唤。教育本是一场修行，教室、讲台、课堂就是教师的"道场"，在多舛多难的"西天取经"之路上，我们应当以内心的虔诚和敬畏来坚守一名教师应有的正直、向善、美好和慈悲的教育情怀。